売買／賃貸／道路・境界／建築工事をめぐる法律／マンション管理／税金

重要事項＆用語　図解

最新 不動産契約 基本法律用語辞典

重要解説＋用語辞典の2つの機能を1冊に集約

弁護士 **森　公任** 監修
弁護士 **森元みのり**

売買から賃貸、
相続・登記、税金まで
「難しい」「複雑」「なじみにくい」
取引の全体像と
実務上重要な
法律用語が短時間でわかる！

本書の特徴
【第1部】：
見開き構成で不動産をめぐる法律の
基本事項46項目を平易に解説。
【第2部】：
これだけは知っておきたい！
実務上重要な約800用語を厳選収録。

●本書で取り扱うおもな分野●
売買／借地／借家／道路・境界／建築工事をめぐる法律／マンション管理／
不動産登記／担保／競売／任意売却／不動産の税金／相続税・贈与税 など

三修社

本書に関するお問い合わせについて
本書の内容に関するお問い合わせは、お手数ですが、小社
あてに郵便・ファックス・メールでお願いします。
なお、執筆者多忙により、回答に１週間から10日程度を
要する場合があります。あらかじめご了承ください。

はじめに

　「不動産」という言葉から、敷居が高いというイメージを持つ者は多いことでしょう。不動産は、土地や建物という、動かすことができない物のことで、スーパーに売られている商品などに比べ、非常に高価であり、頻繁に売買が行われることはあまりありません。その上、不動産にまつわる用語は非常に難解で専門的な用語が多く、不動産を生業とする業者や専門家を除き、普段の生活ではなじみが薄いため、敬遠する者も少なくありません。

　しかし、住宅を購入する場合など、不動産を実際に扱うことになった場合、これらの不動産にまつわる用語を理解し、適切な利用を行うことが必要になります。不動産の売買では、非常に多額の金銭が動きます。そのため、取引の中で使われる不動産用語を誤って解釈していた場合、取引の相手との間に解釈のズレが生まれ、問題になる可能性があります。取り返しのつかない事態を防ぎ、安心して取引を行うためには、不動産用語を正しく理解することが非常に重要です。

　本書は、不動産をめぐる法律の基本事項を一から理解し、学ぶための入門実務書です。初めての人にもわかるように二部構成になっています。第１部では、不動産にまつわるさまざまな法律の定めや権利などについて図解を用いてやさしく解説しました。制度や実務上のポイントがイメージできるようになっています。第２部では、基本から応用まで、知っておきたい重要な不動産用語を掲載しました。膨大な不動産用語約800語を五十音順にカバーしているため、用語辞典としても活用していただくことができます。

　本書により、不動産を扱う皆様の安心した取引につながり、お役に立てることができれば幸いです。

　　　　　　　　　　　　監修者　弁護士　森　公任　弁護士　森元　みのり

Contents

はじめに

第1部　図解でわかる不動産の法律常識

1	不動産をめぐる法律	14
2	宅建業法と媒介契約	16
3	都市計画区域	18
4	用途地域	20
5	道路と通行権	24
6	境界の取り決めと塀の設置	28
7	建築工事と境界	32
8	日照・通風などを守るための高さ制限	34
9	マンションについての管理	38
10	担保権	42
11	抵当権	44
12	根抵当権	46
13	借地契約・借家契約	48
14	定期借地権・定期建物賃貸借	50
15	敷金・保証金・権利金・礼金	54
16	必要費・有益費	58
17	賃貸人の修繕義務	62
18	契約の更新・更新料	64
19	原状回復	66
20	立退料	68
21	不動産登記制度	70
22	登記簿の見方	72
23	登記申請	76

24	契約書の作成	78
25	重要事項説明書	80
26	公正証書の活用	82
27	裁判・訴訟	84
28	不動産についての執行・保全	88
29	不動産競売の全体像	90
30	入札	92
31	任意売却	94
32	不動産に関連する税金	96
33	不動産の売却と税金	98
34	取得費と譲渡費用	100
35	マイホームや事業用資産の特例など	102
36	住宅ローン控除	104
37	住宅ローン控除の手続きと注意点	106
38	固定資産税・都市計画税	108
39	不動産取得税	110
40	土地や建物を賃貸した場合の税金	112
41	相続税・贈与税のしくみ	114
42	相続税と贈与税の税率	116
43	相続時精算課税制度	118
44	小規模宅地等の特例	120
45	配偶者控除の特例や住宅取得等資金の非課税特例	122
46	相続税・贈与税の申告	124
Column	空家対策の推進に関する特別措置法	126

第2部 用語解説編

あ
ＲＣ造	128
青田売り	128
悪意	128
悪意占有	128

い
言い値	128
遺言	128
遺言執行者	129
遺産分割	129
異時配当	129
意思表示	129
囲障設置権	129
遺贈	129
委託管理	130
１号仮登記	130
一時金	130
一物一権主義	130
一括申請	130
一括売却	131
一件一申請主義	131
一身専属権	131
一般承継	131
一般定期借地権	131
一般媒介契約	131
一筆	132
移転登記	132
囲繞地	132
委任	132
居抜き	132
違反建築物	132
違約金	132
違約手付	133
入会権	133
遺留分	133
印鑑	133
印鑑証明書	133
印紙税	134

う
請負	134
受付番号	134
内金	134
内法	134
売建て住宅	134
売主の担保責任	135
売渡承諾書	135

え
営業保証金	135
永小作権	135
液状化現象	135
ＳＲＣ造	135
Ｎ値	136
延納	136

お
乙区	136
おとり広告	136
オンライン指定庁	136
オンライン申請	137

か
買換え交換特例	137
解除	137
解除契約	137
解除権の留保	137
解除条件	137
買付証明書	138
買取仲介	138
買取保証	138
界標設置権	138
回復登記	138
界壁	138
買戻し	139
買戻特約の登記	139
解約	139
解約手付	139
改良行為	139、262
家屋番号	139
価格査定	140
各階平面図	140
隠れた瑕疵	140
瑕疵	140
瑕疵担保責任	140
果実	140
課税標準	140
合筆登記	140
壁式構造	141
仮差押え	141
仮執行	141
仮執行宣言	141
仮処分	141
仮処分解放金	141
仮処分命令	142
仮登記	142
仮登記仮処分	142
仮登記担保	142
仮登記担保権の実行	142
仮登記担保法18条の特例	142
仮登記の抹消登記	143
仮登記を命じる処分	143
簡易の引渡し	143
換価	143
管轄	143
監視区域	143
間接占有	212
完全条項	144
元本	144
元本確定の登記	144
監理	144
管理会社	144
管理業務主任者	144
管理組合	144
管理組合の法人化	145
完了検査	145

き
期間	145
期間付死亡時終了建物賃貸借	145
期間満了後の更新	145
期限付き建物賃貸借	146
期限の利益	146
期限の利益喪失条項	146
危険負担	146

規制区域	147	景観法	153	⋯⋯⋯⋯⋯⋯ こ ⋯⋯⋯⋯⋯⋯	
帰責事由	147	競売	153	合意解除	160
既存道路	147	競売等妨害罪	153	合意管轄	160
既存不適格建築物	147	景品表示法	153	行為能力	160
北側斜線制限	147	契約	153	交換特例	160
却下事由	147	契約書面の交付義務	153	甲区	160
共益費	148	契約締結上の過失	154	公示	160
境界	148	契約の延長	154	公示価格	161
境界確定の訴え	148	消印	154	公示送達	161
境界合意書	148	欠陥住宅	154	公示の原則	161
境界標	148	減価償却費	154	工場抵当	161
強行法規	148	現金還付	154	公証人	161
強制管理	149	現在事項証明書	155	公序良俗	161
強制競売	149	検索の抗弁権	155	更新	162
強制執行	149	検査済証	155	公信の原則	162
供託	149	原始取得	155	更新料	162
共同相続	150	現実の引渡	155	公図	162
共同担保目録	150	原始的不能	155	公正証書	162
共同抵当	150	原状回復義務	156	更正登記	162
共有	150	原状回復をめぐる		公租公課	163
共用部分	150	トラブルとガイドライン	156	公道	163
極度額	150	現状有姿売買	156	合同申請	163
極度額の変更登記	150	建設協力金	156	高度地区	163
極度方式基本契約	151	建築確認	156	高度利用地区	163
極度方式保証契約	151	建築基準法	157	後発的不能	155
居住用財産の譲渡損失の損益通算・繰越控除	151	建築協定	157	公法	163
		建築士	157	合有	163
居住用財産の譲渡の際の課税の特例	151	建築物	157	公用収用	163
		建築面積	157	高齢者居住法	164
⋯⋯⋯⋯⋯⋯ く ⋯⋯⋯⋯⋯⋯		限定承認	158	国土利用計画法	164
杭基礎	151	建ぺい率	158	誇大広告	164
空中権	151	原本	158	固定資産税	164
クーリング・オフ	152	原本還付	158	固定資産税課税台帳	164
区分所有権	152	顕名	158	固定資産税の軽減特例	165
区分所有者	152	権利金	158	固定資産税の評価替え	165
区分所有建物	152	権利失効の原則	158	固定資産税の免税点	165
区分所有法	152	権利証	159	混同	165
区分地上権	152	権利推定力	159	混和	165
区分登記	152	権利に関する登記	159	⋯⋯⋯⋯⋯⋯ さ ⋯⋯⋯⋯⋯⋯	
⋯⋯⋯⋯⋯⋯ け ⋯⋯⋯⋯⋯⋯		権利能力	159	サービス付き高齢者向け住宅	165
契印	153	権利部	159	サービスルーム	166
経過規定	153	権利濫用の禁止	159	債権	166

債権者代位権	166	自主占有	173	収入印紙	180
催告	166	事情変更の原則	173	従物	180
催告解除	167	私署証書	173	重要事項説明書	180
催告の抗弁権	167	自然人	174	重要事項の不告知の禁止	181
財産目録	167	事前通知	174	14条地図	181
採石権	167	地代家賃増減請求権	174	主登記	181
再売買の予約	167	質権	174	取得時効	181
裁判	167	市町村民税	174	守秘義務	181
債務	167	実印	175	主物	181
債務者	168	執行官	175	受領遅滞	182
債務不履行	168	執行機関	175	順位番号	182
債務名義	168	執行裁判所	175	順位変更の更正登記	182
詐害行為取消権	168	執行証書	175	順位変更の抹消登記	182
先取特権	168	実体法	175	準共有	182
錯誤	169	私道負担	176	純粋共同根抵当	182
差押登記	169	支払督促	176	準占有	183
指図による占有移転	169	私法	163	準都市計画区域	183
サブリース	169	資本的支出	176	準防火地域	183
更地	169	借地権	176	承役地	183
……… し ………		借地権課税	176	少額訴訟	183
死因贈与	170	借地権割合	177	商業登記	183
資格証明情報	170	借地借家法	177	商業登記法	184
敷金	170	借地法	177	償金請求権	184
敷地権	170	借家権	177	承継取得	184
敷地権の登記	170	借家権割合	177	条件	184
敷地利用権	171	借家法	178	条件付権利	184
敷引	171	斜線制限	178	小修繕	184
事業用定期借地権	171	集会	178	消除主義	237
事業用定期借地権の登記	171	住居表示	178	承水義務	185
施行	171	集合物	178	使用貸借	185
時効	171	住所証明情報	178	承諾料	185
時効期間	171	終身建物賃貸借	179	上棟	185
時効の援用	172	修繕義務	179	譲渡所得	185
時効の遡及効	172	修繕積立金	179	譲渡所得の取得費	185
時効の中断	172	修繕特約	179	譲渡所得の特別控除	186
時効の停止	172	修繕費	176	譲渡担保	186
時効の放棄	172	住宅性能表示	179	譲渡担保における受戻し	186
自己契約	172	住宅耐震改修の税額控除・所得控除		消費税	186
自己借地権	172		180	消防法	186
自己占有	173	住宅品確法	180	抄本	227
事故物件	173	住宅ローン減税	180	消滅時効	187
支持地盤	173	従たる権利	180	証約手付	187

剰余主義	187	専属専任媒介契約	194	耐火構造	200
所在	187	専任媒介契約	194	代価弁済	200
除斥期間	187	線引き	194	大規模修繕	200
所得税	187	全部事項証明書	194	対抗要件	200
処分禁止の仮処分の登記	188	占有	194	対抗力	201
処分の制限の登記	188	占有移転禁止の仮処分	194	第三債務者	201
書面主義	188	占有回収の訴え	195	第三者	201
書面申請	188	占有改定	195	第三者による弁済	201
所有権	188	占有権	195	第三者の許可・同意・承諾	201
所有権以外の 仮登記に基づく本登記	188	占有者の費用償還請求権	195	第三取得者	201
所有権移転の登記	189	占有訴権	195	耐震性基準	202
所有権仮登記に基づく本登記	189	占有代理人	195	代物弁済	202
所有権更正登記	189	占有の承継	196	代物弁済の予約	202
所有権絶対の原則	189	占有の推定	196	耐用年数	202
所有権の原始取得	189	専有部分	196	代理	202
所有権保存の登記	190	占有保持の訴え	196	代理権限証明情報	203
所有者抵当	190	占有補助者	196	代理権授与の表示による 表見代理	203
信義誠実条項	190	占有保全の訴え	196	代理権消滅後の表見代理	203
信義則	190	専有面積	197	代理権ゆ越による表見代理	203
申請主義	190	専用使用権	197	代理占有	204
申請情報	190	先例	197	代理人	204
真正な登記名義の回復	191	.........そ.........		代理の禁止	204
信頼関係破壊の法理	191	騒音規制法	197	宅地	204
信頼利益	191	総会	178	宅地開発税	204
心裡留保	191	総合課税	197	宅地建物取引	204
.........す.........		造作買取請求権	197	宅地建物取引業者	205
数量指示売買	191	相続税	197	宅地建物取引士	205
捨印	192	総有	198	宅地並み課税	205
.........せ.........		贈与	198	他主占有	205
生産緑地法	192	贈与税	198	立退料	205
正本	192	贈与税特別控除	198	宅建業法	206
堰の設置・利用権	192	相隣関係	198	建物買取請求権	206
接境建築	192	即時取得	198	建物譲渡特約付借地権	206
設計図書	192	底地	199	建物図面	206
接道義務	193	底地割合	199	建物のみに関する登記	206
セットバック義務	193	訴訟	167	建物分割登記	206
ゼロゼロ物件	193	損失補償	199	建物保護法	206
善意	193	.........た.........		他人物売買	207
善意占有	193	代位原因	199	短期譲渡所得	207
善管注意義務	193	代位原因証明情報	199	短期消滅時効	207
先行登記	193	代位による登記	199	短期賃貸借	207
		代位弁済	200		

項目	頁
単独申請	207
担保	207
担保仮登記に基づく本登記	208
担保権の実行	208
担保執行	208
担保責任	208
担保物権	208
担保不動産競売	208
担保不動産収益執行	209

……………… ち ………………

項目	頁
地役権	209
地役権設定の登記	209
地役権の時効取得	209
地役権の不可分性	209
遅延賠償	210
地下権	210
地価税	210
竹木	210
地上権	210
地上権設定の登記	210
地上権変更・抹消の登記	211
地積	211
地積測量図	211
地番	211
地目	211
中間省略登記	211
注視区域	211
長期修繕計画作成ガイドライン	212
長期譲渡所得	212
帳簿の備付け	212
直接占有	212
直接取引	212
賃借権	212
賃借権の更新	213
賃借権の設定登記	213
賃借権の対抗力	213
賃借権の物権化	213
賃借権の無断譲渡	213
賃貸借	213
賃貸住宅紛争防止条例	214
賃貸建物の明渡猶予	214
賃料	214

……………… つ ………………

項目	頁
追奪担保責任	214
追認	215
通行地役権	215
通行妨害	215
通水用工作物の使用権	215
通謀虚偽表示	215

……………… て ………………

項目	頁
定額課税	215
定期借地権	215
定期借地権の特約の登記	216
定期建物賃貸借	216
定期賃貸住宅標準契約書	216
停止条件	216
抵当権	216
抵当権移転の登記	216
抵当権消滅請求	216
抵当権設定の登記	217
抵当権登記の流用	217
抵当権の順位	217
抵当権の順位の譲渡・放棄	217
抵当権の順位の変更	218
抵当権の譲渡・放棄	218
抵当権の処分	218
抵当権の侵害	218
抵当権の特定の原則	218
抵当権の抹消登記	218
抵当直流	219
抵当証券	219
定率課税	219
撤回	219
手付	219
手付流し	219
手付倍返し	219
手続法	175
デベロッパー	219
天空率	219
転貸借	220
転抵当	220
転得者	220
天然果実	220
添付	220

項目	頁
添付情報	221
添付書面	221
転付命令	221

……………… と ………………

項目	頁
等価交換	221
登記	221
登記官	222
登記官による本人確認制度	222
登記完了証	222
登記期間	222
登記義務者	222
登記・供託オンラインシステム	222
登記記録	223
登記原因	223
登記原因証明情報	223
登記権利者	223
登記される権利	223
登記される権利変動	223
登記識別情報	224
登記識別情報失効の申出	224
登記識別情報の有効証明	224
登記事項	224
登記事項証明書	224
登記事項要約書	224
登記所	224
登記申請能力	225
登記済証	225
登記請求権	225
動機の錯誤	225
登記の目的	225
登記簿	225
登記簿抄本	225
登記簿謄本	225
登記名義人	225
登記名義人の氏名等の変更登記	226
同時申請	226
同時配当	226
同時履行の抗弁権	226
道府県民税	226
謄本	227
道路位置の指定	227
登録免許税	227

道路法	227
特定遺贈	227
特定行政庁	227
特定住宅瑕疵担保責任履行確保法	227
特定承継	228
特定道路	228
特定の居住用財産の買換え特例	228
特別区民税	174
特別土地保有税	228
特別の先取特権	228
都市計画	228
都市計画区域	229
都市計画税	229
都市計画法	229
都市再開発法	229
土地基本法	229
土地区画整理法	229
土地収用法	230
土地の工作物占有者・所有者の責任	230
土地の測量	230
土地のみに関する登記	230
土留工事	230
都民税	226
取壊し予定の建物の賃貸借	230

.... な ....

内容証明郵便	231
仲立契約	231

.... に ....

2号仮登記	231
二項道路	231
二重価格表示	232
二重課税	232
二重売買	232
日影規制	232
日照権	232

.... ね ....

根抵当権	233
根抵当権消滅請求	233
根抵当権設定の登記	233
根抵当権の一部譲渡	233

根抵当権の確定	233
根抵当権の共有者の権利移転	234
根抵当権の全部譲渡	234
根抵当権の分割譲渡	234
根抵当権抹消の登記	234
根保証	234

.... の ....

農地転用許可基準	235
農地法	235
農地法所定の許可書	235

.... は ....

媒介契約	235
背信的悪意者	235
排水のための低地通水権	235
配達証明	236
売買	236
売買の一方の予約	236
売買予約完結権	236
販売受託	236

.... ひ ....

非課税登記	236
引受主義	237
引渡し	237
引渡命令	237
筆界確定訴訟	237
筆界特定申請情報	237
筆界特定制度	237
BIT	237
必要費	238
非典型担保	238
被保全債権	238
表見代理	238
標識の掲示	238
表示規約	238
表示行為	239
表示に関する登記	239
標準媒介契約約款	239
費用償還請求権	239
表題登記	240
表題部	240
表題部所有者	240

.... ふ ....

風致地区	240
付加一体物	240
不確定期限	240
不確定期限のある債務	240
不可抗力	241
不完全履行	241
付記登記	241
復代理	241
副本	241
袋地	242
付合	242
不実登記の効力	242
付属建物	242
負担付遺贈	242
負担付贈与	242
物権	242
物件状況等確認書	242
物件状況等報告書	243
物権的請求権	243
物権的返還請求権	243
物権的妨害排除請求権	243
物権的妨害予防請求権	243
物権の排他性	243
物権の優先的効力	244
物権変動	244
物権法定主義	244
物上代位	244
物上保証人	244
物的担保	244
物納	244
物理的の欠陥	244
不動産	245
不動産工事の先取特権	245
不動産先取特権	245
不動産質	245
不動産執行	245
不動産取得税	245
不動産所得	246
不動産侵奪罪	246
不動産賃貸借の先取特権	246
不動産登記	246

不動産登記法	246	保証債務	252	持分譲渡の自由	259
不動産投資信託	246	保証書	252	……… や ………	
不動産特定番号	246	保証人	253	約定解除	259
不動産の付合	246	保証料	253	約定担保物権	259
不動産売買の先取特権	247	保証連帯	253	家賃保証	259
不動産保存の先取特権	247	補正	253	……… ゆ ………	
不当な高額報酬要求の禁止	247	保全処分	253	有益費	259
不当利得	247	保存行為	253	有償契約	259
不法行為	247	保存登記	254	有体物	260
フリーレント	248	本権	254	……… よ ………	
分筆	248	本登記	254	要役地	260
分離課税	197	……… ま ………		用益物権	260
……… へ ………		抹消回復登記	254	容積率	260
返還請求権	248	抹消登記	254	要素の錯誤	260
変更証明情報	248	マンション管理士	254	用途地域	260
変更登記	248	マンション管理標準指針	255	予備登記	260
弁済	248	マンション管理法	255	予約完結権	260
弁済期	249	マンション耐震化マニュアル	255	予約金	261
弁済による代位	249	マンション建替法	255	……… ら ………	
弁済の時期	249	マンションの管理事務	255	ラーメン構造	261
弁済の提供	249	マンション標準管理規約	255	……… り ………	
弁済の場所	249	……… み ………		履行	261
弁済費用	249	認印	256	履行期	261
……… ほ ………		みなし譲渡	256	履行上の牽連関係	261
妨害排除請求権	250	民事執行	256	履行遅滞	261
妨害予防請求権	250	民事訴訟	256	履行不能	261
防火地域	250	民事調停	256	履行利益	261
包括遺贈	250	民事保全	256	留置権	262
法定解除	250	民法	257	立木法	262
法定果実	250	……… む ………		利用行為	262
法定共用部分	250	無権代理	257	……… る ………	
法定更新	251	無権代理行為の追認	257	累積式共同根抵当	262
法定相続分	251	無効	257	……… れ ………	
法定代理人	251	無催告解除	257	礼金	262
法定担保物権	251	……… め ………		レインズ	262
法定地上権	251	名義貸しの禁止	257	連件申請	263
法務局	251	明認方法	258	連帯保証	263
法律行為	252	滅失登記	258	……… ろ ………	
法律上の推定	252	……… も ………		路線価	263
法律的欠陥	252	申込み	258	……… わ ………	
保証金	252	申込証拠金	258	割印	263
保証契約	252	持分権	258		

第1部

図解でわかる
不動産の法律常識

第1部 1

不動産をめぐる法律

民法をはじめとするさまざまな法律が関係している

◆ 基本事項は民法に規定がある

　不動産は一般に高い価値がありますし、土地や建物は人の生活にとって不可欠です。そこで、土地・建物の取引については、他人の権利との利害を調整するため、あるいは居住者をはじめとする利用者の権利・利益を保護するため、さまざまな法律の規制があります。

　不動産をめぐるおもな法律としては、土地・建物の売買や賃貸借、建築請負、抵当権の設定、相続が挙げられます。これらについての基本事項は、民法に定められています。ただ、民法の決まりだけでは、多種多様な問題に対して十分な対処ができないため、多くの特別法が定められています。

◆ 売買にかかわる法律

　不動産売買については、農地法や宅地建物取引業法（宅建業法）などによる規制があります。農地法は、耕作者の地位の安定、農業生産力の増進を目的として、農地所有権の移転や利用権の設定について制限を加えています。宅地建物取引業法は、不動産購入者の保護を目的として、不動産業者を規制する法律です。

　その他、限りある土地を合理的に利用できるようにするために、国土利用計画法に一定の制限があります。また、欠陥住宅の販売を規制するために、住宅の品質確保の促進等に関する法律が制定されています。さらに、欠陥補償の確保を目的として、特定住宅瑕疵担保責任履行確保法が制定されています。

◆ 賃貸借に関する法律

　土地・建物は生活の重要な基盤になりますから、不動産賃貸借は他の賃貸借契約と区別して特に保護する必要があります。そこで、借地借家法が制定され、民法の原則を修正し、賃借人を手厚く保護しています。建物の所有を目的とする借地権あるいは借家権については、貸主による一方的な解約を制限するなど、借主の権利が強化されています。

◆ マンションについての法律

　マンションなどの集合住宅は、複数の住人が敷地や建物の共用部分を共有する点で、通常の一戸建てとは異なるため、建物の管理や使用について居住者相互の関係を規律する必要があります。そこで、建物の区分所有等に関する法律が制定されました。その他、マンション管理適正化法やマンション建替え法といった法律もあります。

■ 不動産にまつわる法律

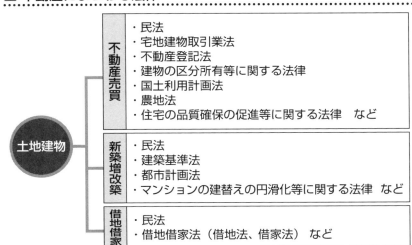

第1部 2
宅建業法と媒介契約

宅建業者への媒介契約や報酬については法律で決められている

◆ 宅建業法に規定がある

　不動産業は誰もが営むことができるものではありません。一般の消費者が安心して仲介業者に依頼できるようにするため、宅地建物取引業法（宅建業法）という法律によって、免許を受けた者（宅地建物取引業者）でなければ不動産取引の媒介や代理はできないと定められています。不動産売買の媒介とは、不動産の売主と買主の間に入って、取引の手助けをする業務です。不動産販売の代理とは、マンションなどを建設した建設会社やオーナーの代わりに部屋の販売を行うような業務です。

◆ 3種類の媒介契約がある

　媒介契約には、「一般媒介契約」「専任媒介契約」「専属専任媒介契約」の3種類があります。

① **一般媒介契約**

　同時に複数の宅建業者に媒介を依頼することができる契約です。一般媒介契約では、依頼者が自分自身で不動産取引の相手を見つけて契約を締結したり、他の宅建業者が媒介した相手と契約を締結した場合は、その旨を業者に通知しなければなりません。

　もし、依頼者が通知し忘れた場合には、依頼した業者に対して媒介のために要した費用を賠償しなければなりません。

② **専任媒介契約**

　他の宅建業者に重ねて媒介を依頼することができない契約です。依

頼者が自分自身で不動産取引の相手を見つけて契約を締結することはできます。

ただし、同一物件につき依頼者が他の宅建業者の媒介した相手と契約を締結した場合には、専任媒介契約を締結した宅建業者に対して報酬額と同じ金額の違約金を支払う義務があります。

専任媒介契約を締結した宅建業者は、契約を結んだ日から7日以内に不動産物件を指定流通機構に登録して、売買契約成立へ向けて尽力しなければなりません。

③ **専属専任媒介契約**

依頼者が、依頼をした宅建業者が媒介した相手以外の者と売買契約を締結することができない専任媒介契約です。専属専任媒介契約を結んだ場合、同一物件につき依頼者が、他の宅建業者が媒介した相手と契約を締結した場合はもちろん、依頼者自身で不動産取引の相手を見つけ出して契約を締結した場合も、契約を締結した宅建業者に対して規定の報酬額と同じ金額の違約金を支払う義務があります。

専属専任媒介契約の場合は専任媒介契約よりも宅建業者の負う履行義務は強く、宅建業者は契約後5日以内に不動産物件を指定流通機構に登録しなければなりません。

■ 媒介契約の種類

種類	内容
一般媒介契約	・同時に複数の宅建業者に媒介を依頼できる
専任媒介契約	・他の宅建業者に重ねて媒介を依頼できない ・同一物件につき他の宅建業者が媒介した相手と契約することを禁止
専属専任媒介契約	・他の宅建業者に重ねて媒介を依頼できない ・同一物件につき他の宅建業者が媒介した相手と契約することを禁止 ・依頼者自身が見つけた相手と契約することも禁止

第1部 3
都市計画区域

都市の整備のため建物を建てられない地域もある

◆ 都市計画区域とは

　気に入った地域を選んで家を建てようと考えている場合、その地域で実際に家を建てられるのかを確認します。たとえ建てられるとしても、家の大きさや用途に制限がないかについても調べる必要があります。これらの事項は、市区町村役場の都市計画課に備え置かれている都市計画図で確認することができます。

　都市計画図では都市計画区域に注目してみましょう。都市計画区域とは、その地域をまとまりのある都市として開発し、整備をしていこうとしている地域です。都市としての一体性に着目した整備・開発・保全が目的のため、必ずしも市町村の区域とは一致せず、複数の市町村にまたいで、都市計画区域に指定される場合もあります。

　都市計画区域は、通常は、①市街化区域、②市街化調整区域に分けられます。市街化区域とは、すでに市街地を形成している区域および10年程度を目安にして、行政が積極的に市街化を図ろうとしている区域です。これに対して、市街化調整区域とは、当面は市街化を抑制すべき区域です。

　なお、都市計画区域のうち、まだ①にも②にも区分されていない区域は非線引区域といいます。非線引区域は、まだ色塗りをされていない地域ということで、白地地域とも呼ばれます。

◆ 市街化区域と市街化調整区域

　調査の結果、家を建てる地域が①の市街化区域に該当する場合は、

特に都市計画上の問題はありません。

一方、②の市街化調整区域には、原則として家を建てることはできません。長期的な都市計画の観点から、市街化調整区域では、通常の住宅・商店・事務所などを建築することを禁止し、市街化を抑制しているからです。

◆ 市街化調整区域の例外

市街化調整区域であっても家を建てられる場合があります。だいたい50戸以上の住宅が密集している地区が、市街化区域に隣接または近接していて、市街化区域と一体的な日常生活圏を構成していると認められるような場合は、開発許可を得て、通常の住宅を建築することができる場合があります。

また、市街化調整区域は農業、林業、漁業といった用途で使用されていることが多いのですが、これらの第一次産業に従事する人々が生活上使用する建築物の建設まで、全面的に禁止されるわけではありません。ただし、このような例外事由に該当するか否かの判定にあたっては、専門的な知識が必要になりますので、必ず事前に当該市区町村の建築指導課の窓口で確認しておくことをお勧めします。

■ 建物の建築に対する行政上の規制

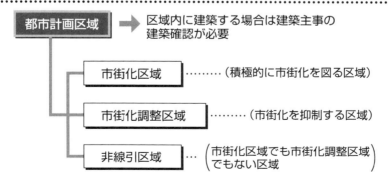

第1部 4

用途地域

住居、商業、工業など12種類の地域に土地利用の目的を定めている

◆ 用途地域とは

　都市計画法上、土地は12の用途地域に分けられています。

　用途地域については、図（23ページ）を見て下さい。大きく分けて、住居系、商業系、工業系の3つに分けられます。

　行政は、この用途地域と建築基準法などを連動させて、それぞれの地域・地区の目的に応じた規制をし、快適な都市空間を構築しようとしているのです。以下、各用途地域についてそれぞれ特色を見ていきましょう。

◆ 低層住居専用地域（1種・2種）

　低層住居専用地域は、用途地域の中で最も良好な住環境をめざすものです。そのため、建ぺい率・容積率・建物の高さ・隣地との関係などについて、非常に厳格に規制されています。

　第1種低層住居専用地域では、原則として、住居を兼ねた小規模な店舗や、小中学校、診療所など以外は、高さが10mまたは12m（どちらにするかは都市計画で定めます）を超えない低層住居しか建築できません。第2種低層住居専用地域では、第1種に比べて若干規制が緩和されています。たとえば、2階建て以下で延べ床面積が150㎡以下の小規模な店舗であれば、小売店や飲食店の建設も許容されています。

◆ 中高層住居専用地域（1種・2種）

　中高層住居専用地域は中高層住宅の良好な住環境を守るための地域

です。中高層住居とは、4階建て以上の鉄筋コンクリート造りのマンションなどをさします。

第1種中高層住居専用地域では、商業用建物について制限があり、店舗については2階建て以下で延べ床面積が500㎡以下でなければなりません。第2種中高層住居専用地域は若干基準が緩和されており、1500㎡までであれば、物品販売業の店舗などの建築も認められています。

◆ 住居地域（1種・2種）、準住居地域

住居地域は、低層・中高層住居専用地域と同じく住環境を保護するために設定される地域ですが、商業用建物の混在も予定しているという点が異なります。

第1種住居地域は、商業施設の建設についての配慮から低層住居専用地域よりも容積率も緩和されています。ただ、住環境の保護が重視され、店舗が許可されるのは3000㎡までで、パチンコ店などの建設は禁止されています。第2種住居地域は、住居系地域の中のひとつです

■ 都市計画と建築基準法

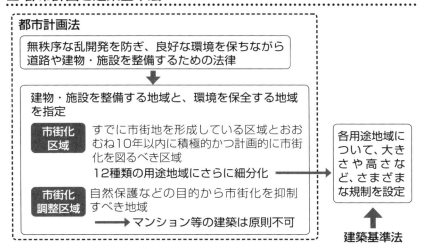

が、飲食店、ホテルなどを建築する場合でも大きさの制限がなくなるので、規制緩和も第1種住居地域より進んでいます。準住居地域は第2種住居地域よりも、さらに商業などの業務への配慮が強くなっています。幹線道路の沿道などが準住居地域に指定されていることもあり、店舗・事務所の建築はかなり自由に認められています。ただし、性的興味をそそるような施設の建設は禁止されています。

◆ 商業地域、近隣商業地域

　商業地域は、おもに商業などの地域的発展をめざす地域で、都心や主要駅を中心として広域に指定されます。これは、地域的に多くの人を顧客として受け入れることを予定しているからです。商業地域では、クラブ・キャバレーや映画館・劇場・演芸場といった娯楽施設も建築できます。

　近隣商業地域は、近隣に住む住民の日常生活の需要に応える商業その他の業務の発展をめざす地域です。バス通り沿いの停留所をメインに道路の両側それぞれ20mの範囲の商店街を指定するなど、細長い地域を指定することが多いのが特徴です。商業地域、近隣商業地域のいずれの地域でもたいていの建築物は建てられますが、危険性があったり環境を悪化させるおそれのある工場や作業場で延べ床面積が150㎡を超える工場の建設は許されていません。

　なお、近隣商業地域は住民の日常的需要に応える地域であるため、商業地域では許容されているキャバレーなどの娯楽施設の建築は許されません。

◆ 準工業地域、工業地域、工業専用地域

　準工業地域は、おもに軽工業の工場等の環境を悪化させるおそれのない工業の発展を図ることを目的とした地域です。したがって、工場だけでなく、一般の住居・アパートなどの集合住宅、商業店舗が混在

していることが多い地域です。ただ、都市部周辺では、近年の不況に伴って撤退した工場跡地に中高層マンションが建設され、マンション地帯の様相を呈している地域が増えています。

　準工業地域は環境の悪化をもたらすおそれのない工業の利便を増進するための地域とされています。工業地域は、おもに工業の発展を図るために指定される地域です。工業地域の性質上、小学校や大学、病院、ホテルといった施設を建築することはできません。工業専用地域は、工業地域よりもさらに工業の発展という目的を徹底した地域で、大規模工業団地などがこれに該当します。工業専用地域では住宅、店舗、飲食店はもちろん、学校や病院といった一定の良好な環境を必要とする施設の建設も許されません。

■ 用途地域の概略

	用途地域の種類	地域特性
住居系	①第1種低層住居専用地域	低層住宅に係る良好な住居の環境を保護するため定める地域
	②第2種低層住居専用地域	主として低層住宅に係る良好な住居の環境を保護するため定める地域
	③第1種中高層住居専用地域	中高層住宅に係る良好な住居の環境を保護するため定める地域
	④第2種中高層住居専用地域	主として中高層住宅に係る良好な住居の環境を保護するため定める地域
	⑤第1種住居地域	住居の環境を保護するため定める地域
	⑥第2種住居地域	主として住居の環境を保護するため定める地域
	⑦準住居地域	道路の沿道としての地域の特性にふさわしい業務の利便の増進を図りつつ、これと調和した住居の環境を保護するため定める地域
商業系	⑧近隣商業地域	近隣の住宅地の住民に対する日用品の供給を行うことを主たる内容とする商業その他の業務の利便を増進するため定める地域
	⑨商業地域	主として商業その他の業務の利便を増進するため定める地域
工業系	⑩準工業地域	主として環境の悪化をもたらすおそれのない工業の利便を増進するため定める地域
	⑪工業地域	主として工業の利便を増進するため定める地域
	⑫工業専用地域	工業の利便を増進するため定める地域

第1部 5

道路と通行権

敷地と道路の関係や規制の内容を考える必要がある

◆ 道路についての規制と接道義務

　道路は、一般公衆の通行に利用される物的施設ですから、高い公共性を持ちます。法律は、道路に関する禁止行為を規定したり、道路を構成する敷地、支壁その他の物件については私権（所有権など私法上認められる権利の総称）を原則として行使できないとする制限規定を置いています（道路法4条）。つまり、自分の土地や建物が規制の対象となる道路にあたる場合には、自由に使うことが許されなくなるといえます。

　家を建てる場合、建物の敷地は、道路に2m以上接していなければならないと定められています。これを接道義務といい、建築基準法43条に規定があります。建物の敷地には、生活のために出入りをする道路が必要ですし、地震や火事などの場合に避難する通路が必要だからです。「建物が2m以上接していなければならない道路」とは、具体的には、幅が4m以上ある道路のことです。私道でも幅が4m以上ある場合には、42条による「道路」として扱われます。

◆ みなし道路とは

　みなし道路とは、2項道路とも呼ばれるもので、建築基準法上、本来は道路と認められない道幅の狭い道路を、便宜上道路であるとみなすようにしたものです。建築基準法で認められる道路は、原則として幅員が4m以上のものに限られています。ただ、規定ができる前にすでに、幅員4m未満の道路にしか接していない住宅が沢山建てられて

いました。こうした建物が、違法建築物とならないように、道路の幅が4m未満であったとしても、建物が道路の中心から2m以上離れていれば、その道路を建築基準法上の道路とみなすことにしたのです。

土地の前の道路がこの道路である場合、道路の中心から測って2mまでは道路とみなされます。その結果、原則として道路中心線から2mセットバック義務（壁面後退）を負うことになります。セットバックとは、道路の幅員を確保するために敷地の一部を道路部分として負担する場合の当該負担部分のことで、道路の境界線を後退させることです。道路とみなされる部分には建物を建てることはできません。なお、みなし道路と指定される場合は、関係者が申請するわけではなく、特定行政庁（市町村長あるいは都道府県知事）に一方的に指定されます。

指定の方法も、個別具体的に指定される他、告示などによって包括

■ 接道義務

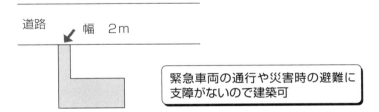

■ セットバック

的に指定されることがあります。

　一度道路がみなし道路に指定されると、建築制限などが生じます。みなし道路は、私道の所有者や関係者の許可などなく指定されますから、実際に不都合が生じた場合には、行政訴訟を起こすことになります。

◆ 通行権にはどんなものがあるか

　私道は、本来その所有者の承諾がなければ使うことはできません。そこで、その私道を通行したい場合は、通行権を得ることが必要となります。通行権には、以下のようなものがあります。

① 　袋地通行権（囲繞地通行権）

　他人の土地に囲まれた土地で公路に通じていない土地（袋地）の所有者は、他人の土地（囲繞地）を通らなければ公路に出ることができず、土地を十分に利用することができません。そこで民法は、袋地の所有者に囲繞地を通行して公路へ出る権利（袋地通行権）を認めました。

　袋地通行権は、法律上当然に発生しますが、その通行は、囲繞地所有者にとって最も損害が少ない場所・方法を選ばなければなりません。また、通行に使用する土地の面積に応じて使用料を払わなければなりません（袋地が、土地の分割や一部の譲渡によって生じたものである場合は、通行使用料を支払う必要はありません）。

② 　通行地役権

　通行地役権とは、他人の土地を通行するために設定される権利です。通行地役権を設定するには、要役地（他人の土地から便益を受ける土地）の所有者と承役地（要益地に便益を与える土地）の所有者との間で地役権設定契約の締結が必要になります（時効によって取得できる場合もあります）。この契約で、地役権の対価を設定することができますが、対価を設定することなく、無償で通行を認めることも可能です。通行地役権は、登記がなければ第三者に主張することができないため、通行地役権を設定した場合には、登記をすべきです。

③ **賃貸借・使用貸借などの契約による通行権**
　私道の通行を認めてもらう方法として、私道の所有者と賃貸借契約または使用貸借契約を締結することも考えられます。通行の対価を支払う場合が賃貸借で、対価を支払わない場合が使用貸借となります。

④ **慣習上の通行権**
　事実上、他人の土地を継続的に通行している場合、慣習上の通行権なるものが認められるとする考えもあります。もっとも、裁判所はまだこれを認めていません。

⑤ **通行の自由権**
　通行の自由権とは、建築基準法の適用を受ける私道に認められる通行権のことで、判例で認められた権利です。建築基準法の道路位置の指定を受けると、私道の所有者は、その私道を道路として維持する義務を負い、その結果、一般人もその私道を通行できることになります。

⑥ **権利濫用の法理による事実上の通行権**
　以上のような通行権が認められない場合であっても、損害を与えるわけでもなく、合理的な理由もないにもかかわらずその私道の所有者が通行を拒否するのは、権利の濫用であるということができます。権利の濫用ということになれば、所有者が通行を拒否できなくなるため、結果として、私道を通行する権利が認められることになります。

■ 袋地所有者に認められる通行権

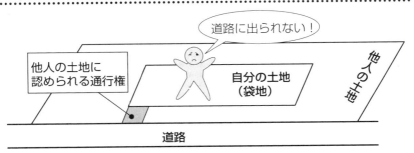

第1部 6

境界の取り決めと塀の設置

土地の境界を確定するために、境界確定訴訟や筆界特定制度がある

◆ 境界と筆界

　境界には、2つの意味があります。まず、登記制度に反映されている地番の境という意味があります。この境界のことを公法上の境界（筆界）といいます。公法上の境界は、国が決めるべき事柄であって、境界が問題となっている土地の所有者間で決定できる性質のものではありません。したがって、隣接する土地の所有者間で取り決めをしても、それによって、境界線が決められるわけではありません。また、公法上の境界（筆界）は、いわば設定された時点で、客観的に存在するものですから、後になって勝手に変更することもできません。

　もう1つは、私法上の境界と呼ばれるものです。土地の所有権の範囲を問題とするもので、隣接地の所有権との境目を意味します。これは、隣接する土地の所有者間の取り決めにより決めることができます。

◆ 合意書の作成

　通常は、「公法上の境界」と「私法上の境界」は一致しています。しかし、他人の土地の一部について、時効により所有権を取得した場合のように、公法上の境界と私法上の境界が一致しないこともあります。境界の紛争というと、所有権の範囲を争う「私法上の境界」を問題にしている場合が多いようですが、境界を確定する場合の境界は、公法上の境界と考えてください。

　なお、公法上の境界の位置がはっきりした際にはそれをお互いに確認する意味で筆界確認書を作成しておくのがよいでしょう。また、土

地の売買の際には、公法上の境界とは別にお互いの土地の所有権の範囲などを明らかにするために隣地所有者との間で境界の位置について合意をしておくのもひとつの方法です。合意の際には、当事者間で境界合意書を作成し、署名押印して保管しておきます。

◆ 境界標がある場合とない場合の対応

境界を示す手段として、自然の道などの地形や境目に石材（境界標）を埋め込むなどの方法が利用されています。境界標がない場合は、測量図や登記所にある地積図・公図などを利用し、その資料をもとに、隣接地所有者と協議して境界を確定します。もっとも、地番と地番の境界は、公法上決められているものなので、協議により決められた境界と真の境界とが異なる場合、合意による境界は無効となります。

◆ 境界確定訴訟

境界確定訴訟とは、裁判所の判決を通じて境界を確定させる訴訟で

■ 境界の確定方法

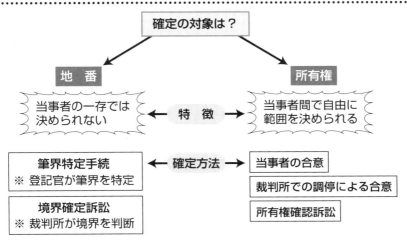

す。境界確定訴訟は、単に、隣接地の所有者の間で所有権の範囲を確定する訴訟ではなく、公法上の境界を確定するものです。裁判所は、訴訟当事者の主張に拘束されることなく、あらゆる資料を参照して客観的に境界を定めます。したがって、訴訟当事者が全く主張していない場所が境界となることもあります。隣接地が共有地である場合は、その共有者全員を相手に訴訟を提起する必要があります。共有者全員との間で統一的に境界を定めなければならないからです。

◆ 筆界特定手続き

境界を確定する法的手段としては、境界（筆界）確定訴訟の他に筆界特定制度があります。

筆界特定制度では、裁判所を利用しないで、行政つまり登記官が、より簡易かつ迅速な手続に従って、筆界を特定します。この制度の趣旨は、迅速かつ適正な筆界の特定による、紛争の早期解決にあります。そのため、法務局または地方法務局の長は、手続処理の標準的期間を定めて公表しなければなりません。

筆界は公法上の境界であることから、特定にあたっては詳細な事実調査と専門的な知識・経験が要求されます。そこで、必要な調査と意見を筆界特定登記官に提出する「筆界調査委員」が任命されます。

筆界の特定は、まずその土地の所有権登記名義人などが、筆界特定登記官に対して、紛争となっている土地の間の筆界を特定するように申請することで始まります。筆界調査委員は、手続に従って必要な調査を行い、筆界特定についての意見を筆界特定登記官に提出します。この意見をふまえ、筆界特定登記官は、資料その他の各種事情を総合的に考慮して、筆界を特定します。この結論と理由の要旨は「筆界特定書」という書面に記載されます。筆界を特定した後、筆界特定登記官は、なるべく早く、筆界特定書の写しを申請人に交付し、公告します。さらに、関係人に対しても通知をします。

なお、同じ土地について筆界特定手続と共に境界確定訴訟が提起された場合、先に境界確定訴訟の判決が下っていたときは、その判断が優先されます。筆界特定が先の場合には、その記録が訴訟の場に提出され、裁判所を拘束はしませんが、証拠としてかなり尊重されます。

◆ 塀を作るには

2棟の建物が別々の所有者に属し、それらの建物間に空地があるときは、各建物の所有者は、他の所有者と共同の費用で境界上に塀や柵（これを囲障といいます）を設置できる権利を持っています。この権利のことを囲障設置権といいます。

新しく塀を設置しようとする場合、まず、隣家の建物所有者と協議を行い、合意が成立しない場合は、裁判手続きによって隣家所有者に協力を求めることになります。民法は塀の設置費用は、隣人と平等に負担すると規定していますが、これは隣家との間で設置費用について特に合意が成立していない場合のルールです。隣家との間で費用負担について別段の合意があれば、その合意に従って費用を負担します。

■ 筆界特定手続きの流れ

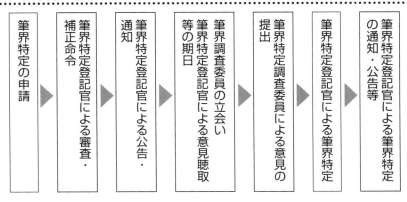

第1部 7

建築工事と境界

隣家との間に一定の距離を置かなければならない

◆ 建物は境界線からどの程度離さなければならないか

　境界線にあまり接近したところに建物を建てると、日照や通風に支障が出ます。そこで、民法は、「建物を建てるには、境界線から50cm以上離さなければならない」と規定しています。

　一方、都市計画法や建築基準法には、民法の定める50cmよりも狭い間隔での建築を許容している規定があります。この場合、一般的には、建築基準法等の規制が民法よりも優先すると考えられています。

　規制に反して建物を建てようとする者がいるときは、隣の土地の所有者は、その建築を中止・変更させることができます。さらに、それも無視して建築が進む場合は、建築工事の差止めを求めて裁判所に申請することができます。ただし、建築に着手してから1年以上たったときや、その建築が完成した後は、中止・変更の請求はできず、損害賠償の請求しかできなくなります。建築の中止を確実にしたいときは、裁判所に建築工事禁止の仮処分の申請をするとよいでしょう。

◆ 建築工事のために隣地を使用できる

　隣地との境界線近くに建物を建築する場合、足場を組み立てるには、隣地への立入りが必要になることがあります。民法では、建物の建築や修繕をするために必要な範囲内で、隣地所有者に隣地への立入りを請求することができると規定しています。この権利を隣地使用権といいます。しかし、あくまでも隣地所有者に自らの立入りを認めるように請求できるというだけであって、隣地所有者の承諾なく勝手に隣地

に立ち入ることができるというわけではありません。

◆ 目隠しをつける場合

　隣地との境界線からの距離規制のぎりぎりに建設すると、隣家が丸見えになることがあります。そこで、民法はプライバシーを保護するために、境界線から1m未満のところに窓や縁側、ベランダを作る場合は、目隠しをつけなければならないと規制しています。もっとも、市街地のように建物が密集している地域で、目隠しを不要とする慣習がある場合は、その慣習に従い、目隠しをつける必要はありません。

◆ 枝や根の越境

　民法は、木の根が越境している場合、その越境してきた木の根は、所有者の承諾を得ることなく、勝手に切り取ってよいと規定しています。

　これに対し、木の枝が越境している場合は、勝手に伐採することはできませんから、木の所有者に対して、越境部分の伐採を請求することになります。伐採を請求したにもかかわらず、伐採してもらえないときは、裁判所にその伐採を求めて訴訟提起するしかありません。

■ 建物を建築する場合に生じる問題

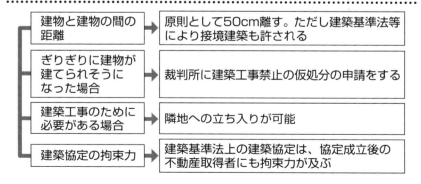

第1部 8
日照・通風などを守るための高さ制限

建築基準法は日照・通風の確保のために建築物に制限を設けている

◆ 高さ制限のルールの概要

　高さのある建築物が建築されると、日照や通風が阻害され、周囲の環境を悪化させる恐れがあります。そのため、建築基準法では建物の高さを制限しています。

　低層住居専用地域などでは絶対高さの制限があり、その高さを超える高さの建物を建ててはいけないことになっています。絶対高さ制限とは、建築物の高さを地盤から一定の高さ以内に制限することをいいます。具体的には、第1種・第2種低層住居専用地域では良好な住環境を保護するため、原則として建築物の高さは10mまたは12mのうち都市計画において定められたものを超えられないという制限があります。

◆ 道路斜線制限とは

　道路斜線は、道路上空の建物を建てられる部分を制限して、採光や通風を確保するための制限です。図（次ページ）を例に考えてみましょう。

　まず、敷地と道路の境界線上（図のB）に道路幅（図では4m）に対して1.25倍（商業、工業系の地域では1.5倍）の長さの垂線を引きます。次に、この垂線の終点に向かってAから斜線を引きます。このとき、Bから引いた線の終点とAから引いた斜線が交わる点をXとします。そうすると、ＡＢＸの三角形ができます。このＡＸの直線をさらに上空に向かって延長した先をＰとします。このＡＰの線を道路斜線といい、容積率に応じて定められた距離の範囲（図では20m）にある

建物は、道路斜線の下に収まる必要があります。図では、道路斜線から上空に突き出した部分（図のOの部分）が制限を超えていることになります。

◆ 隣地斜線制限とは

　隣地間で近接した建物の通風や日照を確保するための高さ制限に隣地斜線制限があります。隣地斜線制限が適用される地域は、第1種低層住居専用地域と第2種低層住居専用地域を除く10種類の地域です。

　具体的には、住居系の地域の場合、建物の高さ20mを超える部分について、傾斜が1：2.5の斜線の範囲に収まるように建築しなければなりません（37ページ上図a）。また、商業系・工業系地域の場合、建物の高さ31mを超える部分の傾斜が1：2.5の斜線の範囲に収まるように建築しなければなりません（37ページ上図b）。隣地境界線か

■ 道路斜線による制限

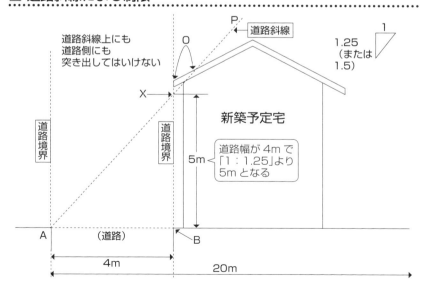

ら後退した場合は、緩和措置が受けられます（次ページ上図ｃ）。

◆ 北側斜線制限とは

　北側斜線制限とは、北側にある隣地の日照を確保するための建物の高さ制限です。北側斜線の制限があるのは低層住居専用地域と中高層住居専用地域です。低層住居専用地域の場合、真北方向の隣地境界線について、地盤面から５ｍの高さを起点に傾斜が１：1.25の斜線の範囲に収まるように建築しなければなりません。また、中高層住居専用地域の場合、地盤面から10ｍの高さを起点に傾斜が１：1.25の斜線の範囲に収まるように建築しなければなりません（次ページ下図参照）。

◆ 天空率による高さ制限の緩和

　天空率とは、ある地点からどれだけ天空が見込まれるかの割合を示したものです。建築基準法では、斜線制限ギリギリに敷地の幅いっぱいに建てた建物と、高さが高く、斜線には当たってしまうがよりスリムな建物とを比較して、後者のほうが天空率が多くなった場合、斜線制限の目的である、通風や採光が確保されたものとして緩和を適用できることになっています。

◆ 日影による中高層建築物の高さの制限

　日影規制は、中高層建築物によって日影が生じる時間を制限し、周囲の敷地にある建築物が一定の日照時間を確保できるようにする規制です。建築物の周辺に生じる日影を規制することで、間接的に建築物の形態を規制しています。日影規制は、地方の気候や風土にあわせて、都道府県や市町村などの地方公共団体が条例によって日影時間を指定します。なお、商業地域、工業地域、工業専用地域、高層住居誘導地区、都市再生特別地区は日影規制の対象外です。日影測定は、最も日照時間が短い冬至の日の、午前８時から午後４時に行われます。

■ 隣地斜線制限のイメージ

住居系地域（図a）

高さ制限　1/1.25　20m　隣地境界線

商業系地域、工業系地域（図b）

高さ制限　1/2.5　31m　隣地境界線

後退した場合の緩和（図c）

後退距離　ℓ　ℓ　1/1.25(2.5)
後退したことでこの部分が建てられる
20m(31m)　隣地境界線

■ 北側斜線制限のイメージ

第1種・第2種低層住居専用地域

高さ制限　1/1.25　10mか12m　5m　北　隣地境界線

第1種・第2種中高層住居専用地域

1/1.25　10m　北　隣地境界線

第1部 9 マンションについての管理

区分所有法は管理組合の組織や管理費、修繕について規定している

◆ 管理組合とは何か

　マンションは大勢の人たちが暮らす建物なので、行き届いたマンションの管理が不可欠です。マンション管理について定めた区分所有法という法律では、「区分所有者は、全員で建物並びにその敷地および附属施設の管理を行うための団体を構成する」と規定しています。この「団体」のことを一般に管理組合と呼んでいます。

　マンションには、「専有部分」と「共用部分」があります。専有部分とは、マンションの中の各部屋に該当する場所のことをさし、原則としてその部屋に住んでいる人（区分所有者）が自由に用いることができます。これに対して共用部分とは、エレベーターや階段などマンションの住民全員が用いる場所のことをいいます。共用部分については、マンションの住民全員で管理を行うことになります。

　マンションの管理組合は、共用部分の他、区分所有者が共有する敷地を管理することになります。

◆ 管理組合の組織はどのようになっているのか

　マンションの管理組合は、総会、理事会、理事長、理事、監事、その他の組合員で構成されています。

　総会はすべての組合員が参加する最高意思決定機関で、決算報告や予算案の承認、長期修繕計画についての決議などを行います。

　理事会は、理事長と理事で構成された機関で、総会で決議されたことをもとに、管理規約に定められた事柄を決定します。集会に出す議

案の作成や、集会で決議された事項を実行することも理事会の仕事です。

　監事は、管理組合の業務についてのチェックを行います。通常は、マンションの住民が持ち回りで理事や監事の役割を負います。

◆ 集会（総会）、管理規約、管理者の選任

　マンションの区分所有者は、管理組合の構成員となります。区分所有者の意思を確認するために、区分所有法では集会を年1回以上開催することを義務付けています。集会は一般に総会と呼ばれています。

　区分所有法は、管理組合として区分所有者が守るべき決まりごと（規約）の作成を認めています。管理規約は、管理組合が管理する共用部分以外の、住民が住む各部屋（専有部分）にも効力が及びます。

　また、集会の決議によって共有部分の管理者の選任が行われます。

◆ 管理費とは何か

　マンションの共用部分は、マンション居住者全員のための施設です。このような共用部分を利用・維持するには費用がかかります。これを管理費と呼びます。

　管理費は原則として区分所有者全員が払う必要があります。月々の管理費の負担は、マンションに長い間住む区分所有者にとっては大き

■ マンション管理のしくみ

な問題ですから、管理費の負担は、通常、分譲時の契約や規約で決まっています。もし、管理費の負担についてあらかじめ決まりがない場合は、法律に従うことになります。区分所有法では、管理費の負担の割合は原則として各区分所有者が持っている専有部分の床面積の割合によって決まるとしています。

◆ 修繕とは

　いくらしっかりと建設されたマンションでも、時間の経過による劣化は避けられません。たとえば、外壁の塗料がはがれたり、水道管がさびて水もれすることがあります。劣化を放置しておくと、マンションの資産価値が落ちるだけでなく、利用そのものにも支障が出てきます。そこで、マンションには定期的な修繕が必要になります。

　区分所有法などの法律では、「○年経過した場合は修繕しなければならない」といった義務規定はありません。修繕は管理組合の判断で決めることになります。しかし、実際は、たとえば、外壁の補修は9〜15年に一度という標準的な周期があります。

　管理組合の対応としては、ふだんからマンション内の巡回などを行い、壁のひび割れや、漏水などの修繕箇所を見つける必要があります。

　また、表立った欠陥がなくても、修繕が必要な場合もあるため、年に一度くらいは建築士などの専門家にマンションを調べてもらうことをおすすめします。

　なお、修繕には多くの費用がかかります。そこで、修繕積立金として、通常の管理費とは別に徴収します。

　現状の建物の状態を著しく変化させるような大規模な修繕工事を行う場合には、集会での特別決議（区分所有者と議決権の各4分の3以上の賛成が必要となる決議）が必要です。特別決議が必要になる大規模な修繕工事とは、具体的には、建物に新たにエレベーターを設置したり、駐車場を大きく改築する工事などが該当します。

マンションの現状を大きく変更するような工事ではなく、そこまで大がかりな工事でない場合には特別決議ではなく普通決議（区分所有者と議決権の各過半数による決議）で足ります。普通決議により行える工事には、具体的には、階段にスロープや手すりを設置する工事、防犯カメラの設置工事、鉄部の塗装工事、照明設備や消防設備に関する工事、窓枠や窓ガラスの工事などが該当します。

　普通決議が必要な工事か特別決議が必要な工事かについては、国土交通省が公表している標準管理規約に具体例が示されています。

◆ 復旧、建替えとは

　復旧とは、災害や事故によってマンションの一部が滅失してしまった場合に、滅失した部分を元の状態に戻すことです。滅失した部分の価格がマンション全体の2分の1以下の場合は、総会の普通決議によって復旧を行うことができます。また、滅失部分が2分の1を超える場合は、総会の特別決議が必要です。

　建替えとは、修繕では改善できない場合にマンションを取壊して新しい建物を建築することです。建替えを行うためには、総会で区分所有者と議決権の各5分の4以上の賛成が必要です。

■ 建替えと復旧

		注意点
建替え		老朽化・災害によりマンションを建て替えること 区分所有者、および議決権の各5分の4の賛成が必要 建替えに賛成しない者は敷地利用権を売り渡すことができる
復旧	小規模復旧	マンションの価格の2分の1以下に相当する部分の滅失 専用部分については区分所有者は各自で復旧工事ができる
	大規模復旧	マンションの価格の2分の1を超える部分の滅失 滅失した共用部分を復旧する旨の特別決議が必要になる

第1部 10

担保権

第三者の財産や債務者の土地等が債権回収の担保に利用される

◆ 担保とは

　銀行などの金融機関が多額の融資をする場合は、相手方から確実に代金を回収できるようにするため、融資に際して何らかの担保をとるのが取引社会の常識です。仮に、相手方が倒産などした場合には、「一般債権者」（担保をとっていない債権者のこと）よりも、抵当権などをもつ担保権者が優先して債権を回収できるからです。

　このように契約の相手方が倒産するなどして、返済が困難になった場合のリスクを回避する手段として、担保制度が活用されます。

　貸金などを担保するための制度として、「保証」があります。たとえば、ある人が銀行から融資を受ける際に、その人の友人が保証人（または連帯保証人）になる場合が挙げられます。本人が返済できない場合に、保証人が代わりに返済することになります。

　保証は、保証人という「人」の財産を担保とする制度であることから、人的担保と呼ばれています。

　これに対して、債務者以外の第三者（保証人）の財産が担保となる保証に対して、債務者本人または第三者のもつ特定の財産を担保とする制度があります。代表的なのは、土地や建物を担保とする抵当権です。その他に、質権や譲渡担保、仮登記担保などがあります。これらは、債務者または第三者の「特定の財産」つまり物を担保とすることから、物的担保と呼ばれます。

　物的担保は、留置権など法律上当然に発生する「法定担保物権」と抵当権や質権など当事者間の合意（契約）によって担保権が発生する

「約定担保物権」に分けられます。さらには、法律に規定のない「非典型担保物権」と呼ばれるものもあります。

◆ 人的担保・物的担保の長所と短所

人的担保は、物的担保と比べると簡単に設定できるため、債権者としては、主たる債務者の資力に不安がある場合は保証人を複数人立てさせることにより、債権回収を確実にすることができます。

もっとも、保証人に資力があるかどうかによって確実に債権を回収できるかどうかが決まることから、物的担保と比べて担保としては不確実であるというデメリットがあります。

物的担保の長所は、他の債権者に優先して債権の回収を実現できるという点にあります。ただ、物的担保はこれを主張するためには原則としてその存在を登記などで世間一般に公示する必要があります。また、強制執行（国家が債権者の権利を強制的に実現する手続）の場面においても、差押え・競売などの法的な手続きが要求されます。

このように、物的担保は強い効力がある反面、煩雑な手続きが要求されており、これが短所だといえます。

■ 物的担保と人的担保

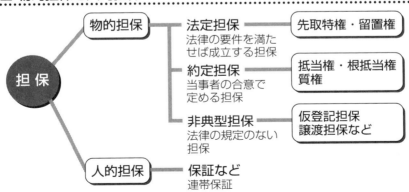

第1部 11

抵当権

返済がない場合に担保の土地・建物の売却代金から債権を回収する

◆ 抵当権とは

　抵当権とは、貸金などの債権を担保するために、債務者（第三者も含む）の土地や建物に設定される権利です。債務者が債務を返済しない場合には、抵当権者（＝債権者）は、抵当権設定者（＝債務者）の土地・建物を競売し、その売却代金から債権の回収を図ります。

　抵当権には、抵当権設定後も債務者が従来通りに目的物を使用・収益することができ、そこから債務の弁済資金を得ることができるという利点があります。債権者は、目的物を自分の手元においていなくても、その財産的価値を把握しておくことができることが特徴です。なお、抵当権には、大きく分けて通常の抵当権と根抵当権の2種類があります。一般に抵当権という場合には、通常の抵当権のことをさします。

◆ 抵当権の効力

　抵当権の一番重要な効力が優先弁済権です。これは、債務者が返済しないときに、抵当権の設定された不動産を換価処分（＝競売）して、その代金から他の債権者に優先して債権の弁済を受けられるという効力です。さらに、抵当権の登記がなされているのであれば、抵当権の設定された不動産を債務者が第三者に売却しても、その不動産に対する抵当権の効力は第三者の下にも及びます。

　また、抵当権には物上代位という効力も認められています。これは抵当権の目的物に代わる金銭にも抵当権の効力が及ぶというものです。

◆ 物上保証と共同抵当

原則的ではない抵当権の設定として物上保証と共同抵当があります。

① 物上保証

物上保証とは、債務者以外の第三者が所有する目的物に抵当権を設定することです。たとえば、AがBに対して5000万円の貸金債権をもっている例でB所有の不動産に抵当権を設定するのではなく、第三者C（物上保証人）がC所有の土地にAの抵当権を設定する場合です。

② 共同抵当

共同抵当とは、1つの債権を担保するために複数の不動産に抵当権を設定することをいいます。債務者の1つの土地だけでは、債権額を担保するのに不十分な場合や、土地とその上の建物の両方に抵当権を設定する場合などに利用します。たとえば、AがBに5000万円の貸金債権をもっているとします。このとき、Bが所有する甲地の評価額が3000万円で、乙地の評価額が2000万円だとします。甲地と乙地に「共同抵当」を設定すれば、あわせて5000万円の評価額となり、債権の担保として十分な金額になります。もし、Bが貸金債権を返済しない場合には、Aは甲地と乙地の両方を競売することができます。

■ 共同抵当権

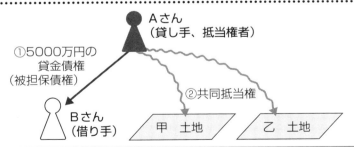

第1部 12

根抵当権

複数の債権を極度額まで担保でき、継続的取引に有用な手段である

◆ 根抵当権とは

　根抵当権とは、一定の範囲にある不特定の債権を、限度額（極度額）まで担保する形式の抵当権です。

　通常の抵当権は、個別に特定された債権を担保するために設定され、債権が弁済などで消滅すれば抵当権も消滅します。

　これに対して、根抵当権では、一定の範囲に属する債権であれば、個々の債権を特定することなく複数の債権を極度額に至るまで担保することができます。また、通常の抵当権と異なり、被担保債権の金額がゼロになっても根抵当権は消滅しません。根抵当権は、継続的な取引を行う債権者が債務者に対する債権を一括して担保するのに有益です。

　根抵当権は、債務者に対する債権であれば何でも担保できるわけではありません。一切の債権を担保するなどという包括的な定めはできません。ただし、ある「範囲」を決めて、その範囲に属する債権であれば、増減したり入れ換わったりしても担保されます。

　また、根抵当権は、債務者の不動産に一定の担保「枠」を設定するものですから、その金額（極度額）も根抵当権の設定に際して決めなければならず、極度額も根抵当権設定登記の内容になります。

　そのため、根抵当権の設定に際しても、被担保債権の「範囲」と「極度額」を定めることが必要であり、それらが登記事項とされています。

　なお、被担保債権を特定するためには債務者が誰かがわからなければなりません。そのため、債務者も登記事項とされています。

◆ 元本を確定する

　根抵当権は元本の他、利息・遅延損害金をすべて極度額まで担保します。元本は一定の事由があると確定します。

　元本が確定すると、その額の債権を被担保債権とする通常の抵当権とほぼ同様に扱うことができます。

　元本の確定が生じる原因には、いくつかありますが、おもなものをあげると、まず、根抵当権設定時に債権者と債務者があらかじめ定めておいた「確定期日の到来」が挙げられます。

　また、確定期日を定めていないときは、根抵当権者や根抵当権設定者が「元本確定請求」をした場合にも根抵当権の被担保債権は確定します。

　根抵当権者は、いつでも元本確定請求をすることができ、根抵当権設定者は根抵当権を設定した日から３年を過ぎたときに元本確定の請求をすることができます。ただ、根抵当権設定者の場合、元本が確定するのは、請求時から２週間後になります。

　なお、根抵当権者や根抵当権設定者による「元本確定請求」は、確定期日を定めている場合にはできません。

■ 根抵当権

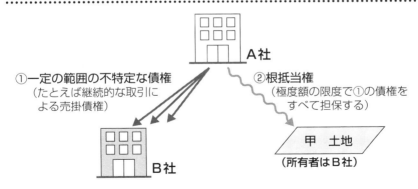

第1部 13

借地契約・借家契約

借地借家法により借主は保護されている

◆ 借地権をめぐる法律の規制

借地契約の1つに、建物の所有を目的とする土地の賃貸借があります。借地契約によって借主は土地を利用する権利（借地権）を得ますが、建物所有を目的とする借地権は生活の基盤である家屋等の建物を所有する、重要な基礎となる権利です。借地借家法は借地人保護のため、以下の規定を設けています。

① **借地権の存続期間**

借地借家法によれば、借地権の存続期間は30年です。また、契約期間が満了後に契約を更新することも可能ですが、更新後の存続期間は最初の更新の場合は20年、2回目以降の場合は10年となります。

借地権の存続期間が満了しても、借地上に建物がある場合は、借地人が契約の更新を請求したとき、あるいは借地人が継続して土地を使用しているときは、前の契約と同一の条件で契約を更新したものとみなされます。地主が更新を拒絶するには、正当の事由が必要です。

② **借地権を主張する条件**

借地権の存在を借地契約関係のない第三者に主張するには、本来であれば借地権の登記が必要です。しかし、登記をするためには貸主である地主の協力が必要ですが、実際には得られ難いものです。そこで借地借家法は、借地上に建物を建てて借地人名義で「建物の登記」をしていれば、借地権を第三者にも主張できるようにしています。

③ **建物買取請求権**

契約期限後に借地上に建物が残っている場合や、借地権の譲渡や転

貸（又貸し）について地主が承諾しないような場合には、借地人（転貸などの場合は転借人）は地主に建物を買いとるよう請求できます。

◆ 借家契約では借地借家法が適用される

借家契約とは、建物の賃貸借契約のことです。借家契約は貸主と借主の間の双方の信頼関係を基礎として成立します。借家契約については、借主保護のために民法に優先して借地借家法が適用されます。

① 借家契約の存続期間

法律上定めはありませんが、実務上は2年契約が多いようです。なお、1年未満の期間で契約した場合には、存続期間の定めがない契約とみなされます。契約上の存続期間が満了しても、期間終了の6か月前までに貸主から、正当な事由をもって借主に更新拒絶の通知をしないと、従前の契約と同一条件で更新したものとみなされます。

② 借家契約を主張する条件

借家契約の存在を第三者に主張するには、賃借権の登記が必要です。しかし貸主は協力的ではないため、借地借家法は、借主が建物の引渡しを受けて居住していれば、第三者への借家権の主張を認めています。

③ 定期借家権について

借地借家法では、更新のない建物賃貸借が認められています。これを定期借家契約（定期建物賃貸借契約）といいます。

■ 借家契約についての法律上の規制

	民 法	借地借家法
契約の存続期間	最長20年 1年未満でも可能	20年を超える契約も有効 （民法604条は適用されない） 1年未満は期間の定めなしとみなす
契約満了と更新	契約期間満了で終了	更新拒絶の制限（正当事由の検討）
第三者に主張する条件	借家権の登記	借家の引渡し（住んでいること）

第1部 14 定期借地権・定期建物賃貸借

契約期間延長がない定期借地権や定期建物賃貸借が認められている

◆ 更新のない借地権

　定期借地権とは、一定の要件を満たした場合に認められる更新のない借地権のことをいいます。定期借地権の活用によって借地の利用の幅を広げる効果があります。借地借家法は、一般的に借主を保護する規定を置いています。しかし、貸主を長期間の契約に拘束することで、そのような拘束を嫌う貸主が、借地契約を結ぶのに消極的になってしまい、かえって借主が土地を借り受ける機会を失うことを防ぐ目的があります。

　定期借地権は、契約の更新、建物再築による存続期間の延長がなく、契約終了時の借地人からの建物買取請求権も排除することができます。

　定期借地権は、平成3年に施行された借地借家法で認められた制度です。通常の借地契約では、借地権の存続期間満了時、建物がある場合、地主に正当な理由がない場合には、契約が更新されることになっています。定期借地権は、このような契約更新を認めず、期間満了時には必ず地主に土地を返還するという条件がついた借地権です。

　地主への土地の返還が約束されるため、「借地にすると戻ってこない」というイメージから借地に慎重であった地主でも、柔軟に土地を運用することができます。借地料は通常の借地契約より安く設定されるので、借地人にとっては、期間は限られるが安い地代で土地を調達できるというメリットがあります。定期借地権には一般定期借地権、事業用定期借地権、建物譲渡特約付借地権の3種類があります。

① 一般定期借地権

50年以上の借地権存続期間を設定し、期間満了時には、借地人が土地を更地に戻して速やかに返還すること、建物の買取請求はしないことを定める借地権です。契約は、書面で行わなければなりません。通常は公正証書を利用します。使用目的が居住用か事業用かの制限はありません。

② **事業用定期借地権**

　事業のための使用に限られた借地権です。ただし、建物の賃貸は事業として認められません。借地権の存続期間は10年以上50年未満で設定できます。この借地権の契約は、公正証書によって行わなければなりません。事業用定期借地権は、契約期間が30年以上かどうかで内容が異なってきます。

③ **建物譲渡特約付借地権**

　期間満了時に、借地にある建物を地主が買いとるという特約のついた借地権です。存続期間は30年以上で設定します。業者が土地を借り、ビルやマンションを建てて、一定期間賃料収入を得た後は地主に売却するというビジネスモデルでは建物譲渡特約付借地契約がよく利用されます。契約について書面でなければならないとは定められていませ

■ 契約の存続期間と終了

	普通借地権	定期借地権			建物譲渡特約付
		一般	事業用		
借地権の存続期間	30年以上	50年以上	10年以上30年未満	30年以上50年未満	30年以上
契約の終了	存続期間満了＋正当事由	存続期間満了	存続期間満了	存続期間満了	借地権上の建物を譲渡したとき
契約の方式	法律上は口頭でも可	公正証書などの書面で契約	契約書を必ず公正証書にする		法律上は口頭でも可

んので、口頭でも契約は成立しますが、公正証書で契約を結ぶのが一般的です。居住用、事業用の制限はありません。

◆ 事業用定期借地権設定上の注意点

　事業用定期借地権は、建物買取請求権がないなど借地人の権利を大幅に制限することもあります。

　そこで、慎重に契約が行われるようにするため、事業用定期借地権の契約は公正証書によって行わなければならないとされています。

　公正証書を利用せずに事業用定期借地権設定契約を締結したとしても、その契約は無効になります。

　また、借地権設定者が、事業用定期借地権であることを第三者に主張（対抗）するためには、借地権を登記する必要があります。登記申請の際には、登記申請書に事業用定期借地権であることを必ず記載しなければなりません。

◆ 定期建物賃貸借のメリット

　通常の建物賃貸借では、その契約期間が満了したからといって、当然に建物を返還してもらえるわけではありません。

　仮に賃貸人が期間満了の1年前から6か月前までに更新拒絶の通知をしたとしても（借地借家法26条1項）、双方の諸事情を見て、正当事由がなければ更新拒絶は認められません（28条）。経済的に弱い立場にある賃借人を保護するためです。

　しかし、これが不都合な場合があります。たとえば、「転勤で5年ほど自宅を空けるので人に貸したい」という場合、「帰郷したら賃借人に契約更新をせまられ、正当な立退料を払え」ということになると、建物を貸すことが難しくなります。そこで、定期建物賃貸借という制度が認められています。定期建物賃貸借とは、賃貸人が賃借人に対して一定期間建物を賃貸した場合において、期間終了後は契約の更新を

しない旨を定めた契約をいいます（38条1項）。期間満了後は確実に建物の返還を受けられるというメリットがあります。また、通常の賃貸借と異なり1年未満の契約も可能です。

◆ 契約書を作成する際にトラブルになる条項について

定期建物賃貸借は、期間を定めるだけでは足りません。一定の契約様式が定められています（38条1～3項）。

具体的には、①期間の定めがあること、②書面によって契約すること、③契約の更新がない旨を定めること、④あらかじめ賃借人に対し、この建物賃貸借は契約の更新がなく、期間の満了により終了することについて、書面を交付して説明していることが必要です。

また、通常の契約と異なり、「期間中は賃料の減額を請求しない」あるいは「毎年賃料を1％増額する」という賃料改定特約を締結することができます（38条7項）。必要に応じて検討するとよいでしょう。

なお、契約期間が1年以上である場合、期間満了の1年前から6か月前までに建物賃貸借が終了する旨を通知しなければなりません。これより遅く通知すると、通知した日から6か月後に建物賃貸借は終了します。トラブル防止の観点から、契約締結時に取り交わす定期建物賃貸借契約書の契約条項に入れておくのもよいでしょう（38条4項）。

■ 定期借家契約の特色

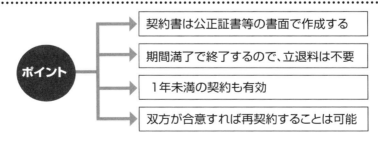

第1部 15
敷金・保証金・権利金・礼金

返還の有無等が異なるさまざまな性質の金銭が授受される

◆ **敷金とは**

　敷金は、借主が入居する際に、借主から貸主に預ける金銭です。その目的は、借家契約が終了して借主が退去するまでの間に生じた借家人の債務を担保することです。担保されるのは、契約終了までの債務と終了後明渡し完了までの債務です。たとえば、滞納賃料、契約終了後明渡しまでの使用損害金、建物に関する損害賠償債務などがこれに該当します。敷金をこれらの債務に充当するかは貸主の自由で、敷金が差し入れられているからといって、その分の賃料を支払わなくてよいということにはなりません。

　判例によれば、敷金返還請求権は賃貸借契約終了時ではなく、借主が建物明渡しを完了した時点で発生します。敷金は賃貸借開始から終了後、さらには明渡し完了までの賃借人の債務も担保するものだからです。したがって、敷金を返してもらえなければ、建物は明け渡さないという主張（同時履行の抗弁権）は認められません。ただ、敷金の返還をめぐるトラブルを防ぐためには、契約書に敷金内容の返還時期を明確にしておくことが望ましいでしょう。賃貸住宅市場で一般に使用されている国土交通省作成の賃貸住宅標準契約書では、「建物明渡しがあったときは、『遅滞なく』返還する」という表現が用いられています。ケースによっては、○日以内と期間を明確にするほうが好ましい場合もあります。この場合の敷金は、特約のない限り、オーナーチェンジに従って、新オーナーに移転されます。

◆ 返還される場合と返還される場合がある

　賃貸借契約に伴い授受される金銭には、敷金の他に、礼金、権利金、保証金などと呼ばれるさまざまな金銭の授受があります。

・権利金

　家屋や店舗、土地を対象とした賃貸借契約を交わす際によく聞かれるのが権利金という言葉です。不動産実務では、居住用目的の建物賃貸借では権利金が要求されることはほとんどなく、建物賃貸借では、おもに営業目的の賃借権を設定する際に授受され、土地では、借地権を設定する際の借地権の対価として支払われます。この権利金は、①賃貸借設定の対価、②賃料の一部の前払い、③場所的権利に対する対価、④営業上の利益の対価として、あるいは①～④の混合型として授受されます。いずれの場合も返還は予定されていません。

　ただし、期間の定めのある賃貸借で、中途で解約された場合は、たとえそれが賃借人の債務不履行による賃貸借でも、一般に賃貸借期間と残存期間を按分して残存期間分に相応する権利金の返還をすべきであると解されています。この点、トラブルになりやすいので、契約書に中途解約の場合にはどうするか、明記しておくとよいでしょう。

・礼金

　礼金は、アパートを賃貸する際に授受されることが多い金銭です。礼金という名称の通り、「賃貸していただいたことのお礼」として借

■ 敷金のしくみ

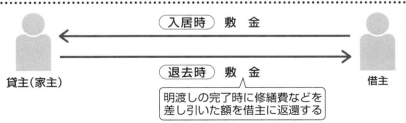

主が支払うもので、権利金同様、借主の退去時には返金する必要がありません。中途で解約した場合も返金の必要はありません。

・保証金

建物賃貸借契約では、しばしば保証金という名目で金銭授受が行われますが、保証金は、敷金や権利金と異なり、「これは保証金だからこうなる」いう結論は単純にはいえません。

ⓐ　敷金の性質を有する保証金

保証金で一番多いのは、敷金の性質を有する場合です。特に、居住用の建物賃貸借契約を締結する場合に授受される保証金は、敷金を保証金と言い換えているにすぎないケースがほとんどです。この場合の保証金は、敷金の性質を有していますから、借家契約が終了して借主が退去するまでの間に生じた借家人の債務を差し引いて返金することになります。この場合の保証金は、特約のない限り、オーナーチェンジに従って、新オーナーに移転されます。

ⓑ　建設協力金としての保証金

建設協力金として授受される金銭を保証金と称している場合もあります。この保証金は、貸主が借主の希望する建物を建てて貸す賃貸借契約の際に授受されるもので、敷金的性質は全くありません。おもに、スーパー、コンビニ、ドラッグストアーなどを建設する際に利用されます。本来であれば賃借人が土地を借りて自費で建物を建てるべきですが、そうなると、借地権が発生してしまいます。そこで、地主に建設協力金という保証金を差し入れ、その保証金で地主に借家人の指定する建物を建ててもらい、その建物をスーパーなどが賃借するという構成をとります。これだと借地権が発生しません。この場合の保証金は特約のない限り、オーナーチェンジがあっても新オーナーには移転されません。この場合の保証金は償却できるのか、返済するのかは、契約によって異なりますが、税金対策から返済すべきものとしている場合が多いようです。ただ、返済を予定している場合でも、実際は、

本来の賃料額にその返済額を上乗せして賃料設定する場合があります。また、返済は無利息で7～10年の期限とすることが多いようです。

ⓒ　**権利金としての保証金**

建物賃貸借契約の締結に際し、建物の明渡し時に保証金の一部を償却するという特約をすることがよくあります。たとえば、賃貸借契約時に100万円の保証金を借主が賃貸人に支払い、返還時に30万円を差し引いて返金するという特約です。この場合、償却部分30万円は、権利金の性質があり、非償却部分70万円は、敷金の性質があることになります。したがって、法律関係は、償却部分は権利金として処理し、非償却部分は敷金として処理することになります。

ⓓ　**更新料としての保証金**

契約の更新ごとに保証金の一部を償却し、その償却額を借主が補充するという特約をする場合があります。この場合、その償却する保証金は、更新料を保証金と言い換えているだけです。したがって、居住用の場合は、その金額が更新料として認められるものなのか、最高裁判例の趣旨をふまえて検討する必要があります。なお、居住用建物における更新料については、最高裁は「一般に、賃料の補充ないし前払い、賃貸借契約を継続するための対価等の趣旨を含む複合的な性質を有するもの」と述べています（最高裁・平成23年7月15日判決）。

■ 権利金・保証金・礼金

名目	内容
権利金	借地権を設定するための対価または借家契約の対価として支払われる金銭。
保証金	契約を守ることを担保するために支払うお金。敷金とほぼ同じ意味で使われることもあるが、貸付金として後で返還されるものもある。
礼金	借家契約の際に家主に支払う金銭の一種。敷金や保証金と異なり、契約期間が終了しても返還されない。

第1部 16

必要費・有益費

賃借物の維持・管理、改良のために賃借人が費用を支払う場合がある

◆ 必要費とは

　貸主には、その貸している物を借主の使用や収益の目的に足る状態に維持・管理するという責任があります。この維持・管理にかかる費用を必要費といいます。貸主が建物の維持・管理のために行う修繕の費用も必要費のひとつにあたります。

　判例では、これに加えて「目的物を通常の用法に適する状態において保存するために支出された費用」も必要費に含めるとされています。たとえば周辺の土地が盛り土をしたために対象土地がくぼ地になってしまい、雨水が流れ込むようになったため、周辺と同じ高さになるように盛り土をした、というような場合がこれにあたります。

　必要費は貸主が負担する費用であり、工事の手続きなどについても貸主が行うのが一般的です。ただし、借主が建物の維持・管理に必要な修繕を行った場合、借主が立て替えた費用については、後で貸主に対して償還請求をすることができます（民法608条1項）。必要費の返還時期については、賃借人が必要費を負担したときには、直ちに賃貸人に請求できます。また、賃貸人が必要費を支払わない場合、賃借人は、返還を求める必要費と、借主自身が支払う義務を負う家賃とを相殺することができます。

　必要費は、現状を維持する、原状を回復する、通常の用法に適する状態において保存する、という目的を果たすためにかかる費用です。

　「現状を維持するための費用」とは、がけに面した借地でがけ崩れが起きないように補強する費用、地盤沈下が生じた土地の地盤工事を

する費用、築10〜15年経過したマンションやアパートの外壁修繕の費用、シロアリなどの駆除に要する費用などのことをいいます。

「原状を回復するための費用」とは、地震や台風などの天災によって被害を受けた家屋を修繕する費用、経年劣化により居住の用をなさないほど傷んだ畳や床板の入れかえに要する費用、配水管や配電盤など生活に直結した設備が故障した場合の修繕費用などのことをいいます。

「通常の用法に適する状態において保存するための費用」とは、一度盗難被害に遭った住宅において防犯性を高める設備を設置する費用、高速道路開通に伴い二重サッシを設置する費用などのことをいいます。

◆ 有益費とは

目的物（借家や借地）の改良のために支出した費用のことを有益費といいます。「改良」とは、これまでの状態をよくして価値を高めることです。つまり、必要費とは、その目的物を維持したり利用するのに最低限の機能を確保させるために費やされる費用のことを意味するのに対し、有益費とは、目的物の価値を増すためにかかった費用ということになります。

有益費には、目的物の質をよくするもの（借家において壁紙が古く

■ 必要費の償還請求

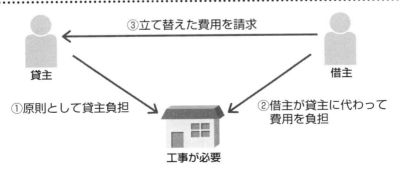

なったので新しく張り替えた場合など)、目的物を引き立たせるもの（借家の前の道路をコンクリートで舗装する場合など)、目的物を量的に増やすもの（借家を増築する場合など）があります。ただし、無断増改築は多くの場合、契約で禁じられており、借主の償還請求が常に認められるわけではないということに注意が必要です。

また、有益費は場所的環境から客観的に見て賃貸物件の価値が客観的に増加するものであることが必要です。備品をぜいたく品にしても、有益費とはいえません。主観的に必要な費用、たとえば壁紙を好みの色に代えても有益費とはいえません。

◆ 有益費の償還請求について

貸主は借主が支出した有益費としてかかった費用を直ちに全額支払わなければならないのでしょうか。

たとえば、5万円を費やして壁紙を取り替えたものの、数年が経過して借主が建物から出て行くときにはすでに1万円の価値しかなくなっているという場合には、貸主は5万円ではなく1万円を支払えば足りるとされています。また、反対に、5万円の有益費を支出したことで、建物の価値が10万円に高まったというような場合は、借主が実際に支出した5万円を支払えばよいとされています。賃貸人は、賃借人の支出した額と価値の増加額のいずれか低いほうを払えば足ります。

また、借主が独断で有益費を支出した場合、貸主としては支払いを請求されてもお金を工面できずにすぐに支払えない場合もあります。そのため、借主が有益費の支払いを求めて訴訟を起こした場合でも、裁判所としては、「今すぐ有益費を支払わなくてもよい。支払いは、もっと先の○月○日でかまわない」という判決を下すことができることになっています（これを法律用語で「期限の許与」といいます）。

借主の有益費償還請求が認められるための要件としては、まず、有益費の支出があることが必要です。借主が有益費を支出していなけれ

ば、貸主に支払いを請求していく根拠は全くないことになるので、当然の要件だといえます。

次に、価値が現在も残っていることが必要です。ここでいう「現在」とは、賃貸借契約終了時のことです。この時点で建物の価値が増加しているのであれば、有益費を償還するということになります。

最後に、賃貸借契約が終了したことが必要です。借主が請求できるのは、賃貸借契約が終了して、借主が建物や土地から出て行くときとなります。賃貸借契約継続中であっても貸主に請求することができる必要費とは、この点が異なります。

◆ 有益費償還請求排除の特約

有益費償還請求の額がいくらになるかについては、賃貸借契約が終了するまで確定しませんので、賃借人の行った工事の内容によっては賃貸人は多額の出費を強いられる可能性があります。

しかし、あらかじめ賃貸人と賃借人の間で合意することで、有益費償還請求権を行使しないと合意することが可能です。賃貸人が有益費償還請求を受けることを避けたいと考えた場合には、賃貸借契約を締結する段階で、「賃借人は有益費償還請求を行わない」という特約を賃貸借契約の内容に盛り込んでおくべきだといえます。賃貸実務では、ほとんどの契約書で有益費償還請求排除の特約が結ばれています。

■ 有益費の償還請求

例．借主が新しい壁紙やカーペットに交換したとき

・価値が現存　　・契約終了
・貸主の同意は不要

借主　　貸主に対して費用償還請求ができる　　貸主

第1部 17 賃貸人の修繕義務

賃借人は物件を生活に支障のない状態で使用させる義務を負う

◆ 賃貸人の修繕義務と貸借人の受忍義務

　賃貸借契約において、賃貸人（大家）は賃借人に対し、居住に適する物件を賃貸しなければなりません。賃借人のせいではなくて物件が破損または汚損し、生活に支障を来す場合、賃貸人にとって不可抗力でも賃貸人が修繕する義務を負います（民法606条1項）。ただし、実際に生活に支障をきたしていることが必要です。賃貸人が修繕義務を怠ると、破損や汚損等により賃借人の生活に支障が生じますので、賃借人が修繕を行うことになるでしょう。修繕にかかった費用は部屋の管理・維持のために必要な費用だといえますので、通常、必要費と扱われます（民法608条1項）。必要費は本来、賃貸人が支出すべき金銭ですから、賃貸人に「直ちに」費用を請求できます。

　修繕の結果、賃貸物件の機能が回復するので、賃借人にとってメリットがあります。賃借人は、生活に多少の支障があっても、修繕の工事等を受け入れるのが通常といえます。そのため賃借人は、ある程度我慢をしなければなりません（民法606条2項）。これを修繕受忍義務と呼んでいます。判例によると、賃借人が終戦受忍義務に違反した場合、賃貸人は契約の解除が可能です。ただし受忍の限度を超えた場合、解除は認められません。

　貸主は、建物の保存のために必要がある場合には、原則としていつでも工事をすることができます。ただし、建物の修繕工事をすることで、入居者が賃貸借契約を締結した目的を達成することができなくなる場合には、入居者の意思に反する工事はできません。

◆ 修繕についての費用は負担させることができる

　民法606条の修繕義務は、賃貸借の範囲に含まれている設備について生じるものです。たとえば、賃貸物件に備わっている電球やエアコンなどは、賃貸物件の設備ではないとして契約すれば、賃貸人に修繕義務は生じません。また、賃貸人は、賃貸借契約書に「修繕費用は借主の負担とする」旨の特約を記載することによって、修繕義務の一部を免れることができます。ただし、借主に負担させることができるのは、あくまで日常的な使用によって発生する破損などであり、しかも少額なものに限られます。電球の取り替え、襖や障子の張り替え、畳替え、網戸の穴の補修などは、少額の補修で、特約で賃借人負担とすることが可能です。しかし、壁紙の張り替え、雨漏りの修理、配管の取り替えなどは大修繕ですから、特約によっても借主の負担とすることはできません。大規模か小規模か、その線引きがはっきりしないケースがありますから、借主が修繕費を負担する設備を具体的に列挙した小修繕一覧表を契約書に添付したほうがよいでしょう。

　なお、この特約は、小修繕について賃貸人（大家）の修繕義務をなくすだけです。借主に修繕義務を転嫁させるものではありません。

■ 賃貸人の修繕義務の有無

例	修 繕 義 務
少しの雨で雨漏り	○
ドアに鍵がかからない、窓わくが外れた	○
ドアの開閉時に気にならない程度にギイギイ音がする	×
支障のない程度に戸の立て付けが悪い	×
畳、建具が使える程度に老朽化	×
借主の過失による破損	×

第1部 18

契約の更新・更新料

期間満了後に契約を継続させるために、更新料が請求される場合がある

◆ 契約の更新と更新料の支払い

　契約の更新とは、期間の定めのある契約の期間満了後も契約を継続させることをいいます。当事者双方が話し合い、納得した上で契約を更新することを合意更新といいます。これに対して、一方が契約更新を拒否した場合や更新の条件が折り合わないまま期間満了を迎えた場合に、そのまま契約終了となると、当事者の一方が大きな不利益を被ることがあるため、法律上「自動的に契約を更新した」とみなす制度があります。これが法定更新です。具体的には、借家の場合、期間満了の1年前から6か月前に貸主が更新しない旨の通知をしなかったときは従前と同一の条件で契約を更新したとみなされます。さらに、この通知をしたとしても、期間満了後、建物の賃借人が依然として使用を継続する場合に、建物の貸主が遅滞なく異議を述べなかった場合には、従前の契約と同一の条件で契約を更新したものとみなされます。

　賃貸住宅で契約更新をする場合、更新料という名目のお金を請求されることがあります。法律上の権利ではなく、賃借人には支払う義務はありません。ただ、関東圏や東海圏、京都などの地域では、この更新料が慣習化されていて、ほとんどの賃貸借契約書に、「契約更新の際は、更新料を支払う」と明記されています。契約書に明記されている場合は、合意更新の際、賃借人は、更新料を支払う義務があります。法定更新の場合は、賃借人が支払うべきか否かについては、判例の見解が分かれています。

　賃貸住宅の更新料は、「礼金」のようなもので、「更新していただい

たことへのお礼」であり、いつの間にかそれが慣習となって定着しているお金です。最高裁は、更新料の法的性質については、「賃料の補充ないし前払、賃貸借契約を継続するための対価等の趣旨を含む複合的な性質を有する」と判断していますが、権利金と異なり、更新後中途で契約が終了しても、日割計算をして返還する必要はありません。

　賃貸住宅の更新料条項については、消費者の利益を一方的に不利益にするものとして、消費者契約法10条に違反するのではないかが近年訴訟で争われ、有効とする判例と無効とする判例で分かれていましたが、最高裁は、「更新料条項が賃貸借契約書に一義的かつ具体的に記載されているのであれば、賃料の額や更新期間等に照らし高額に過ぎない限り有効」と判断しました。したがって、東京地区の相場である「期間２年で１、２か月分程度の更新料」は有効となりますが、これを著しく超えた更新料は、無効になる可能性があります。これに対し、賃貸住宅と異なり、建物所有を目的とした借地権の更新の場合は、有効か無効かの問題はなく、借地契約書に明記されている限り、当然請求できます。金額は、東京地区では、概ね借地権価格の５〜10％あるいは更地価格の２〜６％の範囲などといわれています。ただし、更新料の合意ができなくても、法定更新されますので、更新料の合意ができなくても、借地人は、立ち退く必要はありません。

■ 借地契約の更新

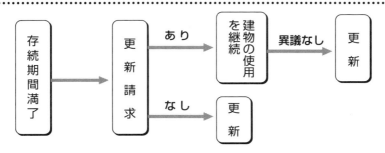

第1部 19

原状回復

賃借人は契約終了後、賃借物を元の状態に戻して返還する義務を負う

◆ 原状回復は賃借人の義務

　原状回復とは、賃借人が賃借物を原状に回復し、附属させた物を取り去ることをいいます（民法616・598条）。建物の使用は賃借人の権利ですが、賃借人は、賃借物をその性質によって定まった用法に従って使用しなければならず、契約終了後は、元の状態に戻して返還しなければなりません。つまり、原状回復は賃借人の義務ということになります（民法400・616・594条1項）。

◆ 原状と通常損耗

　原状とは「元の通り」という程度の意味ですが、賃貸人が賃借人に賃借物を引き渡した当時と全く同じ状態ということまでは意味しません。言い換えると、賃貸借期間満了を基準として元の通りといえれば足ります。ですから、賃貸借期間に応じて通常であれば発生しうる程度の自然損傷や経年劣化といえる損傷や消耗があったとしても（以下、通常損耗）、原状といって差し支えありません。また、賃借人が賃借物に改良を加え、それが賃借物から容易に切り離すことができないときも、原状回復義務の例外が認められます。この際、賃借人は賃貸人に有益費の返還を求めることができる場合もあります。

◆ 国土交通省のガイドラインで基準が定められている

　原状回復の範囲をめぐっては当事者間でトラブルがよく起きるため、国土交通省は、建物の劣化の種類と修繕義務について、一定のガイド

ラインを定めています。

① 経年劣化

経年劣化とは、年数を経ることで発生する汚れや傷のことです。たとえば畳や壁紙の日焼けがあてはまります。人が住んでいる・いないにかかわらず発生する建物の劣化が、経年劣化の対象です。これらは当然、貸主が修繕義務を負うことになります。

② 通常損耗

通常損耗とは、通常に建物を使用する範囲内で発生する建物の損傷や劣化をさします。たとえば畳のすれや壁紙の汚れが、通常損耗と認められており、これらも貸主の修繕負担と規定されています。ただし、たいていの場合、経年劣化や通常損耗レベルの修繕費用は、前もって家賃に含まれているものです。

③ 借主の故意や過失による損耗

借主が、通常の生活を営む範囲を超えた使い方をしたり、故意や過失、注意義務違反によって、傷や汚れをつけた場合は、その修繕費用は借主の負担となります。借主の故意（わざと）や過失（不注意のこと）による損耗には、子どもの落書きやペットの作った傷や汚れがあてはまります。なお、原状回復ガイドラインについては、平成23年8月に再改訂版が公表されています。

■ 家屋の損耗の区別

	内　容
経年劣化	畳や壁紙の日焼けなど、年数を経ることで発生する汚れや傷のこと。これらは家主が修繕義務を負担する。
通常損耗	通常に建物を使用する範囲内で発生する建物の損傷や劣化のこと、これらも家主が修繕義務を負担する。
借主の故意や過失による損耗	通常の使用方法を超えた使い方をした場合や故意や過失、注意義務違反などによって傷や汚れをつけた場合は、その修繕費用は借主の負担となる。

第1部　図解でわかる不動産の法律常識　67

第1部 20

立退料

貸主はが自己都合で立退きを請求する場合に金銭を支払う義務を負う

◆ なぜ立退料を支払うのか

　立退料とは、貸主の都合で借主に立退きを請求しなければならないような場合に貸主から借主に支払われる金銭です。具体的には移転実費、開発利益の配分額、慰謝料、営業補償、借家であれば借家権の価格（借地であれば借地権の買取価格）などを考慮して支払われるものが立退料です。

　立退料については借地借家法に規定があり、地主や貸主が更新を拒否する際の正当事由の一要素として立退料を考慮するということを定めています（借地借家法6条、借地借家法28条）。

◆ 正当事由と立退料の関係は

　賃貸借契約の期間の終了時に、借主は家屋を立ち退くか、貸主と協議して契約の更新を行うことになります。ただ、貸主は自由に更新を拒絶できるのではなく、更新を拒絶しても妥当といえるほどの正当な事由（正当事由）がない限りは更新を拒絶することはできません。

　正当事由の内容として、具体的には、①貸主の事情（現在の住居の状態や家族数、職業、経済状態など貸している建物が必要な理由）、②借主の事情（職業、家族数、経済状態、転居が可能かどうかといった事情）、③賃貸借契約で定めた契約内容などの事情が挙げられます。

　借主にも相応の事情がある場合には、貸主は借主に立退料を払って事態を解決するという方法が広くとられています。

◆ 支払わなくてよい場合

　立退料は正当事由を補う性格を持っているものですから、たとえば立退きに際して正当事由が必要とされないケースでは立退料の支払いは不要です。立退料が不要な典型的なケースを見ていきましょう。

　それが、借主に債務不履行がある場合です。借主が借家契約を誠実に履行せず、もはや貸主との信頼関係が損なわれたといえる場合には、貸主は債務不履行に基づく契約の解除（解約）を申し入れる事ができます（民法541条）。

　債務不履行に基づく解除と、期間満了後の更新拒絶（または期間の定めがない契約の解約申入れ）は異なる制度ですので、解除の際には更新拒絶の際に問題となる正当事由の検討は不要です。そのため、正当事由の補強事由としての立退料の提供も不要です。

　借主の契約不履行として考えられるのは、①家賃を支払わない、②契約書に定められた使用目的以外の目的で使用している（住居としての賃貸借契約を交わしたのにこれを店舗や事務所として使用しているような場合）、③家屋を適切に使用していない（はなはだしく不衛生に使用している、ドアや窓ガラス、ふすまを適切に使用しないために破損する）、といったケースが挙げられます。

■ 立退料を求めるための要件

第1部 21

不動産登記制度

不動産をめぐる権利関係を客観的に明示することで取引の安全を図る

◆ 登記とは何か

　不動産登記とは、不動産に関する権利義務について、法務局という国の機関に備えている公簿（登記簿）に記載することをいいます。他人の所有している土地や建物を買う場合、本当にその土地や建物が取引相手のものなのか、他の誰かの権利・義務がかかわっていないのかを確認することが必要になりますが、相手に確認するだけではなく、信頼できる国家機関を通じて確認できれば、安心して取引ができます。そこで、不動産をめぐる権利義務の関係を国家機関が備えている登記簿に記載して、特定の場所で誰もがそれを閲覧できる制度が設けられています。この制度が登記制度です。また、不動産について所有権をはじめとする権利をもっている人は、その権利を登記することによって、第三者に対して自分の権利を主張できるようになる、という場合もあります。このように、登記制度は、不動産をめぐる権利関係を客観的に明示することで、不動産取引の安全を図ると共に、自己の権利を守る手段になります。

　登記できる権利は図（次ページ）の通りです。また、所有権、地上権、永小作権、地役権、先取特権、不動産質権、抵当権は、登記が対抗要件であり、登記を行わなければ、第三者に主張することができません。

◆ 権利の変動と登記

　登記を申請するのは、不動産に対する権利に変動があったときです。

不動産登記法は、「登記は、(中略)権利の保存等(保存、設定、移転、変更、処分の制限又は消滅〔中略〕)についてする」と規定しています。

所有権と先取特権は、性質上すでに存在している権利として登記しますので、設定登記ではなく保存登記を行います。また、他の人から契約などによって初めて権利を取得した場合には設定登記をします。

移転登記は、ある権利者から、売買や贈与、相続などによって新たな権利者へ権利が移った場合に行います。ただし、地役権は独立のものとして譲渡することはできないので、移転登記の対象になりません。

登記名義人の氏名や住所に変更があった場合など、実際の権利の内容が、現在の登記簿の記載内容から変わった場合は、変更登記をします。

処分の制限とは、抵当権を設定して受けた融資を返済できなくなった場合などに、財産を勝手に処分できないようにするもので、裁判所の嘱託により差押え、仮差押え・仮処分などの登記が行われます。

消滅とは、登記する原因がなくなった時に、それにあわせて登記を消すことで、抹消登記をします。契約が終了して、地上権や賃借権がなくなった場合や、登記自体が誤りだった場合に行われます。

■ 登記できる権利

所有権	物を全面的、包括的に支配できる権利
地上権	建物などの工作物や竹林を所有するために他人の土地を使用する権利
賃借権	賃貸借契約に基づいて他人の土地を使用する権利
地役権	自分の土地を有効に利用するために、他人の土地を使用する権利
永小作権	他人の土地を耕作や牧畜のために使用する権利
抵当権 (根抵当権)	債権の回収を確実にするために、債務者あるいは第三者の不動産に設定される担保権
質　権	債権者が債権を担保するために債務者の所有物を預かる担保権
先取特権	法律で定められた一定の債権を担保するために認められた担保権

第1部 22

登記簿の見方

表題部と権利部に分かれている

◆ 登記記録の構成はどうなっているのか

　1つの登記記録は、一筆の土地または1個の建物ごとに作成されます。「一筆」というのは聞きなれない言葉かもしれませんが、筆は土地の単位で、1個の土地のことを一筆の土地といいます。登記記録は、土地の場合も建物の場合も、表題部、権利部からなり、権利部は甲区と乙区に分かれます。権利部のうち、甲区はあるものの乙区の記録がないものもあります。また、所有権保存登記をしていても、抵当権や地上権など、所有権以外の権利を不動産に設定していなければ、権利部のうち乙区の記録はありません。

　マンションなどの区分建物の場合には、まず、一棟の建物全体がどこにあり、どんな構造になっているのかということを示す建物全体の表題部があり、それに続いて専有部分についての表題部、権利部があります。つまり、区分所有建物の場合は、表題部が2つあるということになります。

◆ 表題部、権利部、甲区、乙区とは何か

　前述したように、登記記録は、「表題部」と「権利部」に分けられ、権利部はさらに「甲区」と「乙区」に分けられています。こうした分類によって、物理的状況や権利関係がわかりやすくなっているといえます。

① 表題部

　不動産の物理的な状況を表示する部分です。

建物の登記記録では、その建物の所在、建物の家屋番号、さらに種類・構造・床面積などが記録されています。

土地の登記記録では、土地の所在と地番、地目、地積などが記録されています。

② 権利部

甲区・乙区の記載事項は以下の通りです。

なお、権利関係の優劣関係については、登記の順位によって決まります。登記の順位について、甲区の中では「順位番号」の若い方が先の順位となります。同様に乙区の中でも順位番号の若い方が先の順位となります。そして、甲区と乙区の間では、受付の日付が早い方又は、同じ日付の場合は「受付番号」の若い方が先の順位となります。

・甲区

甲区は所有権に関する事項を記録する部分です。所有権者が、その不動産を取得した原因・年月日、所有者の住所・氏名などが記録されています。その不動産の現在の所有権者は、通常、甲区の最後に記録されることになります。所有権に関する登記としては、建物を新築した場合に初めて行う「所有権保存の登記」や不動産が売買された場合などに行う「所有権移転の登記」などがあります。

所有権は、物を全面的に支配する権利です。たとえば、不動産を使

■ 表題部サンプル

表　題　部（土地の表示）		調整	余白	不動産番号	0000000000000
地図番号	余白	筆界特定	余白		
所　　在	新宿区○○町一丁目			余白	
①地　番	②地　目	③地　積　m²		原因及びその日付〔登記の日付〕	
1番12	宅地	100:00		○○〔平成○○年○月○日〕	
所有者	○○区○○町○丁目○番○号　　○○○○				

用して、そこから収益を得たり、処分をすることができます。賃借権、地上権、抵当権、質権などを設定することもできます。そのため、不動産取引を始める場合には、登記事項証明書または登記事項要約書の交付を受けて、所有権者が誰なのかをまず調べることが重要です。不動産の売買や相続などで、不動産の所有権移転の登記をした場合、登記事項証明書中の甲区に所有者の変更が記録されるため、所有者の変遷を一目で確認することが可能になります。

・乙区

　乙区は不動産の所有権以外の権利についての事項が記録される部分です。乙区に登記される権利は、用益権と担保権の大きく２つに分かれます。用益権とは、賃借権や地上権など、他人の不動産を利用する権利のことです。担保権とは、抵当権や質権などのように、債権の回収を確実にするために目的物に対して設定され、債務が履行されないときは、最終的に目的物を金銭に換えて債務にあてることができる権利です。

　不動産所有者である売主から不動産を購入しても、その不動産に担保権が設定されている場合、後で担保権が実行されると、所有権を失う可能性があります。また、１つの不動産に複数の担保権が設定されている場合には、権利関係が複雑なものになります。取引の前には、必ず登記記録を調べて不動産の権利関係を慎重に確かめておく必要があります。

◆ 登記記録は地番や家屋番号によって管理されている

　登記事項証明書や要約書の交付を受ける場合、あるいは登記を申請する場合には、対象となる不動産を特定して申請しなければなりません。

　土地や建物は登記されると必ず番号がつけられます。土地であれば一筆ごとに１つの「地番」、建物であれば１個の建物ごとに１つの「家屋番号」がつけられます。法務局はこれらの地番や家屋番号を基

準にして管轄地域内の不動産の登記記録を管理します。

したがって登記事項証明書の交付請求などをするときは、これらの番号を申請書に記載することによって不動産を特定します。

ただ、土地の地番については一般の住居表示とは異なりますので注意が必要です。地番や家屋番号は、自分が所有している不動産や自分が抵当権者になっている不動産などであれば、登記識別情報通知や登記済証（権利証）を見ればわかります。

上記の方法でわからない場合は、固定資産税の納付通知書やブルーマップと呼ばれる住所から地番がわかるようにした地図帳（法務局に備えつけられています）で調べることができます。それでも不明な場合には、市区町村役場に聞いてみるか、法務局に相談してみましょう。

■ 甲・乙区サンプル

権 利 部（甲 区）（所有権に関する事項）			
順位番号	登 記 の 目 的	受付年月日・受付番号	権 利 者 そ の 他 の 事 項
1	所有権保存	平成○○年○月○日 第○○○号	所有者　○○区○○町○丁目○番○ 　　　　○○○○
2	所有権移転	平成○○年○月○日 第○○○号	原因　平成○○年○月○日売買 所有者　○○区○○町○丁目○番○ 　　　　○○○○

権 利 部（乙 区）（所有権以外の権利に関する事項）			
順位番号	登 記 の 目 的	受付年月日・受付番号	権 利 者 そ の 他 の 事 項
1	抵当権設定	平成○○年○月○日 第○○○号	原因　平成○○年○月○日 金銭消費貸借同日設定 債権額　金○○○万円 利息　　年○％ 損害金　年○％ 債務者　○○区○○町○丁目○番○号 　　　　○○○○ 抵当権者　○○区○○町○丁目○番○号 　　　　株式会社○○銀行（○○支店）

第1部 23

登記申請

申請書等をそろえ、登記申請する不動産を管轄する法務局に申請を行う

◆ 2種類申請方法がある

　登記の申請は自分が登記申請しようとしている不動産を管轄する法務局に申請しなければなりません。登記の申請方法には、オンライン申請と書面申請の2種類があります。

　ただし、実際のところ、添付情報のすべてが電子情報になっているわけではないため、一部の申請をオンラインにより行う特例方式という申請方法も認められています。

◆ 書面申請の流れ

　書面申請による場合、まず申請書（申請情報を記載した書面）を作成します。申請書には、記入もれのないように正確に記入するようにしましょう。申請書の他に、申請内容を確認するために必要な情報（添付情報）を提供しなければならない場合は、それらも用意します。

　書類の準備ができた後に、管轄の法務局へ出向きます。登記の申請は、不動産の所在地を管轄する法務局で行います。登記申請の受付は、平日の午前8時30分から午後5時15分までとなっています。法務局へ行き、通常、係員に手渡しして提出します。

　登記内容に不備があった場合には補正が必要です。申請内容に問題がなければ、補正日の経過により、登記が完了することになります。

◆ 記載事項

　法務局では受け付けた申請書の内容通りに登記記録への記録がなさ

れます。ですから、申請書に記載する内容は、登記をするために必要な事項ということになります。

一般的な記載事項としては、登記の目的、登記の原因、申請人、添付書類、申請日と法務局、代理人、課税価格、登録免許税、不動産の表示などがあります。

◆ 添付情報の提供

申請書と共に添付情報を提供しなければなりません。オンライン申請の場合は、申請情報と共に電子的データとしての添付情報を送信します。書面申請の場合は、添付情報を記載した書面または電子データ（CD-Rなど）で提供することになります。

添付書類の中には有効期間の制限があるものもあります。たとえば、登記義務者が所有権の登記名義人であるときには作成後3か月以内の印鑑証明書を添付しなければなりません。また、代理権限証書が役所の作成したものの場合は、作成後3か月以内でなければなりません。

■ 添付情報

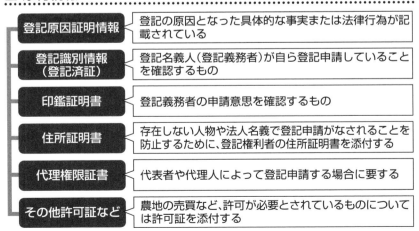

第1部 24

契約書の作成

売買契約書には、費用や争いの原因となる事項を取り決めておく

◆ 不動産の売買契約とはどんなものなのか

　不動産の売買時には、売買契約書が交付されます。不動産の売買契約は、他に比べて高額な資産を扱う取引であるため、契約成立後、速やかな契約書の交付が義務付けられています。売買契約書は、売買契約の内容を書いた書類で、契約書に押印をすると、契約当事者はその内容に拘束されます。契約書を渡されたときには、まずは売主の氏名・住所を確認し、その不動産の所有者が売主本人であるかどうかも確認しましょう。次に、売買の対象となる不動産について、場所や面積、地目、法律上の制限などの情報を確認します。

　なお、土地は、登記簿上と実測の面積が異なる場合があります。売買の際には、代金を決めるもととなる土地面積の根拠を登記簿上のものとするか、実際に測った面積をもととするか、よく確認しましょう。登記簿上の面積で計算して契約を行った場合、後から実測面積が異なることがわかっても、解除や差額分返還の請求はできません。

◆ 売買契約書にはどんなことを規定するのか

　売買契約書には、売主と買主の間で交わされる契約内容について書かれています。特に重要なのは、手付金の金額と効果、売買代金の金額と支払時期、支払方法です。重要事項説明書の記載内容と一致しているか確認しましょう。契約違反にあたる場合や、契約行為着手後の解約、違約金、損害賠償問題が生じた場合の扱い、天災による不動産損失についての取り決めなどについても、十分理解するようにしましょう。

◆ 賃貸借契約書作成の注意点

　存続期間、契約解除、保証人、諸費用（共益費・管理費・修繕費）の負担など、将来争いが生じやすい事項については、あらかじめ適切な規定を設けておくことが大切です。

　契約解除は、個別の賃貸借契約で解除事由を定めることができますが、家賃の不払いや使用方法違反があっても、そのレベルが信頼関係破壊のレベルに達していない場合は、解除できないことになっています。

◆ 賃貸借契約書の特約

　原状回復特約とは、借主が退去する際に、どの程度の修繕をするかについて定めた特約です。「床や壁紙の張替え費用や、クリーニング代は借主の負担とする」というように、具体的に定めることもあります。

　造作買取請求権を認めない特約とは、「甲は、乙が契約期間中に部屋に設置した設備及び造作の買取りに応じないものとする」というように、賃借人の造作買取請求権の行使を認めない特約のことです。

　遅延損害金の利率についての特約とは、「乙が第○条の賃料の支払いを遅延した場合、乙は滞納した賃金の金額について年○％の利率で計算した遅延損害金を支払うものとする」というように、法定利率より高い利率の特約を定めることです。

■ 問題となる原状回復特約の例

> 第○条　（原状回復特約）
> 　本件契約が終了したときは、借主の費用をもって本件物件を当初契約時の原状に復旧させ、貸主に明け渡すものとする。

このような抽象的な記載では特約が無効とされるケースが高いので、法律やガイドラインの趣旨に沿ったものにする必要がある

第1部 25

重要事項説明書

買主や借主は重要事項の説明を受けることになる

◆ 売買契約と重要事項説明書

　重要事項説明書は、不動産取引の際に、仲介する業者が買主に物件説明を行う際に交付されるもので、その物件に関する重要な事柄が書かれています。その土地や建物がどのようなもので、契約はどのように行うか、といった事柄が書かれているので、内容を吟味する必要があります。

　重要事項説明書には、買主にとって重要な事項が書かれています。具体的には、物件の表示・所在地・地目・面積・建物の種類・構造など物件自体についての説明事項や、売買代金以外に売主と買主の間で授受される金銭の有無、契約の解除に関する事項といった契約や金銭についての説明事項が記載されています。

◆ 賃貸借契約と重要事項説明書

　賃貸借契約を結ぶ場合、借主は仲介業者（不動産業者）から重要事項の説明と重要事項説明書の交付を受けます。

　借主にとって特に重要な説明事項は入居時に差し入れる敷金などの精算に関する事項です。重要事項説明書には「敷金等の精算に関する事項」といった項目があるため、返還時期や差し引かれる金額について確認しておきましょう。

　なお、貸主（アパートやマンションのオーナー）としては、重要事項の説明に不備があると、後々トラブルになる可能性があるため、仲介業者と連絡をとり、交渉の経過を把握しておく必要があるでしょう。

■ 売買契約におけるおもな重要事項

1. 不動産の表示（土地、建物）
2. 売主に関する事項
3. 登記簿に記載された事項
4. 法令に基づく制限の概要（都市計画法、建築基準法に基づく制限）
5. その他の法令に基づく制限
6. 私道に関する負担等に関する事項
7. 飲用水・電気・ガスの供給施設及び配水施設の整備状況
8. 授受される金銭の額及び当該金銭の授受の目的
9. 契約の解除に関する事項
10. 損害賠償額の予定又は違約金に関する事項
11. 手付金等の保全措置の概要
12. 住宅性能評価に係る事項

■ 賃貸借契約におけるおもな重要事項

●建物の賃貸借
・台所、浴室、便所などの整備状況
・契約の期間、更新について
・建物の用途や利用制限
・敷金や保証金の精算方法
・管理委託先の氏名、住所
・定期借家契約である場合にはその旨

●土地の賃貸借
・契約の期間、更新について
・建物の用途や利用制限
・金銭の精算方法
・管理委託先の氏名、住所
・契約終了時の建物の取壊しに関する事項
・定期借地契約である場合にはその旨

第1部 26

公正証書の活用

公正証書があれば訴訟せずに強制執行ができ、債権回収が確実になる

◆ 公正証書とは

　公正証書とは、公証人という特殊の資格者が、当事者の申立に基づいて作成する文書で、一般の文書よりも強い法的な効力が認められています。公正証書の一番のメリットは、金銭の支払いや有価証券の給付を請求する場合に、公正証書に基づいて債務名義を得て、強制執行ができるという点です。

　ただ、どんな契約書でも公正証書にすれば債務名義となるというわけではなく、以下の2つの条件を満たすことが必要です。

　1つは、請求内容が、一定額の金銭や有価証券の支払いであること、もう1つは、契約書に執行受諾文言が記載されていることです。具体的にいうと、「債務を履行しない場合には強制執行を受けても文句は言わない」という内容の記載が執行受諾文言です。執行文言や執行認諾約款とも呼ばれます。執行受諾文言は、不動産取引において売買代金や建築工事の報酬を請求する際に強力な武器になるので、忘れずに記載しましょう。

　ところで、公証人がいる所を公証役場といいます。公正証書を作成するには、公証役場へ行きます。場所がわからない場合には、日本公証人連合会（03-3502-8050）に電話で確認してみましょう。

　事前の相談は当事者の一方だけでもできますが、契約書を公正証書にする場合には、債権者と債務者双方で公証役場に出向く必要があります。ただ、実際に本人が行かなくても代理人に行ってもらうこともできます。公証役場では、まず当事者に人違いがないかを確認するこ

とから、本人確認のために発行後3か月以内の印鑑証明書などを持参することになります。

公正証書に基づく強制執行は、金銭の支払いや有価証券の給付を請求する場合でなければできません。

ただ、公正証書にしておけば、後日トラブルが生じて裁判になったときに、価値の高い証拠として役立ちます。

◆ 公正証書による作成が義務付けられているものがある

一般定期借地契約、定期借家契約などは、公正証書等の書面で契約を締結することが要件になっており、必ずしも公正証書を作成しなければならないわけではありません。

一方、不動産に関わる書類の中には、公正証書で作成しなければならないとされているものがあります。たとえば、事業用定期借地の契約書（借地借家法23条）や分譲前のマンション管理規約（区分所有法32条）などは、公正証書で作成することが法律で義務付けられています。

■ 公正証書の作成方法

```
┌─────────────────────────────────────┐
│ 申請前に公正証書の作成について当事者の合意が必要 │
└─────────────────────────────────────┘
                    ↓
┌─────────────────────────────────────┐
│           申請書類を再チェック                │
├─────────────────────────────────────┤
│ ・公正証書にしたい文面                        │
│ ・法人の場合には代表者の資格証明書や商業登記事項証明書 │
│ ・印鑑証明書                                │
└─────────────────────────────────────┘
                    ↓
┌─────────────────────────────────────┐
│          最寄りの公証役場へ行く               │
└─────────────────────────────────────┘
                    ↓
┌─────────────────────────────────────┐
│           公証人が文書を作成                 │
└─────────────────────────────────────┘
```

第1部 27

裁判・訴訟

他の手段で解決できない場合、最終的に民事訴訟手続きに進む

◆ 法的手段にもいろいろある

　不動産をめぐるトラブルが発生した場合、いきなり訴えるのではなく、まずはその他の法的手段を検討するのがよいでしょう。たとえば、家賃の支払いが滞っている場合には、賃借人に内容証明郵便を送るのもよいでしょう。

　また、話し合いで紛争を解決したいと考えたときには、借地非訟や民事調停（宅地建物調停）により裁判所に間に入ってもらうこともできます。しかし、債務者の協力が得られない場合、仮差押えや支払督促が必要になります。

　このような手段を検討しても解決の糸口が見えないという場合にはいよいよ訴訟ということになります。ただ、訴訟は、費用や時間がかかるので、必要に応じて和解も視野に入れましょう。

◆ 民事調停

　民事調停は、第三者である調停機関（裁判所）が紛争の当事者双方の合意が得られるように説得しながら、和解が成立するために努力する手続きです。紛争の実情に即して、当事者双方にとって納得のいく解決が図れるようになっています。

　民事調停のうち、宅地や建物の賃貸や利用に関する調停のことを、宅地建物調停といいます。たとえば、家賃や地代などが支払われない場合には賃料等調停、建物の明渡しがされない場合には建物明渡調停を申し立てることになりますが、これらの民事調停のことを総称して

宅地建物調停と呼びます。

◆ 借地非訟

借地に関するトラブルについては、借地非訟という特別な手続きを利用することもできます。非訟とは、通常の訴訟事件ではないものの、裁判所が介入して後見的に判断をする裁判手続きのことをいいます。借地非訟を利用できる紛争は、①建物の種類・構造などに関する借地条件の変更の申立て、②増・改築許可の申立て、③賃借権譲渡・土地転貸許可の申立て、④競売または公売に伴う土地賃借権譲受の許可の申立て、⑤賃貸人（土地所有者）自らの建物譲受の申立て、⑥更新後の建物の再築許可の申立てです。

借地非訟は、借地のみを対象としていますので、借家についてのトラブルには利用できません。また、借地に関するトラブルであっても、

■ 法的手段にはどんなものがあるのか

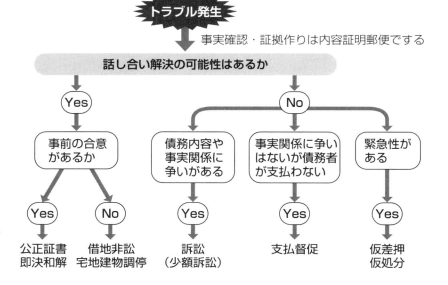

前述した①〜⑥に当てはまらないケースでは利用することができません。

◆ 支払督促

　支払督促は迅速でしかも簡単に支払いを実現させる法的手続です。債権者からの申立てを受けて、裁判所が債務者に対し債務の支払いをするように命令を出します。

　支払督促の対象となるのは金銭債権であるため、貸主が借主に対して家賃や地代を請求する場合には、支払督促を利用することができます。一方、不動産の明渡しを求める場合など、金銭債権以外のものを請求する場合には、支払督促の手続を使用することはできません。

　支払督促が発付されると、正本が相手方（債務者）に送達されます。

　相手方から、送達を受けた後2週間以内に異議申立てがなければ、仮執行宣言（支払督促が確定していなくても、仮に強制執行してもよいということ）を受けることができます。その後、仮執行宣言つきの支払督促が相手方に送達されます。これを受け取った後、やはり2週間以内に相手方から異議申立てがなければ支払督促は確定し、訴訟による確定判決と同じ効力をもちます。

◆ 少額訴訟、訴訟

　不動産をめぐるトラブルも最終的には（民事）訴訟で解決することになります。

　訴訟の中には、60万円以下の金銭の支払請求の訴訟に限り、原則として1回の期日で直ちに判決が言い渡される、少額訴訟という制度があります。少額訴訟は、貸主が借主に対して賃料の支払いを請求する場合や、借主が退去後に貸主に対して敷金の返還を請求する場合などに多く利用されています。少額訴訟の訴えの提起は簡易裁判所に対して行います。当事者が判決に対して異議を述べれば、通常の訴訟に移行します。

少額訴訟を利用しない場合は、通常の民事訴訟の手続きによることになります。通常の民事訴訟の手続きの場合、請求する金額が140万円以下の場合には簡易裁判所が、140万円を超える場合には地方裁判所が管轄になります。滞納している賃料を回収したい場合には、賃料請求訴訟を提起することになりますが、家賃を滞納している人を建物から立ち退かせたい場合には、建物明渡請求訴訟を提起する必要があります。建物明渡請求をする場合は、裁判所に申立てをする前に、まず借主に「期限までに滞納している家賃を支払うように」と催告し、「支払いがない場合には賃貸借契約を解除する」という内容の通知をしておきましょう。借主が貸主に建物を明け渡す義務は、賃貸借契約を解除することによって生じるからです。催告や解除通知は、内容証明郵便によって行います。

　民事訴訟の手続きの流れは、下図の通りです。判決が言い渡され、訴訟で確定した権利は強制執行手続きを行うことができます。もし、建物明渡請求の判決が確定しても、借主が明渡しに応じてもらえないような場合には、さらに強制執行の申立てを行うことになります。

　なお、訴訟の途中において、当事者同士が話し合いによる解決（和解）をすることも可能です。

■ **民事訴訟のしくみ**

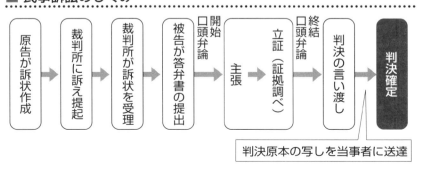

第1部 28

不動産についての執行・保全

強制執行としての強制競売と担保競売の2種類がある

◆ 仮差押え・仮処分

　訴訟を利用する場合、勝訴までにかなりの時間がかかり、勝訴してからもそれなりの時間がかかります。その間に、債務者が自分の財産を他の債権者や第三者に売却してしまう可能性もあります。裁判に勝ったものの、債権の回収が事実上不可能になる可能性もあるのです。
　そのような事態を避けるために保全手続きという制度が存在します。保全手続きとは、債権者が強制執行をかける場合に備えて、債務者の財産をあらかじめ確保しておく制度のことです。保全手続きは大きく仮差押えと仮処分の2つに分けられます。
　仮差押えとは、金銭の支払いを目的とする債権（金銭債権）のための保全手続きのことです。不動産に対する仮差押えが行われると、その土地を売却したりする処分に制限が加えられることになります。
　一方、仮処分は、金銭債権以外の権利を保全するための手続きです。仮処分には、係争物に関する仮処分と仮の地位を定める仮処分の2種類がありますが、不動産に対する仮処分で関係が深いのは係争物に関する仮処分です。係争物に関する仮処分の例としては、不動産を処分して登記を移転されることを防ぐ処分が挙げられます。

◆ 強制執行と担保執行

　民事執行とは、国家権力による民事上の強制手段で、強制執行・担保権の実行としての競売（担保執行）などの総称です。
　強制執行は、任意に義務が履行されない場合に、国家権力によって

強制を加えて、履行があったのと同じ状態を作り出す手続きです。強制執行の対象は債務者の所有する不動産や動産、債権です。

担保執行は、抵当権・質権などに基づいて、その目的財産を競売その他の方法で強制的に換価（売却）して、債権を回収する手続きです。

強制執行をするには、裁判所に申立てを行わなければなりません。原則として地方裁判所が執行裁判所となります。

強制執行が執行機関によって開始されるためには、原則として、債務名義、執行文、送達証明という3つの書類が必要です。

債務名義とは、強制執行によって実現される請求権（債権）が、確かに存在するということを公に証明する文書で、執行力（強制執行してもよいという効力）を認めたものです。確定判決、仮執行宣言付判決、仮執行宣言付支払督促、執行証書などが債務名義となります。

執行文とは、債務名義に記載された請求権が、現在執行できるものであることを公に証明する文言です。裁判所書記官や公証人に申し立て、債務名義正本の末尾に付記してもらいます。

執行機関が手続きを開始するためには、債務者に債務名義を送達しなければならず、この送達を証明する書類を送達証明といいます。

■ 強制執行・担保権の実行の関係

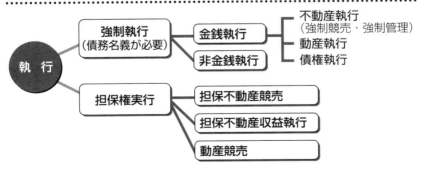

第1部 29

不動産競売の全体像

申立ての後は裁判所が手続きを進めていく

◆ 不動産競売手続きの順序

　不動産は財産的価値が非常に高く、しかも、利害関係人が多数存在している可能性があります。そのため、不動産を対象とする強制執行（強制競売）では、慎重を期した手続きが予定されています。なお、本書では、不動産を対象とする強制執行のことを担保権の実行としての不動産競売と区別するために、強制競売と呼んでいます。

① 申立てから始まる

　競売は、債権者が管轄の裁判所に対して、申立てをすることから始まります。裁判所は申立書を審査して、問題がなければ競売開始決定をします。開始決定の正本は債務者に送達され、それによって債務者は手続きが始まったことを知ることができます。

② 現状を凍結する

　競売開始決定がなされると、対象となっている不動産には「差押え」が行われます。不動産をめぐる法律関係が変動すると手続きが円滑に進められず、債務者が債権者の先手を打って不動産を売却して現金化してしまうおそれがあります。不動産のように目に見える財産とは異なり、現金は客観的に把握することが困難で、散財のおそれが高くなってしまいます。そこで、差押えを行って、その不動産に関する処分を一切禁止することになります。具体的には、裁判所から法務局（登記所）に対して、差押登記が嘱託（依頼）されます。

③ 調査をする

　現状が凍結されると、裁判所は競売に必要な情報の収集を始めます。

裁判所は、登記されている抵当権者や仮登記権利者などに対して、期間内に債権の届出をするように催告します。届出によって、申立人の債権以外に、どれだけの債務を不動産が負担しているのか判明します。

さらに、裁判所は、執行官に対して現況調査命令を発し、不動産の占有状態などを調査させ、評価人に対して評価命令を発し、不動産の評価額を鑑定させます。この結果、現況調査報告書と評価書が作成され、裁判所に提出されます。

④ 競売をする

裁判所は提出された現況調査報告書と評価書をもとに、不動産の売却基準価額を決定します。そして、売却期日（期間）も決定し、それらの情報を物件明細書として、誰もが閲覧できる状態にします。これを閲覧して競売に参加することができるのです。競売の方法には、競り売り方式と入札方式があります。

⑤ 配当をする

不動産の代金が納付されると、いよいよ配当段階に入ります。裁判所は配当期日を指定し、申立人や届け出た債権者たちに対して、配当期日に配当を行うことを通知します。納付された不動産の代金ですべての債権を満たすことができない場合には、それぞれの債権者に対する配当額は、担保権の優先順位や債権額に応じて決定されます。

■ 不動産競売手続きの流れ

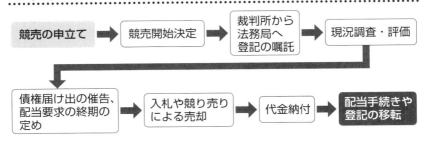

第1部 30

入札

買受希望者は売却基準価額を調査して申込み手続に参加する

◆ 競売手続きに参加する

　買受希望者は、公開されている物件情報を精査して、競売手続きに参加するかどうかを決めます。競売不動産には、それぞれ売却基準価額が設定されています。買い受けることを決めた後に、「購入を希望します」という申込み（入札に参加）をします。入札できる期間は、1週間以上1か月以内（東京地裁では原則として8日間）になります。入札参加後は、一定の期間内に入札手続きとして保証金を積まなければなりません。その他に、入札書類一式を裁判所に提出します。入札期間が満了してから、約1週間後に開札日が設定されるのが通例です。

◆ 3点セットとは

　3点セットとは、物件の説明が書いてある3点の資料のことで、現況調査報告書、不動産評価書、物件明細書のことをいいます。

　現況調査報告書とは、裁判所の執行官が現地に行って、対象物件を検分・調査した結果をまとめた書面のことをいいます。不動産登記簿には、占有状況の有無などの細かい事実は記されていないため、登記簿情報を補足していくという位置付けで読み解いていくとよいでしょう。

　不動産評価書とは、評価人（多くは不動産鑑定士）が、対象物件を調査し、その評価と評価の過程をまとめた書面のことをいいます。この書面の内容が売却基準価額の根拠となります。評価額は評価人によって異なる可能性があるため、評価人の下した評価額は、絶対的に信用できるものではありません。そのため、買受希望者は、自ら適正

な売却基準価額を調査していくことが必要です。

物件明細書とは、裁判所書記官が、売却の条件を書いた書面のことです。裁判所が提供する物件情報のすべてがここに集約されています。

◆ 3点セットの使い方

3点セットは、裁判所が提供する物件情報のすべてです。1冊の資料として裁判所に備え置かれ、誰でも見ることができます。また、BITという不動産競売物件情報サイト（http//bit.sikkou.jp）から無料でダウンロードすることもできます。

◆ 落札後の問題

買受人が、買受後（落札後）に代金を納付すると、物件の所有権が買受人に移転します。それと同時に、裁判所は、法務局に嘱託登記を依頼しますが、その約2～3週間後に、登記識別情報が買受人に送られてきます。もっとも、裁判所は買受人に対して競売物件を現実に引き渡す義務までは負っていません。競売物件の購入は、引渡しの問題や占有者の問題があることをふまえて検討しなければなりません。

■ 競売手続きへの参加

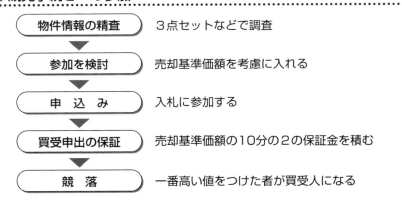

第1部 31

任意売却

事前準備を念入りに行い、取引当日は素早く手続きを行う

◆ 利害関係人の合意が必要

競売は手続きに時間がかかる上に回収額が低くなることが多いため、実際には、任意売却を行うことが多いようです。任意売却は、所有者が売却の意思をもっていることが前提になります。任意売却を行う場合、利害関係人が多数存在しているケースがほとんどです。

任意売却を成功に導くには、すべての利害関係人の合意を得る必要があります。利害関係人は「いくらで売却するのか」「売却代金からいくら配分されるのか」「いつまでにもらえるのか」といった、自身の債権回収に関連する内容について検討の上、合意することになります。不動産の占有者の場合は、「そのまま占有を続けてよいのか、それとも立ち退かなければならないのか」「立ち退いた場合には、立退料をもらえるのか」「立退料をもらえるとすれば、いくらもらえるのか」そして「いつまでに立ち退かなければならないのか」といった条件について合意できるかどうかを判断することになります。

◆ どんな手続きをするのか

まず、債権者・債務者・所有者の実態調査と、抵当不動産の現況調査を行い、また、抵当不動産の調査時点での資産価値の査定をして、売却による回収見込額を見積ります。これらの資料をもとに、各利害関係人の意向を確認し、売却までの期間、予定している価格、代金の配分方法につき同意をとりつけます。

次に、合意に至った条件で買い受けてくれる買受希望者を探します。

買受希望者が見つからない場合や条件面で折合いがつかない場合には、売却価格の見直しを行い、それに応じて再度配分の調整を行い、利害関係人の同意を得るようにします。買受人が決まり、売却に関する条件が整うと、最終的な合意をまとめた上で、取引の日時・場所・当日の段取りを決めます。

取引当日は、抵当不動産の売却・抵当権解除・登記抹消手続きと売却代金の受取り・配分を同時に行います。契約書にサインをした後に、契約に基づいて買受人が債権者に代金を支払い、続いて、利害関係人に配分表に基づいた支払いをします。

◆ 担保の解除と売却代金の配分

任意売却の取引の際には、売買代金の受取りと抵当権の解除は同時に行います。配当を得ることのできない劣後債権者（下位債権者）も、抵当権の解除と登記の抹消手続きに協力することが必要になります。一般的に、配当を受けられない利害関係人に対しては、他の債権者が譲歩して、解除料や抹消料（担保解除料）が支払われます。なお、任意売却の売却代金の配分方法には法的なルールがないため、抵当権の順位や金額とは異なる基準で配分することも可能です。

■ 任意売却の手続きの流れ

第1部 32

不動産に関連する税金

不動産にかかる税金は金額が大きく、経済にも多くの影響を与える

◆ 取得段階でかかる税金

　不動産を取得すると、不動産取得税、登録免許税、印紙税など、さまざまな税金の支払いが必要です。

　不動産取得税は、不動産を取得することができる＝税金の支払能力があるとみなされることで課されます。支払先は国ではなく都道府県になります。不動産を持つこと、あるいは持ち主が変わったことで課される税金が登録免許税です。また、契約書に貼付する印紙には、印紙税がかかります。登録免許税・印紙税は国に納められます。また、不動産の取得には消費税も課税されます（ただし、土地に対する消費税は政策上の理由で非課税）。課税対象が大きいので、支払う消費税額も大きな負担となりますが、事業者ではない個人間の中古建物の売買であれば消費税はかかりません。

　なお、不動産の取得方法には自分で新たに取得する他に、相続や遺贈、贈与によるものがあります。相続や遺贈によって不動産を取得した場合には相続税や贈与税の課税対象となります。現金で相続や遺贈を受け、その現金で不動産を取得した場合も同じ扱いとなります。

◆ 固定資産税の対象になる期間

　固定資産税は一定以上の大きさを持つ資産を保有していることに対して課せられる税金です。不動産も課税の対象となり、その不動産が都市計画区域内にある場合は都市計画税の課税対象にもなります。当然ながら、居住するために入手した土地や住宅に対しても課税される

わけですが、住宅用地や一定の住宅を新築または改築した場合には、軽減措置が設けられています。

◆ 譲渡所得が発生する場合

不動産を取得したときよりも高い価格で処分した場合、売却益が発生します。この売却益も課税対象となりますが、軽減措置を受けることができる場合があります。

◆ 不動産所得が発生する場合

自分が所有している不動産を他人に賃貸して得た利益が、不動産所得です。不動産所得のうち課税の対象となるのは、利益から必要経費を差し引いた部分になります。また、所得控除も受けることができます。

■ **不動産の取得・保有・事業経営・売却と税金の種類**

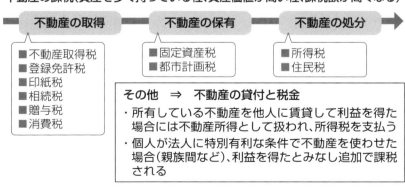

第1部 33

不動産の売却と税金

不動産を売却した場合には確定申告をする必要がある

◆ 不動産を売却して得た利益に所得税がかかる

　収入で利益を得ると税金がかかります。原則として全部で10種類ある各所得を合計して、その全体の所得に税金がかかる形になります。これを総合課税といいます。しかし、土地や建物を売った場合は、申告分離課税という方式が適用され、他の所得とは合計せずにそれ単独で税金を計算するしくみになっています。また、土地や建物を売った時の所得は、10種類あるうちの譲渡所得になります。なお、申告分離課税には確定申告が必要です。

　土地や建物を売ったときの譲渡所得は、その売った価格から取得費と譲渡費用を引いた額になります。なお、取得費とは、その土地・建物を購入した価格、譲渡費用はその土地・建物を売るのに必要とした費用のことです。

◆ 税率はどうなるのか

　土地・建物の譲渡所得は、その不動産の所有期間の長短によって異なってきます。所有期間が5年以下の場合を短期譲渡、所有期間が5年を超える場合を長期譲渡といい、短期譲渡では税金が高率になっています。正確には、売却した年の1月1日時点の所有期間が5年以下のときに短期譲渡になり、譲渡した年の1月1日時点の所有期間が5年を超えていたときに長期譲渡になります。

　短期譲渡の場合は、税率は国税である所得税が30%、地方税である住民税が9%で、合計で39%です。長期譲渡の場合は、所得税が15%、

住民税が5％で、合計で20％です。

なお、平成25年から平成49年までの所得には、従来の所得税に2.1％を掛けた復興特別所得税がかかります。

◆ 取得日や譲渡日がいつかを確かめる

短期譲渡と長期譲渡で税金の額が異なりますし、他にも税金上の特例がありますので、土地・建物の取得日と譲渡日が正確にいつであるのかは大事な問題になります。

取得日つまり購入などの手段によってその土地・建物を取得した日については、それが購入であった場合は、引渡日と契約日のどちらか好きな方を選択できます。ただし、新築の建物を購入する場合は、契約日を選択することはできず、引渡日が取得日になります。

譲渡日つまり売却などの手段によってその土地・建物を譲渡した日も、引渡日と契約日のどちらか好きな方を選択できます。

不動産を取得・売却する際には、いつが取得日・譲渡日になるのかを確認することが大切です。

■ 土地・建物を譲渡した場合の税金

土地・建物の譲渡所得 ＝ 譲渡による収入金額 －（取得費＋譲渡費用）

長期譲渡所得 → 譲渡した年の1月1日において 所有期間 が5年を超えるもの

「所有期間」とは、土地や建物の取得の日から引き続き所有していた期間をいう。この場合、相続や贈与により取得したものは、原則として、被相続人や贈与者の取得した日から計算する。

短期譲渡所得 → 譲渡した年の1月1日において 所有期間 が5年以下のもの

第1部 34

取得費と譲渡費用

建物の取得費は、減価償却費分を差し引いて計算する

◆ 取得費とは

　土地や家屋の取得費とは、その土地・家屋の購入時に必要になった購入代金や建築代金、購入手数料などの購入代金等合計額です。そこには設備費や改良費なども含まれます。ただし、建物の場合は、年月が経つと次第に財産の価値が減るので（減価償却といいます）、取得費もその分だけ減るように定められています。

　具体的には、その建物の購入代金・建築代金や購入手数料などの購入代金等合計額から、年月の経過と共に減少した価値の累計額である減価償却費相当額を差し引きます。

◆ 減価償却費相当額の算定

　建物の減価償却費相当額については、建物の構造ごとに法定耐用年数（期間の経過によって価値が減少するような資産について、減価償却費として計上する年数のこと）が定められています。事業用の木造建築の場合には22年です。また、非事業用つまり居住用の場合はその1.5倍である33年になります。事務所用の鉄筋コンクリート造の建物の場合は50年です。

　法定耐用年数が過ぎると、平成19年3月31日以前に取得した建物の価値は購入代金等合計額の10%になります（これを残存価額といいます）。平成19年4月1日以降に取得した建物の価値は1円になります。

　居住用の木造建築の場合で、購入代金等合計額が2000万円だった場合、33年経つとそれ以降、建物の価値は200万円（平成19年3月以前

に取得）か1円（平成19年4月以降に取得）になるわけです。

　法定耐用年数までは、経過年数に比例して価値が下がっていきます。たとえば、居住用木造建築の場合は、購入後1年ごとに、購入金額の90％（平成19年3月以前に取得）あるいは100％（平成19年4月以降に取得）の33分の1だけ価値が下がります。税金の実務では、33の逆数に相当する、0.031の償却率を掛けて計算します。

　平成19年3月以前に購入代金等合計額が2000万円で購入した建物が10年経ったときには、2000万円の90％の額に、0.031を10倍した数値を掛けた558万円が減価償却されていて、その時点での建物の価値は1442万円になります。これが、その時点で計算した建物の取得費になります。

◆ 譲渡費用とは

　譲渡費用とは、土地・建物を売却するために直接かかった費用です（下図参照）。修繕費や固定資産税など、土地・建物の維持・管理のためにかかった費用は、売却するために直接かかった費用ではないため、譲渡費用には含まれません。同様に、売った代金の取立てのための費用なども、譲渡費用には含まれません。

■ 譲渡費用にあたるもの

① 売却時の仲介手数料　　② 売却のために測量した場合の土地の測量費
③ 売買契約書等の印紙代　　④ 売却のために借家人に支払った立退料
⑤ 土地を売るためにそこに建てられていた建物を取り壊した場合の、その建物の取壊し費用と取得費（減価償却後）
⑥ すでに行っていた土地・建物の売却契約を解除して、よりよい条件で売却することにしたときに発生した違約金
⑦ 借地権を売るときに土地の貸主の許可をもらうために支払った費用

第1部 35 マイホームや事業用資産の特例など

軽減税率や控除などで所得税額を抑えることができる

◆ マイホームの特例

マイホームを売却した場合、特例により所得税の計算上では優遇されています。具体的には以下のような特例があります。

・**所有期間が10年を超えると軽減税率が適用される**

10年以上住んでいたマイホームを売った場合、通常の長期譲渡の税率よりも低い税率が適用されます。通常は所得税および復興特別所得税15.315%、住民税5％で、合計20.315%です。それに対し、マイホームを売った場合、所得税10.21%、住民税4％の合計で14.21%と、税率が軽減されています。

・**3000万円控除の特例**

マイホームを売却した場合、譲渡所得から3000万円が特別に控除される税法上の特例があります。適用を受けるための要件は、図（次ページ）の通りです。

・**マイホームの買換え特例**

購入した時の価格よりも高い価格で自宅を売却した場合、譲渡所得が発生し、税金が課せられます。この税金を次の自宅買い替えまで繰り延べることができる特例があります。繰り延べられた税金は、買換えた自宅を将来売却するときに、支払うことになります。

・**住宅ローンが残っているマイホームを売却した場合**

償還期間が10年以上の住宅ローンが残っている自宅を購入時より低い価格で売却し、譲渡損失が生じた場合、その損失を他の所得から控除（損益通算）することができます。また、ローン残高より低い価格

で売却した場合にも、残ってしまったローン部分の損失を他の所得と損益通算することができます。いずれの特例も、損益通算で控除しきれない損失は、3年間繰り越して控除することができます。

◆ 平成27、28年以降に購入した土地等を売却した場合の特例

平成21年および平成22年に取得した国内にある土地等を5年以上所有し、平成27年および平成28年以降に譲渡した場合、その譲渡した年の長期譲渡所得全体の金額から最大1000万円を控除することができます。

◆ 事業用資産の買換え特例とはどんな特例か

工場や店舗として使用する土地や建物など、事業のために使われる資産のことを事業用資産といいます。事業用資産の買い替え特例とは、マイホームの買換え特例同様、譲渡益に対する課税を将来に繰り延べる特例です。事業を営む個人が事業用資産の買換えを行った場合が対象となります。手放した資産の売却額と同程度か高い資産を購入した場合は譲渡益の20％の金額を、また、安い資産を購入した場合には手放した資産の売却額から買い換えた資産の購入金額の80％を差し引いた額を、収入金額として譲渡所得を計算します。

■ 3000万円控除を受けるための要件

① 自分が住んでいる建物を売るか、その自宅建物と一緒に建物が立っている土地（借地権の場合も有効）を売ること
② 自宅建物を売った年の前年と前々年に、このマイホームを譲渡した場合の3000万円の特別控除の特例や、マイホームの買換えやマイホームの交換の特例やマイホームの譲渡損失についての損益通算および繰越控除の特例の適用を受けていないこと
③ 売却した土地・建物について、公共事業などのために土地を売った場合の特別控除など他の特例の適用を受けていないこと
④ 売った側と買った側の関係が、親子や夫婦、内縁関係にある人、生計を一にしている親族、特殊な関係のある法人などの特別な間柄ではないこと

第1部 36

住宅ローン控除

最大で10年間にわたり、毎年40万円程度の税金が戻ってくることもある

◆ 住宅ローン控除とは

　住宅ローン控除とは、住宅ローンの残額に応じて、所得税、住民税を控除する制度で、住宅取得を促進するための制度です。具体的には、平成31年6月までに入居した場合に10年間、ローンの年末における残高4000万円（住宅の代金に含まれる消費税率が8％または10％以外である場合は2000万円）を限度に、年末の住宅ローン残高から1％が所得税額から控除されます。さらに、この制度は住宅のリフォームなどにも利用することができます。

　控除を受けるには、住宅、年収、ローンについてさまざまな条件を満たす必要があります。住宅については、①床面積が50㎡以上であること、②中古住宅は築後20年以内（マンションなどの場合は25年以内）であること、または一定の要件を満たした耐震住宅であること、③増改築した場合には工事費用が100万円を超えており、その半分以上が居住用部分の工事であること、④店舗併用住宅の場合には床面積の半分以上が居住用になっていること、などが条件となっています。年収については特別控除を受ける年は3000万円以下であること、ローンについては返済期間が10年以上であること、といった条件があります。

　また、認定長期優良住宅または認定低炭素住宅に平成31年6月までに入居した場合、毎年50万円（10年間で合計500万円）まで住宅ローン控除を利用することができます。

◆ その他の住宅ローン減税制度

　省エネ改修促進税制とは、自身が所有・居住する住宅について一定以上の省エネ改修工事を行った際、所得税額の軽減措置を受けることができる制度です。また、バリアフリー改修促進税制とは、自身が所有・居住する住宅について一定以上のバリアフリー改修工事を行った際、所得税額の軽減措置を受けることができる制度です。

　特定増改築等住宅借入金等特別控除とは、バリアフリー改修工事や省エネ改修工事などの増改築等（特定の増改築等）を行い、一定の要件を満たした場合に、ローン残高1000万円を限度とし、所得税額から5年間で最高60万円（各年の最高は12万円）の控除を認める制度です。

　住宅特定改修特別税額控除とは、省エネ改修工事にかかった費用（最高200万円、太陽光発電工事が含まれる場合は300万円）の10％を所得税額から控除する制度です。

■ 住宅税制と平成27年度税制改正

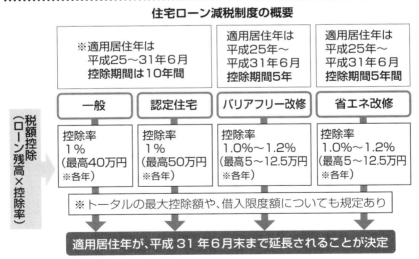

※平成26年4月の消費税引き上げに合わせ、最大控除額の引き上げが行われた（8％または10％の消費税を負担した場合のみ適用）。

37 住宅ローン控除の手続きと注意点

いい加減に対応すると贈与税が課税される恐れもある

◆ どんな手続きが必要なのか

　住宅ローン控除を受けるには、確定申告をする必要があります。会社勤務の人も、初年度については、確定申告をします。申告は、入居した翌年の確定申告期間（2月16日〜3月15日）に行わなければなりません。また、住宅ローンの控除額が所得税額を上回ってしまった場合、住民税も控除の対象になります。この場合、所得税では控除しきれなかった部分が翌年分の住民税から控除されます。ただし、住民税の控除にも上限が設けられおり、前年分の所得税の課税所得×5％（最大9万7500円）までとなっています。なお、平成27年度の税制改正により、平成31年6月までに居住した場合は、控除限度額は前年分の所得税の課税所得×7％（最大13万6500円）まで控除できます。

◆ 資金調達に関する調査

　税務署は、贈与税の把握のために、マイホームを取得した人の中から何人かを抽出して、「購入した資産についてのお尋ね」という書類を送付しています。書類は、物件の概要から始まり、取得するための資金の内訳や支払先、資金の調達方法まで、マイホームの取得資金に関するお金の出入りについて、非常に細かいことを聞いてきます。ローンや借金についても、借入期間や利息を細かく書くように要求されます。親から借金をして購入した場合でも、きちんと借用書を書いて、借入期間や利息を明記しておかないと、贈与とみなされてしまいます。

また、拠出したお金の割合通りに持ち分が登記されていなければ、そのお金は贈与されたものとみなされ、課税対象になってしまいます。夫婦が共有する形で住宅の持分を登記する際は、実際の購入資金の負担分通りに登記する必要があります。

◆住宅ローン減税や住宅資金贈与の特例を受ける条件

　住宅ローンや住宅資金贈与の特例を受けるためには、床面積が50㎡以上である必要があります。減税や特例を受けるための基準になるのは、不動産登記法の床面積（内法面積）です。不動産のパンフレットは、壁心面積が床面積の表示に採用されているため、内法面積を必ず確認する必要があります。

■ 住宅ローン控除の条件

	注意点
ローン	・返済期間が10年以上のローンであること ・自分が住むための住宅の購入や新築であること ・工事費100万円以上の大規模な修繕・増改築、マンションのリフォームであること
入居者	・住宅を取得してから6か月の間に入居していること ・入居した年の前後2年間に3000万円の特別控除の特例や特定の居住用財産の買い替え特例を受けていないこと ・その年の合計所得金額が3000万円以下であること
住宅	・登記簿上の床面積が50㎡以上であること ・中古住宅の場合、築20年（マンションなどの耐火建築物については築25年）以内の建物、または一定の耐震基準を満たす建物であること
必要書類	・売買契約書や請負契約書 ・土地や建物の登記事項証明書 ・住民票 ・源泉徴収票 ・ローンの年末残高証明書 ・確定申告書 ・住宅借入金等特別控除額の計算明細書

第1部 38

固定資産税・都市計画税

土地、家屋、償却資産に対して課税される

◆ 固定資産税とは

　毎年1月1日現在、土地、家屋などの不動産、事業用の償却資産を所有している人が、その固定資産の価格をもとに算定される税額を、その固定資産の所在する市町村に納める税金です。固定資産税は、固定資産の価格である固定資産税評価額に一定の税率1.4％（標準税率）を掛けて求めます。土地は土地登記簿、家屋は建物登記簿によって課税対象の把握ができますが、償却資産についてはこれに相当するものがないため、市町村内に事業用資産を所有している者は、毎年1月1日現在の所有状況を1月末日までに申告する必要があります。

◆ 固定資産税の特例

　固定資産税の税額には、いくつかの特例が設けられています。住宅用地の特例とは、住宅の敷地の用に供されている土地についての税負担を軽減するためのものです。小規模住宅用地（200㎡までの部分）は固定資産税評価額の6分の1、一般住宅用地（200㎡を超える部分）は固定資産税評価額の3分の1が課税標準額になります。新築住宅の減額とは、新築された住宅が一定の要件を満たす場合に、家屋の固定資産税が2分の1に減額される措置です。その他、耐震改修をした場合の減額、省エネ改修をした場合の減額、などの特例があります。

◆ 固定資産税は誰が納めるのか

　固定資産税の納税義務者は不動産の所有者です。毎年1月1日にそ

の不動産の所有者に対して納税通知書が送付されます。1月2日に不動産を手放したとしても、1月1日に不動産を所有している限り、その年1年間の固定資産税の全額を支払う義務があります。土地や建物を複数人で所有している場合、所有者全員が共同で固定資産税を納付する義務があります。

◆ 都市計画税とは

　都市の整備に充てるための財源として、市街化区域内の土地や家屋に課税される地方税です。都市計画税の税額は、固定資産税評価額に一定税率を掛けて算出し、固定資産税と同時に市区町村に対して納税します。なお、住宅1戸あたり200㎡までの住宅用地については価格の3分の1、200㎡を超える部分については価格の3分の2を課税標準額とする特例措置があります。

■ 固定資産税の計算式と特例

〈 固定資産税額の計算式 〉
　固定資産税額＝固定資産税課税標準額×1.4％

- 一般住宅用地に関する特例
  固定資産税評価額×$\frac{1}{3}$

- 小規模住宅用地（200㎡以下）に関する特例
  固定資産税評価額×$\frac{1}{6}$

- 新築住宅の税額軽減
  新築住宅で50㎡以上280㎡以下のものは、3年間（3階建て以上の耐火建築住宅は5年間）一定面積（120㎡）に対応する税額を$\frac{1}{2}$に減額

- 耐震改修の税額軽減
  昭和57年1月1日以前の住宅について一定の耐震改修工事をした場合、$\frac{1}{2}$減額
  減額期間
  イ平成22年1月1日から平成24年12月31日までの改修→2年間
  ロ平成25年1月1日から平成27年12月31日までの改修→1年間

第1部 39 不動産取得税

取得時期や不動産の種類によって、受けられる優遇措置が異なる

◆ 不動産取得税とは

　不動産取得税は、不動産（土地や建物）を購入するなどして手に入れた場合に、その不動産を取得した人に課される税金です。不動産取得税の基準となる不動産の価格は、実際に購入した価格ではなく、固定資産課税台帳に登録されている価格です。不動産取得税は、取得した不動産の価格（課税標準額）に税率を掛けて算出されます。ただし一定の建物では、一定期間、税額を優遇する特例が適用されます。また、本来の税率は4％ですが、土地・家屋の取得時期に応じて一時的に税率が軽減されています。たとえば、同じ家屋であっても住宅用に取得した場合は、平成30年3月31日までは税率が3％となっています。

◆ 建物についての不動産取得税の特例

　新築住宅を建築または購入により取得した場合、特例適用住宅の基準を満たすと、課税標準額から1200万円が控除されます。特例適用住宅の基準は、住宅の床面積が50㎡以上240㎡以下（貸家である共同住宅の場合は40㎡以上240㎡以下）です。さらに、特例適用住宅の中でも「認定長期優良住宅」では、控除額は1300万円になります。ただし、取得時期が平成21年6月4日から平成28年3月31日までと限定されています。

　また、中古住宅を取得した場合は、自分の居住用で床面積が50㎡以上240㎡以下で一定の要件を満たした場合の控除の特例が定められています。控除額は、住宅の新築された日が平成元年4月1日から平成

9年3月31日までの場合は1000万円、平成9年4月1日以降の場合は1200万円とされています。なお、平成27年度税制改正により、宅地建物取引業者が販売目的で中古住宅を取得した場合も、一定の要件を満たせば一時的に同様の特例を適用できます。

◆ 土地についての不動産取得税の特例

前述の特例が適用される住宅用家屋が建っている土地についても、下図の要件を満たせば、特例として取得時の不動産取得税が軽減されます。特例は、土地を先に取得する場合と、住宅より後に土地を取得する場合の2つのパターンがあります。土地の特例の場合は、課税標準額からの控除ではなく、当初の税額から一定額が直接減額されます。

減額される税額は、以下の通りです。ただし、算出した金額が45,000円に満たない場合は、45,000円になります。また、住宅の床面積を2倍した金額については、200㎡が限度です。

（土地1㎡当たりの価格）×（住宅の床面積×2）×3％

なお、上記計算式における土地の価格については、課税標準額を基準とします。平成27年3月31日までの取得については、取得した不動産の価格を2分の1とした後の土地1㎡当たりの価格を使用します。

■ 不動産取得税の内容と税額の算出方法

内　　容	不動産を購入した場合や建物を建てた場合に、その土地や建物を取得した人に課される税金。毎年納税するのではなく、取得時の1回だけ納税する。
算出方法	取得時の固定資産課税台帳登録価格 × 税率 （ただし、軽減措置あり）
税　　率	平成20年4月1日から平成30年3月31日までに取得した場合の税率は以下の通り 　・土地、住宅用家屋 ➡ 3％　・住宅以外の家屋 ➡ 4％

第1部 40

土地や建物を賃貸した場合の税金

事業として得た不動産所得は青色申告の対象になる

◆ 不動産所得の計算方法

　土地建物等の不動産を貸し付けることで得た地代、家賃などの所得を不動産所得といいます。不動産所得には所得税がかかります。

　不動産所得の収入に含まれる金額は、その年の1月1日から12月31日までの間に、家賃や地代として確定した金額の合計額です。また、名義書換料、更新料、敷金や保証金のうち返還されないものなども収入に含まれます。

　不動産所得とは、その年の地代等の総収入金額から必要経費を控除した金額です。さらに、一定水準の記帳をして正しい申告をする人には、所得税の計算において有利となる青色申告の選択が認められています。青色申告者は、必要経費を差し引いた残額から「青色申告特別控除額」を控除した金額が不動産所得になります。

　満額の青色申告特別控除（65万円）の適用を受けるには、上記条件の他、不動産の貸付が「事業」として行われていることが必要です。事業とであるかどうかは、社会通念に照らし事業的規模であるかどうかによります。ただし次の1つに該当する場合は、形式基準として「事業」として行われているものと判定します。

① 　貸間、アパート等については、貸与することができる独立した室数がおおむね10以上であること
② 　独立家屋の貸付については、おおむね5棟以上であること

◆ 不動産所得の必要経費

不動産所得にかかる必要経費には、貸し付けた土地や建物などの不動産取得税、登録免許税、固定資産税、修繕費、損害保険料、減価償却費、借入金の利息、管理人の給料などが含まれます。

なお、赤字になった場合には、損益通算を行うことができます。ただし、土地等の取得のために要した借入利子に相当する金額までは、通算できません。借金の利息分まで相殺（互いにもつ債権を対当額の範囲で消滅させること）することはできないということです。たとえば、不動産所得の金額が赤字100、借入利息が80、うち土地を取得するために要した利息が40とします。赤字100のうち40までは損益通算できません。100－40＝60を他の黒字の所得と通算することになります。

◆ 超過累進税率による総合課税

不動産所得の金額は、他の所得と合算して、超過累進税率により総合課税（合算の対象となる所得を合計して税額を計算・納税する課税方式）されます。

■ 不動産所得の計算方法

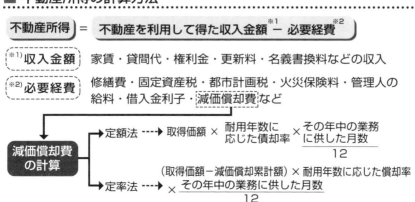

※ 平成19年4月1日以後に取得した資産の場合

第1部 41

相続税・贈与税のしくみ

贈与税は相続税の補完税といわれている

◆ 相続税・贈与税はなぜ課税されるのか

　相続税は、所得税を補完するために設けられています。死亡した人の残した財産は、その死亡した人の個人の所得の部分については、生前、所得税が課税されていますが、所得税が課税されていないものも含まれています。そこで、死亡した時点におけるその人の財産について、所得税を補完する形で相続税が課税されます。相続税は、申告納税方式をとっていますので、遺産を相続した相続人が相続財産の価格とこれにかかる税額を計算し、納税します。

　一方、贈与税は相続税の補完税といわれています。「相続税が課税されるくらいなら相続する前に相続人予定者に財産を分けておこう」とは、誰もが考えることです。しかし、これでは、贈与した人としなかった人の間に不公平が生じます。そこで、贈与が発生したときに課税する贈与税を設けて相続税を補完する税としたわけです。このように贈与税は、相続税逃れを防止し、不公平を是正して相続税本来の目的である富の再分配を行うことを目的とした税金ということができます。なお、贈与税の税率は相続税の税率よりも高くなっています。

◆ 対象となる財産の範囲は

　贈与税の対象となる財産の範囲は、贈与を受ける人（受贈者）の住所が日本か、海外かによって変わります。受贈者の住所が日本である場合、受け取る財産が世界のどこにあろうとも、その財産は贈与税の対象になります。一方、受贈者の住所が海外の場合、日本国内にある

財産に対してだけ贈与税がかかるというのが基本です。

◆ 本来の贈与財産とは

本来の贈与財産とは、贈与税が当然、課せられる贈与財産のことです。経済的価値のあるモノをある人から別の人にあげた場合に、そのあげたモノすべてが本来の贈与財産になります。

◆ みなし贈与財産にはどんなものがあるのか

本来の贈与ではなくても、実質的に贈与を受けたことと同じように経済的利益を受けた場合に、贈与があったと「みなす」のがみなし贈与です。みなし贈与の場合、当人が贈与であるという認識をしていないことが多いため、贈与税の申告をせず、税務署に指摘された後で初めて知ったという人が多いようです。これらは民法上の贈与財産ではありませんが、相続税法上は贈与税の対象になります。具体的には、借入金の免除、自分が保険料を負担していない生命保険金などです。

■ 贈与税のしくみ

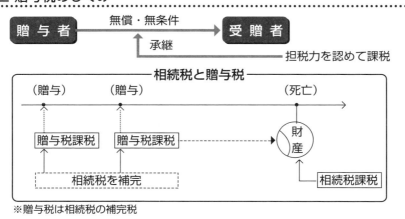

第1部 42

相続税と贈与税の税率

どちらが優位かは、個別事例によって異なる

◆ 課税率は贈与税のほうが高い

　相続税・贈与税の税率は図（次ページ）の通りです。平成27年1月1日から相続税と暦年課税制度の贈与税の税率が見直されており、最高税率も引き上げられました。

　相続税も贈与税も、課税される財産が大きくなるほど高い税率が適用されます。これを超過累進課税といいます。税率は最低10％から最高55％までとなっており、両方とも同じです。

　しかし、課税対象となる財産の価額が同じでも、途中の税率のきざみは贈与税のほうがはるかに高く、税率のアップも急激です。また、相続税と贈与税では、課税のしくみが全く異なります。同じ額の財産に対する税額を比較してもあまり意味がなく、贈与税の税率が高いからといって相続税が有利だとも言い切れません。

　また、相続税、贈与税共に政策的あるいは、社会通念上の観点から、特例による税控除が設けられています。特例とは、一定の要件を満たせば、特別に控除が受けられる制度ですが、適用を受けられる要件も相続税と贈与税では違います。このような点からも相続税と贈与税のどちらが優位かということは簡単に言い切ることはできません。

　資産が何十億円もあるという資産家の場合、相続税では高い税率が適用されます。しかし、毎年300〜400万円の範囲で贈与すると、贈与税の税率は10〜15％ですから、この場合は、税率から見て贈与のほうが得になります。

■ 相続税の税額表

基礎控除後の課税価格	税　率	控除額
1000万円以下	10%	な　し
1000万円超　　3000万円以下	15%	50万円
3000万円超　　5000万円以下	20%	200万円
5000万円超　　1億円以下	30%	700万円
1億円超　　2億円以下	40%	1700万円
2億円超　　3億円以下	45%	2700万円
3億円超　　6億円以下	50%	4200万円
6億円超	55%	7200万円

■ 贈与税の税額表

●20歳以上で直系尊属からの贈与

基礎控除後の課税価格	税　率	控除額
200万円以下	10%	な　し
200万円超　　300万円以下	15%	10万円
300万円超　　400万円以下	15%	10万円
400万円超　　600万円以下	20%	30万円
600万円超　　1000万円以下	30%	90万円
1000万円超　　1500万円以下	40%	190万円
1500万円超　　3000万円以下	45%	265万円
3000万円超　　4500万円以下	50%	415万円
4500万円超	55%	640万円

●上表以外の場合の贈与

基礎控除後の課税価格	税　率	控除額
200万円以下	10%	な　し
200万円超　　300万円以下	15%	10万円
300万円超　　400万円以下	20%	25万円
400万円超　　600万円以下	30%	65万円
600万円超　　1000万円以下	40%	125万円
1000万円超　　1500万円以下	45%	175万円
1500万円超　　3000万円以下	50%	250万円
3000万円超	55%	400万円

第1部 43

相続時精算課税制度

贈与財産を相続財産に含めて税額計算できる

◆ 贈与税の課税制度は２種類ある

　贈与税の課税制度には、「暦年課税制度」と「相続時精算課税制度」があります。暦年課税制度とは、１月１日から12月31日までの１年間に贈与を受けた財産の合計額から、基礎控除の110万円を控除した残額に課税する制度です。相続税と比較すると負担は大きくなります。相続時精算課税制度とは、生前贈与による資産の移転を円滑にすることを目的として創設された制度です。この制度は、贈与時に贈与財産に対する贈与税を納め、その贈与者の死亡時に、贈与財産の価額と相続財産の価額の合計額をもとに計算した相続税額から、すでに納めた贈与税相当額を控除するものです。つまり、贈与税と相続税の一体化です。さらに、特別控除額という非課税枠があり、一定金額に達するまでは贈与税が課税されません。ただし、一度選択すると、その後同じ贈与者からの贈与について暦年課税制度を選択できなくなりますので注意が必要です。

◆ 相続時精算課税を選択するための条件

　相続時精算課税制度では、贈与を受ける財産に制限はありませんが、贈与者・受贈者の年齢について要件が定められています。

　なお、平成25年度の税制改正では、今まで65歳以上となっていた贈与者の親の年齢要件緩和と、20歳以上の推定相続人である子どもに限定されていた受贈者の要件拡大が行われ、平成27年１月１日以後の贈与から以下のようになりました。

① 贈与者がその年の1月1日において60歳以上の親である
② 受贈者がその年の1月1日において20歳以上であり、かつ、贈与者の推定相続人である子ども、もしくは20歳以上の孫である

◆ 相続時精算課税制度を選択した場合の贈与税額

相続時精算課税の適用を受ける贈与財産については、選択した年以後の各年にわたる、その贈与者からの贈与財産の価額の合計額をもとに贈与税額を求めます。税額は、贈与財産の課税価格の合計額から、特別控除額2500万円を控除した後の金額に、一律20％の税率を掛けて算出します。

相続時精算課税は、贈与者ごとに選択することが可能です。つまり、相続時精算課税に係る贈与者以外から贈与を受けた財産については、暦年課税制度によって贈与税額を計算します。なお、相続時精算課税を選択する場合、最初の贈与を受けた年の翌年2月1日から3月15日までの間（贈与税の申告期限）に、管轄の税務署へ「相続時精算課税選択届出書」を提出します。

届出には受贈者と贈与者それぞれ要件を満たしていることを示す添付書類が必要です。受贈者の氏名・生年月日、受贈者が贈与者の推定相続人であることを示した戸籍謄本や贈与者の氏名・生年月日、贈与者が60歳に達した時以後の住所または居所を示した贈与者の住民票の写しなど一定の書類を、届出書と一緒に提出します。

■ 相続時精算課税制度を選択した場合の贈与税の計算方法

第1部 44

小規模宅地等の特例

評価額を大幅に削減することができる

◆ 小規模宅地等の特例とは

　事業用の土地や居住用の土地は、いわば生活基盤財産です。そこに高額の相続税が課されてしまうと、相続した後継者が生活の場を失うような事態を招きかねず、大変なことになります。

　そこで、遺産の中に住宅や事業用の宅地等がある場合には、限度面積までの部分（小規模宅地等）についてはその宅地等の評価額を一定割合減額する特例が設けられています。これを小規模宅地等の特例といいます。小規模宅地等の特例の対象となるのは、以下の要件を満たしている場合です。

① 被相続人または被相続人と生計を一にしていた被相続人の親族の居住・事業の用に供されていた宅地等であること
② 棚卸資産（企業が販売または加工を目的として保有する、商品などの資産のこと）およびこれに準ずる資産に該当しないこと
③ 農地や牧草地以外で建物や構築物などの敷地であること
④ 相続税の申告期限までに遺産分割が確定していること
⑤ 相続税の申告期限までに相続人がその土地を取得し、居住や事業のために利用していること
⑥ 被相続人が居住に使用していた宅地を複数所有していた場合、「主として」居住していた宅地に限定

　なお、2世帯住宅などで被相続人とその親族が各独立部分に分かれて住んでいた場合も、特例の対象になります。

◆ 評価減率はどうなっている

　小規模宅地の特例が適用される場合、最大で400㎡までの宅地部分に関して、80％の評価額の削減が可能になります。具体的な評価減額は、次の①～③の通りです。遊休地を持つ場合、何か事業を行う建物を建てるだけでも、相続税を相当、節税できることになります。

① **特定居住用宅地**（限度面積330㎡）

　申告期限までに、被相続人またはその配偶者と同居または生計を一にしていた親族が、被相続人が居住していた土地を自分の居住用として使う場合…80％減額

② **特定事業用宅地**（限度面積400㎡）

　申告期限までに、被相続人が事業用に使用していた土地を取得し、同じ事業に使う場合…80％減額

③ **貸付事業用宅地**（限度面積200㎡）

　不動産貸付業や駐車場、事業と称するには至らない規模の不動産の貸付などを営んでいる場合…50％減額

■ 小規模宅地等の減額の計算例

〈設定〉・宅地面積……500㎡　・通常の評価額……1億

ケース	減額される額	課税される額
特定居住用宅地	$1億円 \times \dfrac{330㎡}{500㎡} \times 80\%$ $= 5280万円$	$1億円 - 5280万円$ $= 4720万円$
特定事業用宅地	$1億円 \times \dfrac{400㎡}{500㎡} \times 80\%$ $= 6400万円$	$1億円 - 6400万円$ $= 3600万円$
その他の小規模宅地	$1億円 \times \dfrac{200㎡}{500㎡} \times 50\%$ $= 2000万円$	$1億円 - 2000万円$ $= 8000万円$

第1部 45
配偶者控除の特例や住宅取得等資金の非課税特例

居住用不動産や住宅購入資金の贈与は一定額まで非課税になる

◆ 配偶者控除の特例

　配偶者からの贈与については、配偶者控除（最高2000万円）を差し引くことができます。つまり基礎控除額との合計で、2110万円まで無税ということになります。ただし、夫婦といっても、内縁関係であるだけでは配偶者控除は適用されません。配偶者控除の特例の適用を受けるためには、次の条件をすべて満たさなければなりません。

① その夫婦の婚姻期間（入籍日から居住用不動産または金銭の贈与があった日まで）が20年以上であること
② 居住用不動産または居住用不動産を取得するための金銭の贈与であること
③ 贈与を受けた配偶者が、翌年3月15日までにその居住用不動産に居住し、その後も住み続ける予定であること
④ 同じ配偶者から過去にこの特例を受けていないこと
⑤ 贈与税の確定申告をすること。

　また、申告書には、戸籍謄本または抄本と戸籍の附表の写し、居住用不動産の登記事項証明書、住民票の写しなどを添付する必要があります。

◆ 住宅取得等資金の非課税特例

　直系尊属から住宅取得等資金の贈与を受けた場合の非課税制度とは、20歳以上の人が父母や祖父母など直系尊属から、平成24年1月1日から平成31年6月30日までの間に住宅購入資金の提供を受けた場合に、非課税限度額まで贈与税を非課税とする制度です。取得する住宅につ

いては、一定要件（対象となる家屋の床面積が50㎡以上240㎡以下であるなど）を満たす必要があります。要件および限度額は次の①、②の通りです。

① 住宅用家屋の取得価格の消費税率が10％の場合

省エネルギー性・耐震性を備えた良質な住宅用家屋（耐震・エコ住宅）について、平成28年10月から平成29年9月までに住宅取得の契約を締結した場合には3000万円まで贈与税が非課税になります。なお、非課税限度額は、契約締結時期が平成29年10月から平成30年9月までの場合は1500万円、平成30年10月から平成31年6月までの場合は1200万円です。一般住宅の場合、非課税限度額についてはそれぞれ2500万円、1000万円、700万円となっています。

② ①以外の場合

耐震・エコ住宅について、平成27年12月までに住宅取得の契約を締結した場合には1500万円までは贈与税が非課税となります。

なお、非課税限度額は、契約締結時期が平成28年1月から平成29年9月までの場合は1200万円、平成29年10月から平成30年9月までの場合は1000万円、平成30年10月から平成31年6月までの場合は800万円です。一般住宅の場合、非課税限度額についてはそれぞれ1000万円、700万円、500万円、300万円となっています。

■ 住宅取得等資金贈与の非課税制度の概要

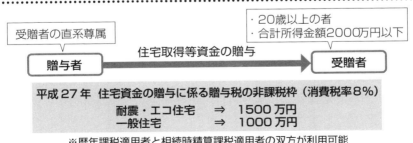

第1部 46

相続税・贈与税の申告

相続税も贈与税も申告納税方式による

◆ 相続税の申告はどうすればよいのか

　相続税の申告をするときは、被相続人が死亡したときの住所地を管轄する税務署に相続税の申告書を提出します。相続または遺贈によって取得した財産（死亡前3年以内の贈与財産を含みます）および相続時精算課税の適用を受ける財産の額の合計額が基礎控除額以下のときは、相続税の申告も納税も必要ありません。しかし、配偶者に対する相続税額の軽減や小規模宅地等の課税価格の特例を適用する場合は、相続税がゼロのときでも申告する必要があります。

　相続税の申告期限・納期限は、被相続人の死亡を知った日の翌日から10か月以内（この期限が土・日・祝日などの場合は、その翌日まで）です。申告期限までに申告しない場合や、実際にもらった財産より少ない額で申告した場合には、加算税が課税されます。また、期限までに納めなかったときは、罰金的な利息にあたる延滞税が課税されます。

　相続税も金銭での一括納付が原則ですが、延納（何年かに分けて納める）や物納（相続財産そのものを納める）の制度もあります。申告後、相続財産の漏れや計算の間違いに気がついた場合は、修正申告が必要です。修正申告には期限がなく、自分で気がついて修正申告した場合にはペナルティもありません。ただし、税務調査によって相続財産の申告漏れが発覚した場合には、納税額の10%の過少申告加算税と延滞税が課されます。

　さらに、相続財産の隠ぺいが発覚した場合は、納税額の40%という

非常に高い重加算税が課されます。逆に税金を過大に申告した場合には、更正の請求によって取り戻すことができます。

◆ 準確定申告について

生前、確定申告していた人、あるいは確定申告をする必要があった人が死亡した場合、死亡した人の所得の確定申告をしなければなりません。これを準確定申告といいます。死亡した人の１月１日から死亡した日までの所得を申告し、納税します。準確定申告の期限は、相続人が相続の開始があったことを知った日の翌日から４か月以内です。

◆ 贈与税の申告はどうすればよいのか

贈与税の申告をするときは、贈与を受けた人の住所地を管轄する税務署に申告書を提出します。贈与を受けた額が基礎控除額以下であるときは、贈与税の申告は必要ありませんが、贈与税の配偶者控除や相続時精算課税制度の適用を受ける場合は贈与税がゼロでも申告する必要があります。贈与税の申告期限・納付期限は、贈与を受けた年の翌年の２月１日から３月15日の間です。申告期限までに申告しなかった場合や実際にもらった額より少ない額で申告した場合には、加算税がかかります。また、納税が期限に遅れた場合は、延滞税がかかります。

■ 相続税・贈与税の申告

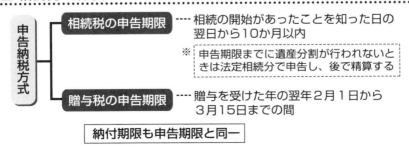

Column

空家対策の推進に関する特別措置法

　近年、管理の行き届かない空家が増加しており、問題視されています。景観を損なうのみではなく、たとえば崩れ落ちた柱などで通行人がケガをしたり、放火や空き巣などといった犯罪被害を招いたりと、残念ながら近隣住民の生活環境を脅かすケースもあり、今や社会問題となってしまっています。

　この空家問題への対応策として、「空家対策の推進に関する特別措置法」が施行されました。倒壊のおそれのある危険な状態や、衛生上など有害な状態にある空家について、その所有者等に対し、必要な措置をとるよう市町村が助言・指導・勧告するというものです。さらに、従わなかった場合には、強制的に撤去される場合もあります。所有する不動産を空家状態で置いておくのであれば、定期的に清掃や修繕を施すなどして、管理を怠らないようにする必要があります。

　このような動きに伴い、税制面でも改正がありました。平成27年度の税制改正では、住宅用地に対する固定資産税の取扱いが変わりました。通常の住宅用地では、小規模住宅用地（200㎡までの部分）の場合は、固定資産税評価額の6分の1、一般住宅用地（200㎡を超える部分）については3分の1と、特例により固定資産税が軽減されています。つまり更地にするよりも、空家にしておくほうが、税金が少なくなるわけです。しかし空家対策の推進に関する特別措置法による勧告の対象となった空家等に係る土地については、住宅用地に係る特例の対象から除外されることになります。特例から除外された場合、固定資産税は最大で従来の6倍となりますので注意が必要です。

　ただ、空家の所有者も故意に放置しているわけではありません。諸事情により管理が難しい場合も当然あります。そのような場合は、市町村に相談してみるのも1つの方法です。自治体によっては、空家の管理や活用方法についての相談窓口を設けている場合もあります。

第2部

用語解説編

あ

■RC造（あーるしーぞう）

　鉄筋とコンクリートとを、それぞれ抵抗するように組み合わせ、両者が付着することにより高い強度を生み出す、建物の構造をいいます。鉄筋コンクリート構造（Reinforced Concrete Construction）とも呼ばれます。高い耐火性、耐久性を持っているというメリットがありますが、建物の重量が重くなるため、軟弱な地盤や大空間を用いる建物には不向きであるといわれています。

■青田売り（あおたうり）

　元々は農家が米の収穫を見越して、まだ青田のうちに米の先売りすることをいいます。不動産売買における用語としては、建物がまだ完成しないうちに、その建物を先売りすることを意味します。宅地建物取引業法には、青田売りをする場合、開発許可や建築確認を済ませた後でなければ広告や契約をしてはならないという規定が置かれています。なお、新築物件は、青田売りによって販売されることが多くなっています。

■悪意（あくい）

　法律用語では、ある事情を知っていることを悪意といいます。反対に、ある事情を知らないことを善意といいます。悪意か善意かはさまざまな場面で問題になります。たとえば、動産の即時取得（民法192条）は、取引相手が無権利者であることを知らない（善意）場合に成立し、取引相手が無権利者であることを知っている（悪意）場合には成立しません。

■悪意占有（あくいせんゆう）

　本権がないことを知りながら占有を続けることを悪意占有といいます。たとえば、他人の土地だと知っているにもかかわらずその土地に居座っている者は、土地を悪意占有していることになります。

　悪意占有者は、占有物から生じる果実（物から生じる収益のこと）を返還しなければなりません（民法190条）。また、占有物を滅失した場合、悪意の占有者は全額について損害賠償責任を負います（同法191条）。さらに、悪意で占有を始めた者が取得時効により所有権を取得するためには、20年間の占有が必要になります（同法162条）。

い

■言い値（いいね）

　不動産取引において、売主が希望している売り出し金額のことです。売主は、通常、少しでも高く売りたいと考えるため、言い値は高めに設定される傾向があります。売主は、媒介契約をした不動産取引業者から、言い値について助言を受け、価格調整をして、実際の売り出し金額（出し値）を決定することが一般的です。これに対して、買主が希望している買い取り金額のことを指値といいます。

■遺言（いごん）

　人が生前に決めておいた最終の意思に効力を認めて、その実現を図る制度で、その意思を記録することを遺言といいます。日常用語では「ゆいごん」ともいいます。

　遺言は、民法の方式に従ってしなければなりません（民法967条以下）。たとえ

ば、自筆証書遺言は、遺言をする人が遺言の全文、日付、氏名を自分で書いて印を押さなければならないとされています。

■**遺言執行者（いごんしっこうしゃ）**

遺言の内容を実現する者のことです。遺言執行者は、相続手続きに関する一切の権限を持ち、法律的な財産管理、執行の権限を持っています。遺言執行者は相続人全員の代理人ですが、遺言執行者は独自の立場で遺言の執行を行うことになっています。

■**遺産分割（いさんぶんかつ）**

共同相続の場合において、相続人の共有となっている遺産を各相続人の相続分に応じて分割して、それぞれの相続人の単独財産とすることを遺産分割といいます（民法906条）。原則として、遺産分割は相続人同士の合意により自由にその内容を決定できます。また、遺産分割の効力は、相続開始の時点に遡って生じます（同法909条）。

■**異時配当（いじはいとう）**

同じ債権について2つ以上の不動産に対して抵当権を有している者が、一部の不動産のみを競売し、その競売代金から弁済を受けることをいいます。たとえば、AがBに1000万円の債権を有し、Aは甲不動産（1500万円・B所有）と乙不動産（1000万円・B所有）に抵当権の設定を受けていた場合に、乙不動産のみを競売にかけて1000万円のみの弁済を受けることを異時配当といいます。

このとき、競売されたほうの不動産に、後順位の抵当権者がいるような場合には、後順位抵当権者は、同時配当をしたならば、他の土地からその競売した抵当権者が受けるべきであった金額について、その抵当権を実行することができます。たとえば、前述の例で乙不動産に後順位抵当権者のCがいたとすると、Cは甲不動産に設定されているAの抵当権を用いて自己の債権を回収することができます。

■**意思表示（いしひょうじ）**

当事者が一定の法律効果が発生することを目的とする意思を、外部に向けて表示する行為です。たとえば、契約の申込み・承諾などです。遺言などもそのひとつです。意思表示を行う方法は、会話、文章などの他、ジェスチャーなどでもかまいません。

■**囲障設置権（いしょうせっちけん）**

所有者の異なる2棟の建物があり、その間に囲障を設置できる空間がある場合、各所有者は他の所有者と共同して、その境界に囲障を設けることができる権利のことをいいます（民法215条）。囲障とは柵や塀のことを意味します。原則として、囲障の設置と保存の費用は、各所有者が等しい割合で負担するものとされています。この権利は、借地人同士の間でも認められます。

■**遺贈（いぞう）**

遺言によって、遺産の全部または一部を譲与することをいいます。自分が死んだ後、特定の者に財産を与えたいと考えた場合に遺贈が行われます（民法964条）。相続人であってもそれ以外の者であっても、原則として誰でも遺贈を受けることができます。

■**委託管理（いたくかんり）**

　管理組合が、マンションなどの管理や運営について、管理会社などに委託をすることをいいます。管理組合と管理会社の間で委託管理契約を締結して行われます。

　委託管理には、業務のすべてについて委託する全面委託管理、特定のものだけを委託する部分委託管理の2種類があります。管理会社に支払う費用は、委託の程度が高いほど高額になります。これに対して、外部に委託せずに住民自体が管理や運営をすることは自主管理といいます。

■**1号仮登記（いちごうかりとうき）**

　仮登記のひとつで、権利変動が生じた場合に行うことができる登記のことです。1号仮登記は、権利の移転をはじめとする実体的な物権変動自体はすでに生じているものの、登記を申請する際に必要となる登記識別情報や第三者の許可・同意・承諾を証する情報が提供されていない場合に申請します。不動産登記法105条1号に規定されているため、1号仮登記と呼ばれます。

　たとえば、不動産売買によって所有権が移転したときに所有権移転仮登記を行う場合、登記の目的については「所有権移転仮登記」、原因については「平成○○年△月×日売買」と記載します。

■**一時金（いちじきん）**

　不動産の賃貸借契約時に、賃料とは別に借主から貸主に対して支払われる金銭のことです。一時金は、敷金や保証金など「預り金的性格を有するもの」と、礼金や権利金など「賃料の前払的性格を有するもの」に大別されます。前者は原則として借主への返還を要し、後者は返還を要しないとされています。なお、近年散見される「契約一時金」や「入居一時金」と呼ばれるものは、特段の定めがない限り返還されないことから、礼金に近い性質を有すると解されています。

■**一物一権主義（いちぶついっけんしゅぎ）**

　物権の性質を示す原則です。以下の2つの意味を含んでいます。まず、1つの物権の対象は、1つの独立した物でなければなりません。たとえば、書籍の上半分の部分にのみ物権を設定するということはできません。また、1つの物には同じ内容の物権は1つしか存在できません。物権の排他性ともいいます。同一の物に対して同一内容の物権が複数成立すると、物への直接的支配が失われ、特定の物を直接的に支配する権利、という物権の定義に矛盾するからです。

■**一括申請（いっかつしんせい）**

　複数の不動産、複数の権利変動について、1通の申請書で申請することをいいます。一括申請は、一件一申請主義の例外にあたります。なお、一括申請は、不動産登記令、不動産登記規則に定められた要件を満たす場合や先例（登記先例）で認められたケースについてだけ認められます。一括申請が認められる一般的な要件として、ⓐ同一の登記所の管轄に属する不動産であること、ⓑ登記の目的が同一であること、ⓒ登記原因およびその日付が同一であることが挙げられます。また、例外的に、同一の債権を担保するために、甲所有の土地と乙所有の土地に共同抵当権を設定するという場合にも一括申請が可能です。

■一括売却（いっかつばいきゃく）

競売など不動産執行において、複数の不動産を、それを利用する上で一括して同じ買受人に売却したほうが、不動産の価値を高めることができるという場合に認められる方法のことです。一括して売却するか否かは、原則として、執行裁判所が自由に決めることができます。また、それぞれの不動産に対する債権者や債務者が異なっている場合でも行うことができます。ただし、一部の不動産を売却することで、すべての債権を弁済できる見込みがある場合には、債務者の同意が必要条件になります（民事執行法61条）。

■一件一申請主義（いっけんいちしんせいしゅぎ）

不動産登記を申請する場合には、一件の不動産、1つの権利ごとに1つの申請書を作成し、登記所に提出しなければならないという原則のことです。たとえば、抵当権を抹消してから土地を売却する場合には、抵当権の抹消登記と所有権移転登記の2通の申請書を作成する必要があります。抵当権の消滅と所有権の移転は異なる権利変動だからです。また、所有している5つの土地を同一人物に売却する場合でも、土地ごとに売却日が異なるときは、5通の所有権移転登記申請書を作成します。

■一身専属権（いっしんせんぞくけん）

行使できる者が限られている権利のことをいいます。身分法（婚姻関係や親子関係に関する法律）で認められている権利の多くが一身専属権です。一身専属権は、原則として債権者代位権（同法423条）の目的とすることができず、権利の譲渡や相続をすることができません。

■一般承継（いっぱんしょうけい）

包括承継ともいい、前主の権利義務関係を一括して承継することです。特定承継と対になる概念です。包括承継の例としては相続があります。相続をする人は、被相続人（死亡した人）が有していた権利や義務をすべて引き継ぐことになります。

■一般定期借地権（いっぱんていきしゃくちけん）

存続期間を50年以上とする定期借地権のことをいいます。定期借地権の一種ですので、契約を更新することはできませんが、50年以上安定した契約関係を保てるというメリットがあります。建物の用途の制限はありません。また、期間満了時に建物買取請求権を行使することはできず、借主は土地を更地にして貸主に返還する必要があります。なお、一般定期借地権を設定する場合には、その契約時に公正証書等の書面を作成する必要があります。

■一般媒介契約（いっぱんばいかいけいやく）

依頼者が複数の不動産会社に対し、重ねて不動産取引の依頼をすることができる媒介契約のことです。専任媒介契約や専属専任媒介契約のように、他の業者への依頼が禁止されず、依頼者が自由に相手方を探すことが可能です。ただし、依頼を受けた不動産会社に依頼者への報告義務はなく、指定流通機構への登録も任意です。他の媒介契約に比べて、不動産会社が取引成立のために積極的に動く可能性が低い契約形態だといえます。

■一筆（いっぴつ）

筆とは土地の単位のことです。1個の土地を一筆の土地といいます。原則として、1個の土地の範囲は自由に定めることができるため、外見上、複数の区画に分かれている場合でも、一筆の土地（1個の土地）とすることができます。なお、一筆の土地を分けることを「分筆」といいます。1つの登記記録には、一筆の土地または一個の建物についての権利関係が記録されます。

■移転登記（いてんとうき）

登記の移転とは、現在登記簿に記載されている登記名義人から、新しい権利者へ名義を移すことです。たとえば土地を売買したときに、買主へ土地の所有権の移転登記を行います。ただし、例外として、地役権は権利のみを独立のものとして譲渡することはできませんので、移転登記の対象になりません。

■囲繞地（いにょうち）

他の土地に囲まれて公道に通じていない土地（袋地）から見て、その土地を囲んでいる土地のことをいいます。袋地の所有者は囲繞地通行権をもちます。公道に出入りできなければ実際には土地を利用することができないため、袋地の所有者は公道に出るために囲繞地を通行することができる、とされているためです。この「囲繞地」は平成16年の民法改正で条文からは削除されましたが、他に適切な言葉がないため、依然として使われています。

■委任（いにん）

当事者の一方（委任者）が、法律行為の事務処理をすることを相手方（受任者）に委託し、相手方がこれを承諾することで成立する契約です（民法643条）。たとえば、司法書士に対して、不動産登記についての書類の作成や申請代理業務を依頼する場合などが挙げられます。民法においては、無償を原則とし、また当事者間の信頼に基礎を置いているので、いつでも解約することができます。

■居抜き（いぬき）

建物の売買や賃貸借にあたり、設備や器具や家具類などがついた状態でついたままで、建物を利用することができる状態をいいます。たとえば、以前飲食店であった物件について、飲食店経営を目的に賃貸借契約を結ぶ場合などに見られることが多いようです。居抜きで購入・賃借すると、すでにある設備を利用することができるため、初期費用を抑えることができるという利点が多いため、居抜きが多く用いられています。

■違反建築物（いはんけんちくぶつ）

建築基準法に規定されている規制に適合していない建築物のことをいいます。建設当初から法令に違反している場合と、建設当初は法令に適合していたものの、増改築を行うことによって法令に適合しなくなった場合の2パターンがあります。特定行政庁は、違反建築物に対して、工事施工禁止・除却・改築など、必要な是正措置を指示することができます。

■違約金（いやくきん）

債務不履行があった場合に、債務者が債権者に支払うことをあらかじめ当事者間で約束した金銭のことをいいます。民

法は、いたずらな紛争を避けるために、違約金は賠償額の予定であると推定する規定を設けました（民法420条3項）。しかし、債権者が違約金が他の性格をもつことを立証してその推定を覆せば、実際に被った損害額を請求することができます。

■違約手付（いやくてつけ）

債務不履行があれば違約罰として没収できるという趣旨で交付される手付のことを違約手付といいます。他の手付の種類としては他に解約手付があります。これは、当事者は手付を放棄し、または倍額を償還して契約を解除することができるという趣旨で交付される手付のことです。原則として手付は解約手付であると推定されます。

■入会権（いりあいけん）

特定の地域（集落など）の住民が、特定の山林・原野や漁場に入って堆肥・家畜飼料・燃料などに用いる草木を採取したり、漁をするなど、共同で収益する権利のことです。明治時代以前から慣習上の権利として認められていたものについて、民法もこれを物権のひとつとして認めています。

■遺留分（いりゅうぶん）

兄弟姉妹を除く法定相続人に決められた法律上最低限相続できる割合のことです（民法1028条）。被相続人（死んだ人）の財産は被相続人が自由に処分できるのが原則です。しかし、相続人は被相続人の財産により生活をすることを期待している場合もあるので、被相続人の財産が相続人に全く入らないことになると、相続人が生活に困ることになります。そこで、遺留分という制度が認められ、法定相続分の2分の1の財産は相続人が入手できるとしました。

遺留分は、相続人の財産の相続に対する期待を保護し、相続人の生活を守るために認められている制度です。遺留分を侵害するような遺言はできないものとされています。

■印鑑（いんかん）

印章を押すための道具を印鑑といいます。印鑑の印章は印鑑証明書として役所に登録することができます。ただし、印鑑の有無によって、契約の効力が法律的に左右されることは原則としてありません。

■印鑑証明書（いんかんしょうめいしょ）

押印した印鑑の印影が、真正なものであることを証明するための書類です。たとえば、登記申請の際に添付情報として、登記義務者の印鑑証明書が必要な場合があります。個人の場合は、市区町村に届け出ている印鑑（実印）、法人の代表者の場合は登記所に届け出ている印鑑（会社の届出印）について印鑑証明書を添付します。

所有権移転登記の申請では、登記義務者の印鑑証明書を添付します。また、所有権以外の権利に関する登記申請に関して、事前通知制度を利用する場合にも登記義務者の印鑑証明書を添付します。商人や会社代表者の印鑑証明書の発行については登記所が行うのに対し、個人の印鑑登録、印鑑登録証明書の発行は市区町村長が行います。

■印紙税（いんしぜい）

文書にかかる税金で、収入印紙を貼付することで印紙税を納めていることになります。印紙税が発生する事例は、印紙税法で具体的に規定されています。おもなものは、ⓐ１万円以上の不動産の売買契約書など、ⓑ10万円以上の約束手形または為替手形、ⓒ５万円以上の売上代金の領収書や有価証券の受取書などのケースで、それぞれ契約書などの記載金額や領収金額によって印紙税額が決まっています。

う

■請負（うけおい）

請負人がある仕事の完成を約束し、注文者がその仕事の結果に対して報酬を支払うことを約束することによって成立する契約です（民法632条）。たとえば、家を建てるという契約は請負契約に該当します。この場合、家を建てることを依頼した人が注文者、家を建てる建設業者が請負人となります。

■受付番号（うけつけばんごう）

登記所が登記の受付順につけていく識別番号のことです。受付番号は１年ごとに更新され、１からカウントし直します（１か月ごとに更新することも可能です）。１つの登記所の中では、同じ受付番号、受付年月日（登記所が登記の申請を受け付けた年月日のこと）の付された登記は複数存在しないのが原則です（ただし、同時申請は例外となります）。そのため、実務上、受付番号と受付年月日は、登記の特定に役立っているといえます。

■内金（うちきん）

代金の一部を前払いするという趣旨で交付される金銭のことです。内金は手付とは異なります。手付は交付されても、その後に契約を解除することができます。しかし、内金の交付は、契約が成立したことを前提に代金の一部を支払うことをいいます。したがって、内金の交付があった後に契約の内容の履行をしないと債務不履行（民法415条）になります。

■内法（うちのり）

壁の内側の寸法で計測した床面積のことをいいます。登記簿面積や公簿面積とも呼ばれ、分譲マンションなどの区分所有建物の登記簿には、この内法面積が記載されることになります。一方、建築図面や不動産広告では、壁の厚みの中心線から計測された壁芯面積が記載されることになり、同一物件に２種類の床面積が存在することになります。住宅ローン減税などの面積要件は内法面積が基準となりますので、不動産購入時には内法面積を確認する必要があります。

■売建て住宅（うりたてじゅうたく）

宅地の売買にあたり、不動産開発業者（デベロッパー）と宅地の購入者との間で、建築請負契約を結ぶことで成立する、宅地の分譲方法をいいます。これに対して、建物の売買で多く見られるのは、すでに建てられている建物を対象にする建売住宅です。売建て住宅では、土地の売買の後に建物の建築請負契約を結ぶため、購入者が、自由に建築する建物の設計プランを決定することができるという利点があります。

■売主の担保責任（うりぬしのたんぽせきにん）

売買において取引がなされた物品に問題があった場合に売主側が負う責任のことです。売主には売買契約の目的物を完全な状態で買主に引き渡す義務があります。これに反して目的物に権利の瑕疵（地上権や抵当権が設定されていて買主が自由に売却できないなど）や形状の瑕疵（建物が雨漏りする、自動車のエンジンに欠陥があったなど）があった場合に、売主は責任を負わなければなりません。具体的には契約解除や代金の減額・返還、損害賠償などの請求に応じる形で責任を果たす必要があります。

■売渡承諾書（うりわたししょうだくしょ）

物件の売主が、売渡し価格や売渡す条件等を記載して、この条件を満たす場合に売買契約を締結してもよいという意思を示すための書面をいいます。これに対して、物件の購入希望者から発行された書面は、買付証明書といいます。売渡承諾書は、買付証明書への応答として、購入希望者に対して発行されます。もっとも、売渡承諾書によって、売主の最終的な意思表示が示されたわけではありませんので、書面を発行したからといって、売買契約締結の義務を負うものではありません。

え

■営業保証金（えいぎょうほしょうきん）

宅地建物取引業者が営業を始めるにあたり、供託所（法務局）に供託しなければならない保証金のことです。宅地建物取引業で取り扱う商品（物件）は、非常に高額です。万が一、取引上でトラブルが起きた場合、一般の消費者に莫大な損害を生じさせる可能性があります。そこで、消費者への損害賠償に備えるために、一定額を供託することが、宅地建物取引業者の営業開始条件となっています。営業保証金の金額は、主たる事務所で1000万円、従たる事務所で500万円です。

■永小作権（えいこさくけん）

小作料を支払い、他人の土地を耕作または牧畜のために使用する権利のことです（民法270条）。現在では、土地を利用する権利としては賃借権が利用されますので、永小作権は利用されていないのが実情です。

■液状化現象（えきじょうかげんしょう）

土地の地盤において、水分を多く含んだ砂の層が液体のように流動化して、水圧が高くなった地下水が、砂と共に噴き上がる現象をいいます。液状化現象は、一般に水分を多く含んだ砂質の地盤である、盆地や砂丘、砂州など、小さい砂の粒子が豊富である場所で多く見られます。また、埋立地や干拓地など、人工的に形成された地盤でも、液状化現象は多く見られ、地震等の大型災害において、多く発生しています。

■ＳＲＣ造（えすあーるしーぞう）

建物の構造のひとつで、鉄骨の周りに鉄筋コンクリートで補強を施した構造をいいます。鉄骨鉄筋コンクリート構造（Steel Reinforced Concrete Construction）とも呼ばれます。耐火性や耐久性が高いRC

造（鉄筋コンクリート構造）の特徴を保ちながら、柱や梁などのサイズが小さく、建物の重量を抑えることができます。そのため、高層マンション等に適した構造ですが、コストが高くなるというデメリットがあります。

■N値（えぬち）

地層の硬さを示す値をいいます。土地の硬度を測るために行われる、ボーリング調査の際に、重さ63.5kgのハンマーを75cm落下させ、試験用サンプラー（鋼製パイプ）を30cm土中に打ち込むのに必要な、ハンマーの打撃回数がN値にあたります。マンション等の建物の基礎になる土地は、N値50以上の土地が、5m以上連続している固い地層（支持層）でなければなりません。

■延納（えんのう）

税金の納付期日を過ぎて納めることです。国税は、一括納付が原則になっていますが、相続税・贈与税などの場合は一括納付ができない場合があるため、担保を提供することで、延納として分割（年賦）納付することができます。ただし、延納期間中は利子税がかかります。なお、相続税・贈与税に附帯する加算税・延滞税・連帯納付責任額については、延納の対象ではありません。

お

■乙区（おつく）

不動産登記簿の中の権利部のうち、所有権以外の権利についての事項が記載される部分のことです。乙区に登記される権利は、抵当権や地上権、賃借権などです。たとえば、丙が所有するAという土地があり、その土地に甲名義の抵当権が設定された場合、乙区には「1番　抵当権設定」と記録されます。

■おとり広告（おとりこうこく）

客を呼び寄せることを目的として、実際には取引することができない物件の情報を広告に載せることを、おとり広告といいます。たとえば、架空の物件や、既に募集が終了している物件、売主に売却意思がない物件などを載せた広告が、これにあたります。おとり広告は、宅地建物取引業法32条（誇大広告等の禁止）違反になります。また、不動産の表示に関する公正競争規約」違反にもなります。しかし、現実には、おとり広告による集客が横行しており、さまざまなトラブルが生じる原因にもなっています。

■オンライン指定庁（おんらいんしていちょう）

オンライン申請が可能な登記所のことです。登記所がオンライン申請を取り扱うには、法務大臣から指定を受ける必要があったため、「指定庁」という名称が付されていました。オンライン指定庁では、書面による申請も取り扱っています。なお、かつては、不動産登記や商業登記のオンライン申請ができない登記所のことをオンライン未指定庁と表現していました。現在ではすべての登記所でオンライン申請が可能であり、不動産登記や商業登記の申請についてオンライン未指定庁は存在していません。

■オンライン申請（おんらいんしんせい）
　インターネットを利用して、自宅や事務所から不動産登記や商業登記の申請を行うことです。オンライン申請を行う場合は、法務省の「登記・供託オンラインシステム」を使って、申請書・添付書類に記載すべき事項を電子データとして登記所に送信します。電子申請では、電子署名と電子証明書により本人確認を行います。登記申請に必要な登録免許税は、インターネットバンキング、銀行ATMなどの方法（電子納付）で支払います。

か

■買換え交換特例（かいかえこうかんとくれい）
　事業に使用している土地、建物を特定の地域内の土地、建物に買い換えて事業の用に供したときや、特定のマイホームを代わりのマイホームに買い替えたときに、譲渡益に対する課税を将来に繰り延べる制度を買換え交換特例といいます。事業用の土地や建物を買い替える際は、買い替えた資産を取得日から１年以内に事業に使用することや、資産を譲渡した年の前後１年を含む３年の間に買換資産を取得することなどが特例を受ける条件となっています。

■解除（かいじょ）
　当事者の一方からの意思表示によって、契約関係を解消することです。解除すると、契約は最初からなかったことになります。契約の中ですでに履行された部分については、元に戻す必要がありますが、これによって解除前に現れた第三者の権利を害することはできません。また、損害が発生した場合には、解除権の行使とは別に損害賠償を請求することもできます（民法545条）。

■解除契約（かいじょけいやく）
　当事者の合意によって契約を解消することで、合意解除ともいいます。法定解除は、法律の要件を満たす必要があります。しかし、解除契約は当事者による新たな契約であるため、契約自由の原則により、当事者が合意をすれば自由に解除をすることができます。

■解除権の留保（かいじょけんのりゅうほ）
　一方的な意思表示で契約を解除することができるという「解除権」を手許に残しておくという意味です。通常、契約解除には、相手方の債務不履行といった実体的な解除理由が必要になります。しかし、解除権が留保されている場合は、相手方にこれといった落ち度がなくても、一方の意思だけで契約を解除することが可能です。

■解除条件（かいじょじょうけん）
　法律行為の効力の発生や消滅に関する条件で、条件が成就するとすでに生じている効果が消滅するものをいいます。「いったん成立した建物の売買契約について、住宅ローンの融資が受けられなければ、建物の売買契約を解除することができる」という内容の契約を解除条件付契約といいます。

■買付証明書（かいつけしょうめいしょ）

不動産の購入を希望している人が、売主や不動産取引会社に対して、その物件を購入する意思があることを表明する書類のことをいいます。物件の表示や、購入希望価格、支払時期や支払方法などについて、記載している書面です。買付証明書は、あくまでも購入の意思があることを相手に伝えるための書類であり、売買契約を締結するような確定的効力を生じさせるものではありません。買付証明書を交付しても、正式に売買契約を締結するまでは、買付の意思を自由に撤回をすることができます。

■買取仲介（かいとりちゅうかい）

不動産業者が、売主から不動産を買い取り、購入希望者が見つかり次第、売却をするという仲介の方法を買取仲介といいます。買取仲介の方法によれば、売主は、短期間で不動産を現金化することができます。また、売却してしまうことにより、不動産の維持管理や内覧対応などの手間からも解放されることになります。ただし、通常の仲介の場合よりも売却金額が低くなってしまう可能性があります。

■買取保証（かいとりほしょう）

不動産取引業者が、売主から物件の売却について依頼を受けた際に、一定の期間内に買主を見つけることができなかった場合には、不動産取引業者が一定の金額でその物件を買い取ることをあらかじめ約束しておくことをいいます。買取保証は、現在所有している物件を売却し、その売却代金で、新しい物件を購入（買い替え）しよう考えている場合などに利用されます。買取保証があれば、売主は最低限手元に入ってくる売却代金を把握できることになるため、買い替えの条件として良い物件を発見次第、その購入に着手することが可能になります。

■界標設置権（かいひょうせっちけん）

土地を所有している人は、隣の土地の所有者と共同して費用を負担して境界を標示するものを設置できる権利のことをいいます（民法223条）。現在では「境界標設置権」と呼んでいます。これが認められるのは、土地を所有している隣同士の間に争いがない場合だけです。標界の設置と保存については、隣同士が2分の1ずつ負担し、測量のためにかかる費用については、それぞれが所有する土地の広さに応じて負担するものと、民法で規定されています（同法224条）。

■回復登記（かいふくとうき）

不当な原因により、滅失または抹消により消滅した登記を、消滅前の状態に戻す登記のことです。回復登記には、登記簿そのものが水害や火災などで一部（または全部）失われた場合に行われる「滅失回復登記」と、本来は抹消される理由がないにもかかわらず不適当に抹消された登記を回復するために行われる「抹消回復登記」があります。

■界壁（かいへき）

マンションやアパートなど各住戸の間を区切っている壁のことです。法律上、一定の防耐火性能や遮音性能が要求され、また天井裏に達するよう設置しなけ

ればならないとされています。

■買戻し（かいもどし）

不動産の売買契約と同時になされる特約に基づいて、売主に留保されていた解除権を行使して売買契約を解除することです（民法579～580条）。買戻しは、担保として利用されることがよくあります。金を借りる者が買戻しの特約を付して自分の不動産を売り、期限までに金銭が用意できればそれを支払って不動産を取り戻すというしくみです。

■買戻特約の登記（かいもどしとくやくのとうき）

売買による所有権移転登記の際に、売買を解除できる特約をする登記のことです。買戻特約がなされると、売主は売買代金と契約費用を提供することで売買契約を解除することができ、その解除権を登記しておくことができます。買戻特約の登記の申請は、売買による所有権移転登記の申請や所有権保存登記の申請と同時に行います。買戻特約を結んだ場合、実際に買戻しができる期間は原則、最長10年までとされています。

■解約（かいやく）

賃貸借、雇用、委任など継続的な契約関係を将来にわたって消滅させることを解約ということがあります。解約のことを告知という場合もあります。

解除も解約も、契約関係を解消するという点では共通しています。しかし、解除が契約関係を最初からなかったものにするのに対し、解約は将来に向かってのみ効力を失わせるという点に違いがあります。

賃貸借契約を解除して、契約を最初からなかったものとすると、賃貸人は支払を受けた賃料をすべて賃借人に返さなければならなくなるなどの不都合が生じます。そのため、賃貸借契約等を解消することは、将来に向かってのみ効力を生じる解約であるとして解除と区別しています。ただし、条文上は解約を意味する場合でも「解除」という文言が使われている場合があります。

■解約手付（かいやくてつけ）

手付の金額だけの損失を覚悟すれば、相手方の債務不履行がなくても契約が解除できるという趣旨で交付される手付のことです。相手方が履行をする前であれば、手付を交付した者は手付を放棄し、手付を受け取った者は、その倍額を償還することによって、契約の解除をすることができます。

■改良行為（かいりょうこうい）

⇒利用行為／改良行為

■家屋番号（かおくばんごう）

1棟の家屋ごとに付された識別番号のことです。基本的には、建物の敷地の地番と同一の番号が付されます。なお、同じ地番の土地上に、複数の建物を建造した場合には、建物1棟ごとに枝番がつけられます。

建物登記簿の表題部に「家屋番号」を記載する欄があり、たとえば、地番「8」の土地上の建物であれば「8番」「8番の1」（枝番）などと記載されることになります。

■価格査定（かかくさてい）

　不動産業者が、物件の価格について評価を行うことです。価格査定は、不動産業者の仲介業務サービスのひとつであり、無料で行われます。価格査定は、過去の取引事例などを参考にして行われます。その具体的な算出方法は業者によって異なるため、査定の結果として提示される金額も業者によって変化します。売主は、複数の不動産業者の価格査定を受けることで、その物件についての正確な相場を把握することができます。

■各階平面図（かくかいへいめんず）

　建物の各階の形状、面積などを表した図面のことです。建物の表示に関する登記を申請する際の添付情報となります。

■隠れた瑕疵（かくれたかし）

　瑕疵とは欠陥のことをいい、「隠れた」とは、取引をする上で当然に要求される注意義務を尽くしても、発見できないことを意味します。売買の目的物に瑕疵があった場合には、売主は瑕疵担保責任に基づく損害賠償責任を負います（民法570条）。

■瑕疵（かし）

　何らかの欠陥のことを瑕疵といいます。物的瑕疵だけでなく法的瑕疵も含みます。法的瑕疵の例としては、目的物の所有権の一部が他人に属している場合があります。売買契約の目的物に瑕疵がある場合には、売主は瑕疵担保責任（民法561条以下）を負うことになります。

　また、意思表示についても瑕疵があると言われることがあります。たとえば、詐欺や強迫（同法96条）によってなされた意思表示には瑕疵があるとされます。

■瑕疵担保責任（かしたんぽせきにん）

　売買の目的物に「隠れたる瑕疵」がある場合に売主が負う責任等のことです（民法570条）。「瑕疵」には、キズなど物理的な欠陥の他に、権利の制限がある場合など法律的な欠陥も含まれます。買主は売主に対して損害賠償請求をすることができ、契約の目的を達することができない場合には、解除することができます。

■果実（かじつ）

　元となる物から生み出される収益のことです（民法89条）。たとえば、乳牛から採れる牛乳のことです。このように、物から生じる利益のことを天然果実といいます。また、土地の賃貸借契約から生ずる賃料なども果実です。このように、何かの対価として受け取る金銭などのことを法定果実といいます。

■課税標準（かぜいひょうじゅん）

　税額算定のベースになる価格や数量のことです。たとえば、不動産取得税を算定する場合の課税標準となる不動産の価格は、固定資産課税台帳に登録されている価格です。

■合筆登記（がっぴつとうき）

　独立して登記されている不動産を、1つの不動産として登記することです。複数の土地を一筆の土地に合体させることを合筆といいます。表示に関する登記のひとつです。合筆の登記の登録免許税は合筆後の不動産1件につき1000円です（平成27年4月現在）。

■壁式構造（かべしきこうぞう）
　建物の構造のひとつで、建物の主要構造を、壁面や床板などの平面的な構造材により支える構造をいいます。柱や梁を用いないため、室内が広く使用できます。しかし、構造上、建物を支える壁を取り払うことができないため、大幅なリフォームには不向きであるというデメリットがあります。

■仮差押え（かりさしおさえ）
　債務者が財産を処分することを暫定的に禁止する民事保全手続のひとつで、金銭債権の将来の強制執行を保全するために行います。訴訟の間に債務者が財産を浪費してしまうと、債権者が訴訟に勝っても債務者から債権を回収できず勝訴した意味がなくなってしまいます。そのため、債務者が自由に財産を処分できないように、仮差押えの制度が設けられています。
　仮差押えが認められると、仮差押えの登記がなされます。仮差押えの登記は、債権者の申立てにより、仮差押命令を発した裁判所書記官の嘱託によってなされます。

■仮執行（かりしっこう）
　裁判所が、債権者に仮の執行力を与える手続です（民事訴訟法259条）。仮執行宣言が出されれば、判決が確定していなくても、債権者は強制執行をすることができます。債務者は、強制執行を免れたいと考えた場合には、担保を提供しなければなりません。

■仮執行宣言（かりしっこうせんげん）
　判決や支払督促が確定する前に、強制執行できる効力を与える裁判のことです（民事訴訟法259条）。仮執行宣言のついた判決は民事執行法上の債務名義になり、仮執行宣言に基づき、強制執行を行うことができます。訴訟には時間がかかるので、仮執行宣言がなされないと、債務者は不必要に上訴等を行い、債務の履行を遅らせようとする可能性があります。そのような債務者の行為を防止するために、仮執行宣言の制度が設けられています。

■仮処分（かりしょぶん）
　将来の強制執行に備えるために金銭債権以外の債権を保全する民事保全の一種です（民事保全法23条）。仮処分は、係争物（争いとなっている権利や物のこと）に関する仮処分と仮の地位を定める仮処分に分けられます。係争物に関する仮処分の例としては、不動産を処分して登記が移転されることを防ぐ処分が挙げられます。仮の地位を定める仮処分としては、日照権を侵害する建築物の建築禁止を争っているときに、判決がでるまでの間、建築を禁止する建築工事禁止の仮処分があります。

■仮処分解放金（かりしょぶんかいほうきん）
　裁判所により仮処分の執行停止またはすでにした仮処分の執行の取消しを認めてもらうために、支払う金銭をいいます。仮処分によって確保しようとしている権利が、金銭の支払いによって目的を達成できる権利の場合に、供託される金銭です。たとえば、不動産の処分を仮処分により禁止されたものの、当該不動産についてよい買い手が現れた場合など、債務

者がどうしても不動産を処分したい場合に、仮処分解放金を支払います。

■仮処分命令（かりしょぶんめいれい）
　現状の変更により、債権者が権利を実行することができなくなるおそれがあるとき、または権利を実行するのに著しい困難を生ずるおそれがあるときに裁判所が発する命令をいいます（民事保全法23条）。仮処分を行いたい時には、債権者は裁判所に仮処分命令の申立てを行い、申立てに理由があると認めた場合には裁判所は仮処分命令を下し、仮処分の効果が発生します。

■仮登記（かりとうき）
　将来の本登記に備えて、あらかじめ登記の順番を確保するためになされる登記のことです。登記できる権利が発生しているが、必要書面の不備などですぐには登記できない場合や、権利はまだ発生していないが将来発生するであろう物権変動の請求権を取得した場合などに仮登記をすることができます。仮登記には1号仮登記と2号登記の2種類があります。

■仮登記仮処分（かりとうきかりしょぶん）
　仮登記をするように裁判所が命じる仮処分のことをいいます（不動産登記法108条）。相手方が登記手続に協力しない場合に、仮登記仮処分がなされます。

■仮登記担保（かりとうきたんぽ）
　仮登記することによって発生する担保権のことです。「仮登記担保契約に関する法律」により規律されています。債務者が債務の履行を怠ったとき、所有権が債権者に移転するという契約によって仮登記担保権が発生します。たとえば、AがBに金銭を貸して、Bの有している不動産に仮登記をしておきます。そして、Bが金銭を返済できない場合に、Aは仮登記を本登記にすることでBの土地を入手できます。これにより、仮登記が担保としての役割を果たします。

　なお、仮登記担保については、不動産の評価額と残債権額との差額である清算金の見積額の通知など、仮登記担保法の規定に従った手続をすることが必要です。

■仮登記担保権の実行（かりとうきたんぽけんのじっこう）
　債務者による債務の弁済がされないときに、仮登記担保権の担保となっている不動産等を、債権者が取得することです。あらかじめ定めた不動産等の取得日（債務不履行の場合に債権者が不動産等を取得できる日）以降に、清算金の額を債務者に通知し、通知後2か月経過すると債権者に所有権が移転することになります。登記手続きとしては、担保仮登記の本登記をすることになります。

■仮登記担保法18条の特則（かりとうきたんぽほうじゅうはちじょうのとくそく）
　担保仮登記の本登記をする際に、第三者の承諾の情報を提供しなくても、他の情報で代用することができる特則のことです。

　特則が適用される条件として、ⓐ担保仮登記の権利者が清算金を供託したこと、ⓑ先取特権者、質権者、抵当権者または当該担保仮登記の後に登記された別の担保仮登記の権利者が、その清算金を

差し押さえたこと、ⓒ清算金の供託から1か月を経過した後に、担保仮登記の本登記を申請したこと、を満たす必要があります。また、第三者の承諾の情報の代わりに提供する情報として、当該担保仮登記の権利者が清算金を供託したことを証する情報が必要です。

■仮登記の抹消登記（かりとうきのまっしょうとうき）

仮登記がなされた不動産について、仮登記が不要になったとき（契約解除など）に、仮登記を抹消することです。仮登記の抹消登記は、原則として、共同申請ですが、単独申請をすることができる場合もあります。

単独申請できる場合としては、仮登記名義人が登記識別情報を提供した場合や登記上の利害関係人が仮登記名義人の承諾を証する情報を提供した場合があります。

■仮登記を命じる処分（かりとうきをめいじるしょぶん）

仮登記の登記権利者の申立てにより、裁判所が仮登記のための処分をすることです。仮登記を申請する際に、処分の決定書の正本を添付すると、登記権利者は単独で仮登記の申請をすることができます。

仮登記を命じる処分を申し立てる場合として、不動産の売買予約をしたが、登記義務者が仮登記の申請に協力しないときなどがあります。

■簡易の引渡し（かんいのひきわたし）

物（動産）の引渡しの方法のひとつで、簡易の引渡がなされれば物に対する占有権が移転します（民法182条2項）。

すでに貸してある物を売り渡す場合のように、目的物がすでに譲受人の所にある場合は「あなたにあげます」と意思表示するだけで引渡しがあったとされます。このような引渡方法を簡易の引渡といいます。たとえばBがAから建設機械を賃貸借契約により、借りていたが、貸主Aがその機械を借主であるBに売却するという意思表示をして、これにBが合意をすると、それだけで引渡しが完了したことになります。

■換価（かんか）

不動産などを売却して金銭に換えることをいいます。たとえば、競売手続では、物を換価してその代金から債権者は債権を回収することになります。

■管轄（かんかつ）

民事訴訟において、事件が起こった場合にどの裁判所がその事件を担当するのか、という裁判所の仕事の分担のことを管轄といいます。訴訟で主張される権利の価値（つまり金額）、原告・被告の便宜、証拠の集めやすさなど、さまざまな事情を考慮して決められています。

■監視区域（かんしくいき）

都道府県の規則により定められた面積以上の土地について取引をする場合に、事前に知事に対する届出が必要な土地をいいます（国土利用計画法27条の7）。届出が必要な面積は、100㎡とされることが多いようです。国土利用計画法における国土の分類のひとつです。バブル期に多く指定されましたが、現在ではあまり利用されていない制度だといえます。

■完全条項（かんぜんじょうこう）
　契約書を作成する際に、その契約書が完全であることを定める条項のことです。この場合の「完全」とは、契約する当事者が完全に合意しているという意味です。「完全合意条項」とも呼ばれるゆえんです。つまり、契約締結前に行われたどのような約束も、口頭であれ暗黙の了解であれ、契約書に書かれていない内容に効力を認めないということです。また、契約締結以後においても契約の修正は書面によらなければなりません。

■元本（がんぽん）
　広い意味では、使用の対価として収益を生じる財産のことをいいますが（民法13条1項1号）、普通は利息などを除いた貸金の元の部分のことをいいます。

■元本確定の登記（がんぽんかくていのとうき）
　根抵当権の元本が確定した場合に行われる登記のことです。ただし、登記された元本の確定期日が到来した場合、根抵当権者または債務者に相続が開始し、登記も行われたものの6か月以内に指定根抵当権者あるいは指定債務者の合意の登記がなされていない場合、根抵当権者による差押えの登記がなされた場合や根抵当権設定者について破産手続開始の登記がなされた場合には、元本確定の登記をする必要はありません。

■監理（かんり）
　建物を建築する際に、設計の指示通り施工されているかどうかをチェックすることです。一定の資格を有する者が監理の責任者となります。

■管理会社（かんりがいしゃ）
　おもにマンション等の不動産に関して、管理組合から物件の管理業務の委託を受けた専門業者をさします。マンションの管理事業者は、国土交通省への登録が必要です。管理組合は、管理会社に管理委託料を支払い、管理業務を委託することになります。具体的な業務は、管理委託契約の内容により異なりますが、共用部分の清掃、エレベーター等の設備の点検・管理や消防設備の点検などさまざまな業務を行います。

■管理業務主任者（かんりぎょうむしゅにんしゃ）
　マンションの管理業者が、委託契約に関する重要事項説明や管理業務報告をする場合に必要となる国家資格です。管理会社は、事務所ごとに、国土交通省令で定める人数(30管理組合ごとに1人以上)の専任の管理業務主任者を置かなければなりません。管理業務主任者になるためには、管理業務主任者試験に合格し、管理業務主任者としての登録を受ける必要があります。

■管理組合（かんりくみあい）
　マンション管理をおもな目的にした、マンションの各部屋の所有者全員で構成される団体をさします。管理組合のおもな仕事はマンションの管理ですが、実際のところ住民の多くは、建物の管理について専門的な知識をもっているわけではありません。そこで、通常は、マンションの管理に関して、専門的知識やノウハウを持った、管理会社に委託するのが通常です。

■管理組合の法人化（かんりくみあいのほうじんか）

マンションの管理組合は法人化することもできます。通常、管理組合が第三者と取引する場合には、役員名義で契約しますが、法人化することにより、直接、管理組合名義で第三者と契約を結ぶことができるようになります。

■完了検査（かんりょうけんさ）

建築物の敷地や構造、建築設備が、関連法令に適合しているか否かについて、建築主事や指定確認検査機関が行う検査をいいます。建築確認を受ける必要がある建築物の工事が完了した場合に、検査を申請する必要があります。この申請は工事が完了した日から4日以内に行わなければなりません。

そして、申請を受理した日から7日以内に検査を行います。建物が法令に適合していると認められた場合には、建築主に対して検査済証が渡されます。

き

■期間（きかん）

ある時点からある時点までの一定の継続的な時間のことです。民法においては、期間は以下のように規定されています。まず、時間により定めたときは、期間はその時点から起算します。また、日、週、月または年をもって定めたときは、期間の末日の終了をもって満了とし、期間の初日は算入しません。ただし、その期間が午前0時より始まるときは初日を算入します。

■期間付死亡時終了建物賃貸借（きかんつきしぼうじしゅうりょうたてものちんたいしゃく）

終身建物賃貸借の認可を受けた賃貸住宅について、賃借人となろうとする60歳以上の高齢者から特に申出があった場合には、一定の期間を定めてその期間が終了するか、あるいは賃借人が死亡した時に契約が終了する旨を定めることができる賃貸借契約をいいます。賃借人の死亡時という不確定な期限を定めることは借家人に不利益な特約（借地借家法30条）に該当し、賃貸借契約自体が無効となると解されていますが、この期間付死亡時終了建物賃貸借は借地借家法の例外として高齢者居住法により認められた制度です。なお、契約は公正証書等書面によることを要します。

■期間満了後の更新（きかんまんりょうごのこうしん）

賃貸借期間満了後に、従前と同一の条件で契約が延長されることをいいます。民法上、期間の定めのある賃貸借は、期間が満了すれば終了するのが原則ですが、その例外として、期間満了後、賃借人が賃借物の使用収益を継続し、賃貸人がこれを知りながら異議を述べないときは、契約を更新したものと推定されるとしています（黙示の更新）。また、借地借家法では、民法の原則を大幅に修正し、借地の場合は、建物が存在する限り、賃借人が更新を請求、あるいは土地の使用を継続すれば更新したものとみなす法定更新を定めています。この場合、土地の所有者が遅滞なく異議を述べれば、法定更新は認められませんが、異議を述べるには正当事由が必要とされています。さ

らに建物賃貸借では、期間満了後建物使用を継続するか、あるいは一定の期間までに賃貸人が賃借人に対し更新拒絶の通知をしない限り、更新したものとみなされます。

■期限付き建物賃貸借（きげんつきたてものちんたいしゃく）

借地借家法の施行により創設され、平成12年3月1日に法改正により廃止された制度です。ⓐ転勤等のやむを得ない理由により、一定期間に限り家主が不在となること、ⓑ法令等により一定期間を経過した後に、建物が取り壊されることが明らかな場合に、貸主は借家契約の更新を否定し、期間満了により借家契約を自動的に終了させることができます。現在では、法改正により、定期建物賃貸借と呼ばれていますが、法改正前に締結された契約については、従前の制度によっています。

■期限の利益（きげんのりえき）

期限が到来するまでの間、法律行為の効力の発生・消滅または債務の履行が猶予されることによって、当事者が受ける利益です。期限の利益は、通常は、債務者側に存在するものと推定されていますが、中には、債権者が期限の利益を有すること、双方に期限の利益があること（たとえば定期預金契約の場合の銀行と預金者など）もあります。期限の利益は、放棄したり喪失することも可能です（民法136条）。

たとえば、4月1日を返済期限としてお金を借りた場合、借主には4月1日までの期限の利益があることになります。

■期限の利益喪失条項（きげんのりえきそうしつじょうこう）

民法に定められた期限の利益喪失事由以外で、当事者間の契約で定めた、債務者の期限の利益を失わせる条項をいいます。期限の利益とは、期限の到来までは債務の履行をしなくてもよい、という債務者の利益のことです。一方、債権者側から見ると、期限の到来まで債務者が債務を履行するのを待たなければならない不利益です。期限の利益喪失条項によれば、ⓐ破産・会社更生手続開始、民事再生手続開始・特別清算開始などの申立てがあったとき、ⓑ手形や小切手について1回でも不渡りを出したとき、ⓒ支払を停止したとき、ⓓ強制執行・仮差押え・仮処分・滞納処分など、信用を損なう事由が生じたときなどに、債務者が期限の利益を喪失し、直ちに債務の履行義務を負います。

■危険負担（きけんふたん）

売買などの双務契約で、契約成立後、債務者に責任を問えない事情で債務の履行ができなくなった場合には、その危険をどちらの当事者が負担すべきかという問題のことをいいます。危険負担の中でも、債権者に危険を負わせるべきとする考え方を債権者主義、債務者に危険を負わせるべきとする考え方を債務者主義といいます。ただし、危険負担の規定は任意規定ですので、当事者間で民法の規定と異なる合意をしている場合が多いようです。なお、家屋引渡の履行不能が、売主（引渡債務者）の失火による場合は、売主に落ち度があることになり、売主は債務不履行責任（同法415条）を負い、危険負担の問題は生じません。

■**規制区域（きせいくいき）**
　国土利用計画法により、集中的に行われる土地の投機的取引により、地価が高騰したり、その可能性があると指定された区域のことをいいます。規制区域に指定されると、区域内のすべての土地取引について、都道府県知事の許可が必要になり、許可を得ていない契約は無効になります。

■**帰責事由（きせきじゆう）**
　民法415条に規定されている「責めに帰すべき事由」のことです。たとえば、売買契約の売主がうっかり寝過ごして目的物を指定された時間に引き渡すことができなかった場合には、売主には帰責事由があることになります。
　解釈上、債務不履行に基づく損害賠償請求をするには、履行遅滞・履行不能・不完全履行のすべての場合で債務者に帰責事由が必要であるとされています。帰責事由の立証責任は債務者にあります。つまり、債務者が債務不履行責任を免れるためには、自らに帰責事由がないことを証明する必要があります。債務は履行されるのが原則であり、債務が履行されなかった場合には債務者が立証責任の点で不利益を負うべきと考えられているためです。

■**既存道路（きぞんどうろ）**
　建築基準法42条に規定されている道路のうち、同法の施行時に既に存在していた道路で一定の要件を満たすものを既存道路といいます。具体的には ⓐ 同法施行時に、都市計画区域内に存在していた道路（後に、都市計画区域内に編入された場合は、その際、現存する道）で幅員4 m以上の道路（建築基準法42条第1項3号）と、ⓑ 幅員4 m未満の道路ではあるが、既に建物が建てられており、特定行政庁が道路と指定した道路（建築基準法42条2項）のことをさします。

■**既存不適格建築物（きぞんふてきかくけんちくぶつ）**
　当初は法令に則した建築物であったものの、法令が改正されることによって、新しい基準に適さなくなってしまった建築物のことをいいます。これに対し、建てた当初から法令に則していなかったり、増改築をすることで法令に適合しなくなった建築物を違法建築物といいます。既存不適格建築物について増築・改築・大規模修繕をする場合には、一定の制限が緩和されることになっています。

■**北側斜線制限（きたがわしゃせんせいげん）**
　北側の隣地の日照を確保するために、建築物の高さを制限する規定で、斜線制限のうちのひとつです。第1種・第2種低層住居専用地域と、第1種・第2種中高層住居専用地域の建築物が制限の対象になります。
　具体的には、北側隣地境界線から垂直5 m（第1種・第2種中高層住居専用地域では10m）の地点から、1.25／1の勾配の範囲内に収まるように、建築物の高さを抑えなければなりません。

■**却下事由（きゃっかじゆう）**
　登記の申請をした際に、申請が却下される理由のことです。ただし、一定の期間内に、却下事由を修正した場合は、申請が受理されます。却下事由としては、

登記所が管轄していない土地に対する登記を申請したとき、登録免許税を納付しないときなどがあります。

■共益費（きょうえきひ）

債権者が複数いる場合に、すべての債権者の利益になる事柄について支出された費用のことです。たとえば、債務者の財産を保全すること（債務者の財産を維持すること）は、複数いるすべての債権者の利益になる事柄だといえます。このために支出された費用は共益費となります。共益費を支出した者は、一般の先取特権を行使して、他の者に優先して費用の弁済を受けることができます（民法306〜307条）。

■境界（きょうかい）

土地の境目のことを境界といいます。境界には、私法上の境界と公法上の境界があります。私法上の境界は所有権の範囲を示すものです。私法上の境界の位置に争いがある場合は、所有権確認訴訟などが提起されることになります。公法上の境界は、住所などを確定するために必要になります。固定資産税は公法上の境界から額が決められることになります。

■境界確定の訴え（きょうかいかくていのうったえ）

隣接する土地間の境界線について争いがある場合に、境界線の確定を求める訴えのことです。筆界確定の訴えともいいます。境界確定の訴えは、形式的形成訴訟のひとつであるとされています。裁判所が積極的に関与し、当事者の主張する境界に束縛されず、裁判所が独自に判断して境界を決定することができます。弁論主義（民事訴訟法の原則であり、裁判の基礎になる事実や証拠は当事者が主張・提出しなければならないという考え方）が適用されないため、裁判所は当事者の主張に拘束されることなく、自由に境界を決めることができます。なお、不動産登記法では、境界確定の訴え（境界確定訴訟）のことを、「筆界確定訴訟」と表現しています。

■境界合意書（きょうかいごういしょ）

土地の売買の際には、公法上の境界とは別にお互いの土地の所有権の範囲などを明らかにするために、隣地所有者との間で境界の位置について合意をしておくことがあります。この合意を書面にしたものが境界合意書です。境界合意書が作成されれば、公法上の境界とは関係なく、境界合意書に記載された内容通りに所有権の範囲が決まることになります。

■境界標（きょうかいひょう）

境界を表すための標識のことを境界標といいます。土地の境界線は、目に見えるものではなく、境界を示す手段としてさまざまなものが利用されています。自然の道などの地形を境界標とする場合もありますが、通常は、石材を埋設する方法が利用されます。都市部のように住宅が密集し、境界標を地中に打ち込むのが困難な場合は、ブロック塀やコンクリートなどに直接打ち込める金属鋲を使って表示することもあります。

■強行法規（きょうこうほうき）

当事者が必ず従わなければならない規定（公の秩序に関する規定）のことです。強行法規は公の秩序を維持するために設

けられる規定なので、たとえ当事者同士が、強行法規に矛盾する契約を契約書で結んでいたとしても原則として無効であり、強行法規による規定が優先されます。ⓐ身分関係に関する規定の多く（相続順位や重婚禁止）、ⓑ当事者以外の第三者の利害に関係する事項（物権関係の規定など）、ⓒ弱者を保護しようとする趣旨によって定めた規定（借地借家法など）などは強行規定です。

■強制管理（きょうせいかんり）

金銭債権に基づいて執行裁判所が債務者の有する不動産を差し押さえ、その不動産の管理人を選任して管理させ、収益をあげ、その収益を債権者に分配して債権者への弁済にあてるという執行方法をいいます（民事執行法93条）。不動産の時価が低く競売になじまない場合などに行われます。競売をするより、不動産の収益を債権者に分配したほうが安定した債権回収の効果が期待できることもあるからです。

■強制競売（きょうせいけいばい）

債務者の不動産を強制執行手続によって売却、換価（金銭に換えること）することをいいます。「担保不動産競売」と共に不動産競売といわれています。強制競売は債権者の申立てにより始まります。債権者の申立てを受けた執行裁判所は、その申立てを審査し、強制競売開始決定をします。その後、執行裁判所による債務者の財産の差押えがなされます。差押えの効力は、原則として債務者に送達されたときに生じますが、差押えの登記がこの前になされたときは、登記の時に効力が生じます。執行裁判所はこれを

入札等の方法で売却します。その売却代金については配当表に基づいて分配が行われ、残額がある場合には債務者に交付されます。

■強制執行（きょうせいしっこう）

民事上、国家が債権者の請求権を強制的に実現する手続きをいいます。たとえば判決が確定した場合、判決で支払いを命じられた金銭や、引渡しを命じられた物を、国の機関（執行機関）が強制的に被告から取り上げて、原告に引き渡す場合が挙げられます。強制執行が認められるためには、権利の存在を証明する「債務名義」と、強制執行できることを証明する「執行文」および「送達証明」が必要です。相手方の権利を強制的に奪うことになるため、厳格な手続が求められることになります。

■供託（きょうたく）

金銭や物品を供託所（法務局）に預けることです。弁済の目的物を供託所に預けて債務を免れる制度で、債権の消滅原因のひとつです。なお、弁済の目的で行う供託のことを弁済供託といいます。たとえば、建物の賃貸借契約で、地主や家主の行方が不明の場合に、地代や家賃を支払えない状態になった場合、このままでは賃料について履行遅滞（債務不履行）になってしまうおそれがあり、そのまま放置しておくと、借地権や賃貸借契約が解除される危険性があります。そこで、供託所に地代や家賃を供託することによって、そのような事態を防ぐことができます。

■共同相続（きょうどうそうぞく）
　相続人が複数いる場合の相続です。共同相続人が配偶者（妻または夫）と子の場合、配偶者の法定相続分は相続財産の2分の1、子の法定相続分は相続財産の2分の1を均等に人数分で分けることになります。なお、一人が相続人として相続をすることを単独相続といいます。

■共同担保目録（きょうどうたんぽもくろく）
　担保物件が複数ある場合に、その一覧を記載した書面のことです。1つの債権が2つ以上の不動産により担保されることがありますが、このような場合に共同担保目録が作成されます。

■共同抵当（きょうどうていとう）
　同じ債権の担保として、複数の不動産の上に抵当権が設定されている場合をいいます。総括抵当ともいいます。たとえば、900万円の債権を担保するために、2000万円のA不動産と1000万円のB不動産の上に抵当権を設定することは共同抵当となります。債権者は、どちらか一方の抵当権を実行してもよく、同時に実行することもできます。同時に実行した場合には、原則として不動産の価格の割合に応じて弁済を受けることになります（民法392条）。
　先の例で、A・B不動産が同時に実行された場合には、債権者はA不動産から600万円、B不動産から300万円の弁済を受けることになります。

■共有（きょうゆう）
　数人が1つの物を所有することです（民法249条）。各共有者が共有物に対してもつ割合または権利を共有持分といいます。共有者の1人がその持分を放棄したり、相続人がいない状態で死亡したときは、その持分は他の共有者に帰属します。また、共有している持分は自由に処分することができます。

■共用部分（きょうようぶぶん）
　区分建物（マンションなど）において、各部屋の所有者が共同して利用することのできる部分（エレベーターなど）のことです。
　専有部分以外の、ⓐ法定共用部分（玄関ロビー・エレベーター・階段・屋上など）、ⓑ建物の付属物（電気の配線・ガス・水道の配管など）、ⓒ規約共用部分（共同の集会室・応接室・別棟の倉庫など）は、共用部分となります。ⓒについてはその旨の登記が必要です。たとえば、共用部分の形状などを大きく変更する場合、各区分所有者および議決権の4分の3以上の賛成で決めなければなりません（区分所有法17条）。

■極度額（きょくどがく）
　根抵当権が担保する債権の限度額のことです（民法398条の2）。根抵当権が設定された場合には、元本や利息などすべてが極度額の範囲内で担保されることになります。

■極度額の変更登記（きょくどがくのへんこうとうき）
　根抵当権の極度額を増減させる変更登記のことです。根抵当権の元本が確定するまでの間、登記することができ、元本確定後は登記をすることができなくなります。登記をする際には、登記記録上、

不利益を受ける者の承諾の情報を添付しなければなりません。

■極度方式基本契約（きょくどほうしききほんけいやく）

定められた条件に従って返済が行われることを前提に、極度額の限度内で貸付けを行う契約のことをいいます。債務者の経済力に応じて極度額が変化します。経済力があれば極度額は大きくなり、経済力がなければ極度額は小さくなります。

■極度方式保証契約（きょくどほうしきほしょうけいやく）

極度方式基本契約に基づき不特定の債務を主たる債務とする保証契約です。

■居住用財産の譲渡損失の損益通算・繰越控除（きょじゅうようざいさんのじょうとそんしつのそんえきつうさん・くりこしこうじょ）

特定のマイホームを譲渡した際に、住宅ローン残高を売却価額が下回ったことにより生じた譲渡損失は、その年の給与所得や事業所得などから控除することができます。この制度を居住用財産の譲渡損失の損益通算といいます。この制度を適用しても控除しきれなかった譲渡損失については、翌年以後3年以内であれば繰り越して他の所得から控除することができます。

■居住用財産の譲渡の際の課税の特例（きょじゅうようざいさんのじょうとのさいのかぜいのとくれい）

マイホームを売却した際は、その所有期間の長さにかかわらず、最高3000万円までの金額を譲渡所得から控除することができます。これを居住用財産の譲渡の際の課税の特例といいます。この特例の適用を受けるためには、ⓐ売却したマイホームやその敷地について他の特例の適用を受けていないこと、ⓑ前々年および前年に居住用財産に関連する特例の適用を受けていないこと、ⓒ親子や夫婦関係にある人に売ったものではないこと、などの条件を満たす必要があります。

....く..

■杭基礎（くいきそ）

コンクリート製の杭を地中に打ち込むことで、建物を支える工法をさします。おもに、鉄筋コンクリート造（RC造）のマンションなど重量がある建築物で用いられることが多いようです。また、地盤が軟らかいところに建設する建物を支えるために用いられる場合もあります。杭基礎が用いられると、浅い基礎で支えることができない建物であっても、深く杭を打ち込むことにより、強固に建物を支えることが可能になります。

■空中権（くうちゅうけん）

工作物を所有する目的で、地上の一定範囲の部分（空間）について、使用することを認める地上権のことで、区分地上権のひとつです。具体的には、高架道路の建設や電線の架設に伴い、空中権を設定するケースがあります。なお、地下の一定範囲の部分について認める場合については、地下権といいます。また、特例において、都市計画法や建築基準法において定められている容積率のうち、未使用の部分を、周辺の土地に移転させることが認められていますが、その未使用分

の容積率の権利のことをさして、空中権という場合もあります。

■ **クーリング・オフ（くーりんぐ・おふ）**

訪問販売や電話勧誘販売など、特定の販売方法によって契約を締結した場合に、一定期間の間であれば、一方的に申込みを撤回したり、契約を解除したりすることができるという制度のことです。一般的には特定商取引法の規定をさしますが、他にもさまざまな法律がクーリング・オフについての規定を置いています。

不動産の取引については、宅地建物取引業法に規定があります。売主が宅地建物取引業者、買主が一般消費者で、事務所等以外の場所で宅地建物売買契約が締結された場合、8日以内であれば書面で申込みの撤回等をすることができるとされています（37条の2）。

■ **区分所有権（くぶんしょゆうけん）**

一棟の建物の区分された各部分が、構造上および利用上独立性をもつ場合（区分所有建物）に、その各部分が、それぞれ独立の所有権の目的となります。この所有権を区分所有権といいます。マンションにおける各部屋の権利は区分所有権といえます。

■ **区分所有者（くぶんしょゆうしゃ）**

一棟の建物の区分された各戸を独立して所有する者のことです。分譲マンションの購入者は団体を作り、その団体を通してマンションの管理を行うことになります。

■ **区分所有建物（くぶんしょゆうたてもの）**

一棟の建物に構造上区分されたいくつかの部分があり、それぞれ独立して家や店舗、事務所などに使用することができる建物をいいます。典型例である分譲マンションを例に考えると、区分所有権の目的となる各戸とそれ以外の廊下や階段などの部分に分けて考えることができます。各戸を専有部分といい、廊下や階段などの部分を共用部分といいます。また、共用部分は、法律で定められている法定共用部分と、各区分所有建物で定めている規約共用部分に分類することができます。

■ **区分所有法（くぶんしょゆうほう）**

区分所有のルールについて規定している法律です。正式名称を「建物の区分所有等に関する法律」といいます。

マンションのように、1棟の建物の中で構造上区分された部分を住居、店舗とする建物については、1つの建物内に複数の世帯が居住しています。そのため、利害の対立、意見の相違を調整・規律する必要があり、区分所有法が共用部分の共有関係や管理者の選任などについて規定を置いています。

■ **区分地上権（くぶんちじょうけん）**

土地の上部または地下部を区切って設定される地上権のことです。区分地上権も通常の地上権と同じように登記できます。

■ **区分登記（くぶんとうき）**

マンションの一棟を一つの建物として登記していた場合に、各戸を別々の建物として登記することです。マンションを分譲するような場合に必要になります。

け

■契印（けいいん）
　契約書等が複数枚にわたって作成された時に、それぞれの紙が関連性を有することを示すために、紙の継ぎ目に押される印章のことを契印といいます。契印の目的は、すべてのページが一体の文書であることの証明、あるいは、作成後の不正なページの差換え・改ざんの防止といった点にあります。

■経過規定（けいかきてい）
　法律が改正された場合に、新法と旧法のどちらが適用されるかなどにつき、社会の混乱を避けるために法の過渡期に定められる規定のことです。経過規定は、附則や施行規則などで定められることが多いといえます。なお、一定の期間の猶予など、法律の変更に対応するために設けられる措置のことを経過措置ということもあります。

■景観法（けいかんほう）
　都市や農山漁村などの良好な景観の保全・整備を進めることで、美しい国土や豊かな生活環境を作ることをめざす法律です。都市緑地法、屋外広告物法と並ぶ、景観緑三法のうちのひとつです。景観法は、景観行政団体（政令指令都市や中核都市、その他の市町村など）が地域ごとの特性に合わせ、景観に関する計画や条例を作るための制度について規定しています。

■競売（けいばい）
　ある物を売却しようとするときに、複数の買い手に買値をつけさせて、その中で一番高い値段をつけた人に売却をすることです。債務者の財産を差し押さえ、強制的に売却し、債権者に代金を配当するときに競売がなされます。買主が値段を「競」ることで「売」却がなされるので、競売と呼ばれます。

■競売等妨害罪（けいばいとうぼうがいざい）
　国や公共団体が行う競売を妨害する罪のことをいいます（刑法96条の6）。3年以下の懲役または250万円以下の罰金が科されます。威力を用いて競売を行う者に圧力をかけたり、談合をすれば、競売等妨害罪が成立します。

■景品表示法（けいひんひょうじほう）
　商品やサービスの取引に関連する不当な景品類や表示によって顧客が誘引されるのを防ぐことで事業者間の公正な競争と一般消費者の利益保護を実現するために、制定された法律です。正式には、「不当景品類及び不当表示防止法」といいます。「景表法」と呼ばれることもあります。

■契約（けいやく）
　ある人（A）とある人（B）が約束した場合に、AとBを「当事者」「主体」などといい、この当事者がした約束が契約です。約束の内容を書面にしなくても、原則として口頭で契約は成立します（民法176条）。

■契約書面の交付義務（けいやくしょめんのこうふぎむ）
　宅地建物取引業者が、不動産取引の当事者となったり、当事者を代理して契約を締結したり、契約の成立を媒介した場

合に、相手方や契約の当事者などに書面を交付しなければならないという義務のことです（宅地建物取引業法37条）。書面には、当事者の氏名・住所、物件を特定するために必要な表示、代金の金額、代金の支払時期、宅地や建物の引渡しの時期、などについて記載することになっています。

■契約締結上の過失（けいやくていけつじょうのかしつ）

何らかの不備があって本来成立するはずのない契約を、一方が調査・報告などの義務を果たさなかったために成立させてしまい、それによって相手方に損害を与えたときに、その賠償をすべきとすることです。

たとえば、歯科医がマンションを診療所として用いる予定で、購入するかのように売主を誤信させ、売主が電気容量を増やす工事を実施したにもかかわらず、契約締結直前になって、歯科医が契約の締結を拒否した場合が挙げられます。この場合、売主に生じた損害について、この歯科医に対して損害賠償を請求できることになります。

■契約の延長（けいやくのえんちょう）

契約の更新と同じ意味です。たとえば、賃貸借契約は、一定期間を定めて締結されることが多いといえますが、その期間が経過した後にも通常は契約が延長されます。

■消印（けしいん）

契約書に貼付された印紙と契約書面とにまたがってなされる押印のことです。契約書が印紙税法上の課税文書である場合、当事者は納税のため、契約書に所定額の収入印紙を貼付して、消印をする必要があります。

■欠陥住宅（けっかんじゅうたく）

住宅の建築にあたり、設計や施工におけるミス等によって、住宅として当然備えているべき性能を欠いている住宅のことをいいます。特に、居住者の生命・身体・健康に対する安全性を脅かすような欠陥の場合には、欠陥住宅であると認められる場合があります。なお、最近ではシックハウスなど、生命・身体・健康に危険を及ぼすおそれがある有害物質を排出する住宅も、欠陥住宅にあたるとされています。

■減価償却費（げんかしょうきゃくひ）

時の経過等によって価値が減少する固定資産について、取得に要した金額を、その固定資産が使用可能な期間にわたり分割して経費とすることをいいます。分割した経費を減価償却費といい、減価償却できる固定資産を減価償却資産といいます。減価償却資産には、建物や建物付属設備、機械装置、器具備品、車両などがあります。土地や骨とう品は時の経過によりその価値は減少しないため、減価償却資産ではありません。

■現金還付（げんきんかんぷ）

国に納めた手数料などを還付してもらう手続きのことをいいます。現金還付の例としては、登記申請の際に納めた登録免許税の全額または一部が還付される場合があります。たとえば、登記申請が却下された場合、申請者が申請を取り下げた場合、納付すべき登録免許税より多く

の額が納付された場合には、登録免許税の現金還付が行われます。また、収入証紙を用いて手数料を納めたものの、それが間違っていたような場合についても現金還付がなされます。

■現在事項証明書（げんざいじこうしょうめいしょ）

登記記録に記録されている情報のうち、現在において効力のある登記を記載した書面のことです。効力がなくなった登記（抹消された登記など）は記載されません。

■検索の抗弁権（けんさくのこうべんけん）

債権者がいきなり保証人に請求してきた場合に、「まず主たる債務者の財産に執行せよ」ということができる保証人の権利をいいます（民法453条）。保証人には検索の抗弁権がありますが、連帯保証人には検索の抗弁権はありません。

■検査済証（けんさずみしょう）

建物の完了検査を受けた後に、建築主事等により発行される書類をいいます。建物検査済証というのが、正式名称です。建築物および、その敷地が法令に適していることを証明するための文書です。検査済証がなくても、建物自体は直ちに違法建築物になるわけではありません。検査済証の有無が特に問題になるのは、その建物の売却を検討した場合に、金融機関等により提出が求められる場合です。

■原始取得（げんししゅとく）

ある権利を他人とは関係なく独立に取得することをいいます。承継取得と対置される考え方です。即時取得（民法192条）や取得時効（同法162条）が原始取得の例となります。原始取得が成立すれば、以前に権利を有していた者が何らかの負担を負っていたとしてもこれを受け継ぐことはありません。たとえば、不動産に時効期間が経過する前に抵当権が設定されていたとしても、取得時効によりその不動産を原始取得した場合には、抵当権がついていない状態で不動産の所有権を手に入れることができます。

■現実の引渡（げんじつのひきわたし）

占有を移転させる方法のひとつで、社会通念上、物を譲渡人の支配圏から譲受人の支配圏に移転させることです（民法182条）。たとえば、売買契約を締結して、その場で売主が買主に物を渡すのは現実の引渡です。占有を移転させる方法には他に占有改定（民法183条）、指図による占有移転（同法184条）、簡易の引渡（同法182条）があります。

■原始的不能／後発的不能（げんしてきふのう／こうはつてきふのう）

原始的不能とは、法律行為が成立した当初からその履行が不可能な場合をいいます。後発的不能とは、成立した後の原因によってその履行が不可能となった場合をいいます。たとえば家の売買で、売買契約が結ばれる前に火事で焼失していたときは、契約の当初から家を引き渡せないため原始的不能であり、契約後に火事で焼失したときは後発的不能です。

原始的不能の場合、法律行為は無効であり、原則として有効を前提とする代金の支払いや損害賠償の問題は生じません。後発的不能の場合、法律行為は有効

です。そして、履行が不可能になったことについて債務者に帰責事由があれば、債権者は、損害賠償（民法415条）、解除（同法543条）をすることが可能です。一方、帰責事由がなければ、危険負担（同法534～536条）の問題になります。

■原状回復義務（げんじょうかいふくぎむ）

契約の解除や取消しによって契約がはじめからなかったことになる場合に、契約前の状態に戻す義務をいいます。解除についての原状回復義務は民法545条に規定されています。たとえば、売買契約が解除された場合には、買主は売主から買った物を売主に返し、売主は代金を買主に返さなければなりません。

■原状回復をめぐるトラブルとガイドライン（げんじょうかいふくをめぐるとらぶるとがいどらいん）

近年トラブルが急増し大きな社会問題へと発展している賃貸住宅の退去時における原状回復について、一般的ルールを提示し、トラブルの防止と円滑な解決のために国土交通省が作成したガイドラインのことです。本ガイドラインでは原状回復を「賃借人の居住、使用により発生した建物価値の減少のうち、賃借人の故意・過失、善管注意義務違反、その他通常の使用を超えるような使用による損耗・毀損を復旧すること」と定義し、費用負担等のルールのあり方を明確にしています。ガイドライン自体には法的拘束力はありませんが、近時の裁判ではガイドラインに沿った判決が多くなされています。

■現状有姿売買（げんじょうゆうしばいばい）

不動産売買の契約書に「現状有姿で引き渡す」などの文言が記載されている場合は、売買契約締結後、引渡しまでの間に、売買の目的物たる不動産の状況に変化があった場合でも、売主に契約締結時の状況に復元して引き渡す義務はなく、引渡し時の状況のままで引き渡す義務を負うにすぎないことをいいます。ただし、現状有姿は契約締結後引き渡しまでの間に生じた状況の変化に対応するもので、契約締結前にすでに存在していた瑕疵（欠陥）についてまで売主の責任（瑕疵担保責任）を免責する旨の合意を含むものではありません。

■建設協力金（けんせつきょうりょくきん）

ビルや店舗等の業務用の建物の賃貸借またはその予約に際して、建物の建築主が建設資金として運用することを目的として、賃借人またはその予約者から受け取る金銭のことをいいます。この建設協力金は、契約期間内に通常の賃料から相殺する形で賃借人へ返済される方法と、一定期間据置いた後、利息を付して返済される方法とがあります。なお、建設協力金は敷金とは異なり、賃貸借期間中の賃料不払いや損害賠償等を担保するものではなく、また返済期間が賃貸借期間と必ずしも同じではないことから、賃貸借契約というよりは消費貸借契約的な性格を有するものとして取り扱われています。

■建築確認（けんちくかくにん）

建物を新築または増築する場合には、建築主は、工事の着手前に、当該建築計

画が法令で定められた建築基準（建築物の敷地、構造、設備および用途に関する最低基準）に適合するものであることについて建築主事等に確認を受けなければならないとする制度のことをいいます。確認が必要となる建築物は、ⓐ用途に供する床面積の合計が100㎡を越える特殊建築物、ⓑ3階建て以上か、延べ面積500㎡超、もしくは高さ13m超、あるいは軒の高さ9m超の木造建築物、ⓒ2階建て以上か、延べ面積200㎡超の木造以外の建築物です。これ以外については都市計画区域内または準都市計画区域内、あるいは両区域外で都道府県知事が指定する区域内において、建築物を建てる場合に建築確認が必要になります。なお、増改築と移転の場合は床面積10㎡以内であれば建築確認は不要とされています。

■建築基準法（けんちくきじゅんほう）

建築物の敷地・構造設備・用途に関する最低の基準を定めて、国民の生命・健康・財産の保護を図ることを目的として制定された、建築法規の根幹をなす法律です。ⓐ建築確認・違反建築物について定めた総則規定、ⓑ建築物の敷地・構造・設備に関する一般的基準を定めた規定(単体規定と呼ばれることもあります)、ⓒ建ぺい率・容積率・高さ制限などを定めた規定（集団規定と呼ばれることもあります）などからなります。建築基準法に違反した場合は、行政庁により、建築工事の停止・建築物の除去・使用禁止などの是正措置がとられることになります。

■建築協定（けんちくきょうてい）

建築物の敷地・構造・用途などの基準を、地域住民の合意により定めることができる制度のことをいいます。建築協定を利用すると、建築基準法に上乗せする形で、その地区の特徴に合わせた、きめ細かな規制を置くことが可能になります。

建築協定を結ぶためには、まずその協定が及ぶことになる協定区域を定めることから始めます。その後、その区域内の建築物の基準について定めることになります。協定の締結には、土地所有者や借地権者の全員の合意が必要です。

■建築士（けんちくし）

建設業に関する専門家・士業資格をさします。建築士は、建築物の設計、工事監理を行う技術者です。建築物の設計とは設計図書の作成を意味します。また、工事監理とは、工事を設計図書と照合し、それが設計図書の通りに実施されているかどうかを確認することです。建築士には一級建築士、二級建築士、木造建築士という種類があり、建築する建物の種類によってどの建築士が設計・工事監理できるかが異なります。

■建築物（けんちくぶつ）

土地に定着している、屋根・柱・壁がある建物と、それに付属する門や塀などのことを建築物といいます（建築基準法2条1項）。観覧のための工作物（野球場など）や地下の工作物内に設ける事務所（地下街など）も建築物にあたりますが、鉄道のプラットホームや貯蔵槽などは建築物にはあたりません。建築基準法の建築物に該当すると、建築基準法上のさまざまな規制を受けることになります。

■建築面積（けんちくめんせき）

建物の外壁またはそれに代わる柱の中

心線で囲まれた部分の水平投影面積のことをいいます。建築面積を基準として、建物が法律に適合したものであるかどうかが判断されます。

■**限定承認（げんていしょうにん）**

相続によって得た財産の範囲内で被相続人の債務を負担するという条件つきの相続です（民法922条）。限定承認は相続人全員で行う必要があります。被相続人が債務を負っており、プラスマイナスで被相続人は財産をもっていたといえるのかどうか不明である場合に限定承認がなされます。

■**建ぺい率（けんぺいりつ）**

その建物の建築面積（建物の外壁またはそれに代わる柱の中心線で囲まれた部分の水平投影面積）の敷地面積に対する割合をいいます。たとえば、建物の建築面積が120㎡、建物の敷地面積が200㎡という建物の場合、建築面積（120㎡）÷敷地面積（200㎡）という計算式により、建ぺい率は、60％ということになります。建ぺい率は、建築基準法の用途地域ごとに定められており、定められた一定の割合以下におさえなければならないとされています。

■**原本（げんぽん）**

判決書などの公文書や契約書や委任状などの私文書の本体・実物を原本といいます。契約書であれば、契約当事者が2通作成し、それぞれ1通ずつ持つことにして、署名押印した書面が契約書の原本です。一方、戸籍については、原本は役所内に保管されているため、請求者が取得できるのは、原本の写しである謄本となります。

■**原本還付（げんぽんかんぷ）**

法務局に提出した書類の原本を返還してもらう手続きのことです。原本還付を請求できるのは、代理権限証書（一部例外あり）、住所証明書などに限られます。印鑑証明書、その登記申請のためだけに作成された委任状、報告形式の登記原因証明情報などの書面は還付することができません。

■**顕名（けんめい）**

「Ａ代理人Ｂ」というように本人のためにする行為であるということを相手方に対して表示することをいいます。代理行為を行う場合には顕名をすることが必要です（民法99条）。代理人が顕名をすることなく意思表示をして契約が締結されたような場合には、代理人と相手方との間で契約が締結されたとみなされます（同法100条）。

■**権利金（けんりきん）**

土地や建物についての賃貸借契約が締結される際に、賃借人が賃貸人に対して支払う金銭のことをいいます。敷金は賃貸借契約が終了した時に賃借人に返還される可能性がありますが、権利金が賃借人に返還されることはありません。権利金の性質については、賃料の前払いであるという主張をはじめとしてさまざまな考え方があります。

■**権利失効の原則（けんりしっこうのげんそく）**

権利を有する者が、長期間にわたり権利の行使を怠っている場合には、その権

利を行使することは許されないとする原則のことです。長い間ずっと権利が行使されないと、相手方はその権利が行使されることはないと考えます。このような相手方の期待を保護する必要がある場合に、権利失効の原則が認められます。たとえば、解除権を長期間行使しないことで契約の解除ができなくなる場合には、それは権利失効の原則が根拠になります。消滅時効の制度と似ていますが、消滅時効が成立するかどうかとは関係なく権利失効の原則は適用されます。

■権利証（けんりしょう）
⇒登記済証

■権利推定力（けんりすいていりょく）
登記されている事柄が、真実の権利関係と合っていると推定されることをいいます。あくまでも推定であるため、詐欺により所有権を移転してしまったような場合には、真実の所有者は、詐欺の事実を証明すれば所有権を自己名義に戻すことができます。登記官が持つ審査の権限は書類上にとどまっているため、不動産登記には、権利推定力はありますが、登記内容が事実であることを推定するのみで、実際に登記に書かれている内容の権利関係が存在することを保障しているわけではありません。

■権利に関する登記（けんりにかんするとうき）
不動産の権利に関する登記のことです。所有権に関する情報、所有権以外の権利に関する情報が記録されています。

■権利能力（けんりのうりょく）
私法上の権利義務の主体となりうる資格です。権利能力がなければ、他人と契約を結ぶことも、財産を所有することもできません。権利能力をもつことができるのは生身の人間と法人（たとえば会社など）に限られます。人間は、原則として出生の時点から権利能力を有することになります（民法3条1項）。

■権利部（けんりぶ）
登記記録のうち、権利に関する登記が記録される部分のことです。なお、登記記録の表示部には、表示に関する登記が記録されます。権利部に示されている権利に関する登記には対抗力があります。当事者には申請義務はありません。権利部は、甲区・乙区に区分されます。甲区には所有権に関する登記事項が記録され、乙区には所有権以外の登記事項が記録されます。

■権利濫用の禁止（けんりらんようのきんし）
相手を困らせることだけを目的に権利を行使する場合や、権利を行使することで得られる権利者個人の利益に比べて相手方や社会全体に及ぼす害悪が大きい場合、その権利行使を許さないという原則です（民法1条3項）。たとえば、自分の土地に他人の物があるとしても、土地の侵害の程度が軽微で、物の撤去に莫大な費用がかかる場合に所有権に基づく妨害排除請求をすることは権利濫用にあたるとされています。

こ

■合意解除（ごういかいじょ）

両当事者が「この契約はなしにしよう」という合意をして契約関係を解消させることです。合意解除は、当事者の合意により行われるので、どのような状況でも自由に行うことができます。この点で、法律に定められた条件を満たした場合にのみ行うことができる法定解除と異なります。

■合意管轄（ごういかんかつ）

当事者の合意によって発生する管轄のことをいいます。原告と被告が合意により訴訟を争う裁判所を決めた場合には、その裁判所に管轄が生じます。通常の民事訴訟に関しては、原則として相手方の住所地を管轄する裁判所に訴えなければなりません。しかし、取引の相手方が遠隔地の場合には、多額のコストがかかって不便なことも多くあるため、特に企業間の取引等では、都合のよい裁判所を契約書の合意管轄条項で定めておくのが通常です。

■行為能力（こういのうりょく）

単独で完全に有効な行為をすることができる法律上の地位や資格です。行為能力が不十分な人や行為能力を欠いている人のことを制限行為能力者といいます。行為能力を欠いている人であっても、権利能力は認められます。しかし、行為能力を欠いているということは、物事の判断能力が低下したり欠けていることを意味するため、物を処分したりすることが制約される場合があります。たとえば、成年被後見人は、物を所有することはできますが、それを売却した場合には、成年後見人は売買契約を取り消すことができます（民法7条以下）。

■交換特例（こうかんとくれい）

土地や建物を同じ種類の固定資産と交換し、譲渡した資産と同じ用途に使用する場合に、この交換をなかったものとして譲渡所得を算定することを交換特例といいます。交換特例を受けるためには、譲渡および取得する資産を1年以上所有している（所有されている）ことや、譲渡する資産と取得する資産の時価の差額がいずれか高い方の資産の価額の20%以内であることなどの要件を満たす必要があります。

■甲区（こうく）

不動産登記簿の中の権利部のうち、所有権に関する事項を記載する部分のことです。所有権者がその不動産を取得した原因・年月日、所有者の住所・氏名などが記載されています。その不動産の現在の所有者は、原則として、甲区の最後に記載されることになります。たとえば、Aという土地があり、所有者が甲から乙へと移転した場合、Aの甲区には、「1番（甲名義）所有権保存」「2番（乙名義）所有権移転（原因・売買）」と記録されます。この順番の最後に記載されている者が現在の所有者となります。

■公示（こうじ）

不特定多数人に対し、一定の事項を周知させることです。取引の相手方が不測の不利益を被らないように商法は、一定の事項について、商人（不動産の売買等の商行為を行う会社など）に公示を義務

付けています（商法8条）。

■**公示価格（こうじかかく）**
　地価公示法2条に基づいて国土交通省が発表する、全国の土地価格の基準のことをいいます。具体的には、土地鑑定委員会が、2名以上の不動産鑑定士の鑑定結果を審査して、標準地1㎡の正常な価格を判定します。毎年、1月1日時点における評価が行われ、同年の3月頃に結果が発表されます。公示価格は、土地の価格の目安になりますので、公平・円滑な土地取引が実現することを促す効果があります。
　なお、公示価格は、土地の本来的な価格を示すものであるため、建物が建設されている土地についても、更地として評価が行われることになっています。

■**公示送達（こうじそうたつ）**
　受取人が行方不明のときなど書類等の送付が不可能な場合に、一定の公示手続き（官報や庁舎の掲示板に載せるなど）をとることで、送達されたものとみなすことです。
　原則として原告の申立てにより行われますが、訴訟の遅滞を避けるため、職権で行われるときもあります。なお、公示送達により呼出しを受けた当事者は、口頭弁論の期日に出頭したり書面を提出しなくても、自白の擬制はなく、相手方の主張した事実を認めたことにはなりません。

■**公示の原則（こうじのげんそく）**
　物権変動は、外部から認識できるよう公に示されていなければならないとする原則です。物権は排他性のある権利なので、物権変動を第三者に主張するには外から見てわかる「公示」が必要になります。たとえば、不動産の所有権の移転では登記が公示になります（民法177条）。この原則は、公示がない限り物権変動はないものと信頼して、取引をした者を保護しようとするものです。

■**工場抵当（こうじょうていとう）**
　工場全体を1つの財産とみなし、工場に対して抵当権を設定することです。工場に抵当権を設定する方法として、工場抵当法2条の担保と、工場財団抵当があります。
　このうち工場抵当法2条の担保とは、1つの工場を1つの財産とみなして、抵当権を設定することです。工場に設定した抵当権は、工場内に存在する土地、建物、建物内にある機械などにも効力が及びます。

■**公証人（こうしょうにん）**
　法務局などに所属し、法務大臣が指定する所属法務局の管轄の公証役場において事務をする者のことです。公証役場の中には電子公証（パソコンに読みこめる電子ファイルを使って作成された文書についての公証業務のこと）を行っている場所もあります。
　公証人は、公正証書の作成や定款の認証といった公証業務を行う権限をもちます。法律の専門知識をもつ者（裁判官や検察官、弁護士であった者など）の中から、法務大臣が任命します。

■**公序良俗（こうじょりょうぞく）**
　公の秩序や良好・善良な風俗のことをいいます。具体的には、公の秩序とは社会の秩序や利益のことをいい、良好な風

俗とは社会の道徳のことをいいます。公序良俗に反する法律行為は無効とされます（民法90条）。たとえば、賭博行為によって生じた金銭債権は公序良俗に反するものとして無効となります。

■**更新（こうしん）**

契約期間が満了した場合に、その契約をさらに継続させることです。たとえば、借地借家法においては、賃貸借契約は原則として更新するものとされています。借地借家法上の契約は、特に意思表示をしなくても契約が更新されるので、黙示の更新と呼ばれています。

■**公信の原則（こうしんのげんそく）**

公示（登記、登録など）が存在する場合に、その外観を信頼して取引をした者に対して、その外観通りの権利が認められることを公信の原則といいます。即時取得（民法192条）の制度が採用されていることは、動産に公信の原則が認められているためだといわれています。動産の占有という状態を信頼して取引した者を保護する制度だからです。不動産の登記については公信の原則は認められていません。したがって、登記があるからといって取引関係に入ったとしても、不動産の所有権を取得できるとは限りません。

■**更新料（こうしんりょう）**

住居の賃貸借契約において、契約期間の更新を行う際に、おもに貸主が支払いを求めることで、借主が支払う費用をいいます。もっとも、更新料に関することを規定した法律は特になく、どのような目的で支払われるかということは明確になっていませんが、地方によっては慣習化されているものです。そのため、更新時には当たり前に、更新料の請求ができると考える貸主も多いといえます。

■**公図（こうず）**

登記所等に備えてある土地の図面のことを公図といいます。ただし、公図は明治時代に作成されたものなので、現在の状況を正確に反映しているとは限りません。

■**公正証書（こうせいしょうしょ）**

公証役場で、公証人によって作成される公文書のことです。公正証書には、公正証書化できるものとできないものとがあります。公正証書化できるものは、個人の権利義務に関係があるものです。たとえば、金銭の貸し借りについて公正証書を作成することが考えられます。他方、公正証書化できないものは、内容が公序良俗に違反していたり、法令に違反していたりするものです。たとえば、「Aを殺してくれればこの土地をBに売る」というような犯罪行為に関する事柄を公正証書にすることはできません。

一定の公正証書については、債務名義になるという利点が認められます。

■**更正登記（こうせいとうき）**

登記されている事項に勘違いや記入もれなどの誤りがあり、後にそのことが発覚したときに、その誤りを訂正する登記です。

誤りなどがあれば、必ず更正登記ができるわけではありません。更正前の登記に無効とされる部分があっても、全体としては有効であり、更正後の登記についても同一性が維持されている場合に、更正登記を行うことができます。

■公租公課（こうそこうか）

国や地方公共団体などが徴収するもので、税金や税金以外の金銭的な負担のことをいいます。税金以外の金銭的な負担というのは、公共サービスの手数料や社会保険料のことをさします。

■公道（こうどう）

行政が一般交通に利用させるために提供する道路（国道・都道府県道および市区町村道）のことです。公道は、その公共性から、道路を構成する敷地、支壁その他の物件については私権（所有権など）を原則として行使できないなど、特殊な規制が課せられます。そのため、公道については民法などの私法の規定がそのまま適用されるわけではありません。たとえば、公道については原則として時効取得することはできません（国有財産法18条）。ただし、全く時効取得する余地がないわけではなく、最高裁判所は、公道について公の利用を廃止したと認められる場合は例外的に時効取得を認めています。

■合同申請（ごうどうしんせい）

登記権利者、登記義務者という関係にはないものの、複数の者が共同して登記申請をする必要がある登記のことです。たとえば、共有物分割禁止の定めによる変更登記、抵当権の順位変更の登記などがあります。

■高度地区（こうどちく）

都市計画法で制定された地区のひとつです。高度地区に指定された地区では、市街地の環境を維持し、見た目（景観）を損ねないような土地利用を目的に、建物の高さの制限があります。地区内では最高限度と最低限度が定められており、建物のサイズ（大きさ）を定める「高度利用地区」とは異なります。

■高度利用地区（こうどりようちく）

都市計画法において、市街地における土地の高度利用を指定した地域地区をいいます。

合理的で健全な土地の高度利用と、都市機能の更新を目的としています。高度利用地区に指定されると、容積率の最高限度と最低限度、建ぺい率の最高限度、建築面積の最低限度、壁面の位置などが制限を受けることになります。

■公法／私法（こうほう／しほう）

公法は、国家と個人の関係や国家組織を規律する法体系のことをいいます。憲法・刑法・民事訴訟法・不動産登記法などが公法にあたるとされています。一方、私法は、個人間の関係を規律する法体系をいいます。民法・商法・借地借家法などがこれにあたるとされています。

■合有（ごうゆう）

個人的な独立性が弱いため、共有と比べて権利に制限がある共同所有形態です。民法上の組合における組合財産に対する組合員の権利が合有にあたります。合有は、各共有者は持分を持っているという点で共有と共通します。しかし、共有と異なり、分割請求や処分の自由は制限されます。

■公用収用（こうようしゅうよう）

特定の公共事業のために、特定の財産権を強制的に徴収することです。たとえば、土地収用法に基づき土地を収用する

ことは公用収用に該当します。公用収用がなされた場合には、憲法29条3項に基づく損失補償請求ができる可能性があります。

■高齢者居住法（こうれいしゃきょじゅうほう）

正式名を「高齢者の居住の安定確保に関する法律」といいます。高齢者に、安心して居住できる住宅が供給がされることをめざす法律です。高齢者住まい法と呼ばれることもあります。高齢者居住法は、高齢者が住みやすい賃貸住宅の情報を、都道府県などが公開するという制度を設けています。また、高齢者が一生涯安定した居住環境で生活できるよう、終身建物賃貸借制度を設けています。なお、平成23年に法改正が行われ、サービス付き高齢者向け住宅の登録制度が創設されました。

■国土利用計画法（こくどりようけいかくほう）

限られた資源である国土の利用について、国土利用計画の作成や、土地取引の規制等を定めた法律です。自然環境の保全、生活環境の確保、国土の均衡ある発展を図ることを理念としています。

国土利用計画には、国が定める全国計画、都道府県が定める都道府県計画、市町村が定める市町村計画があります。土地取引の規制については、規制区域（許可制）、監視区域（事前届出制）、注視区域（事前届出制）、それ以外の地域（事後届出制）の4つの区域分類があり、それぞれの許可や届出の方法について規定が置かれています。

■誇大広告（こだいこうこく）

実際とは異なる大げさな広告のことを誇大広告といいます。誇大広告は特に消費者トラブルの原因となるため、さまざまな法律で規制されています。たとえば、特定商取引法は通信販売や連鎖販売取引などの取引を行う事業者に対して誇大広告を禁止しています（特定商取引法12条、36条）。

また、貸金業法は、貸付けの利率その他の貸付けの条件について誇大広告を禁止しています（貸金業法16条）。

宅地や建物の表示についても宅地建物取引業法により、誇大広告が禁止されています（宅建業法32条）。

■固定資産税（こていしさんぜい）

固定資産の価格を基準として税額を算定し、市町村が課税する税金を固定資産税といいます。毎年1月1日時点での固定資産の所有者として、固定資産課税台帳に登録されている人に対して固定資産税は課されます。固定資産税の対象になるのは、田畑や宅地、山林などの土地、住居、工場、店舗などの家屋の他、事業に使用されている固定資産や営業権などの無形固定資産なども含まれます。たとえば、土地の固定資産税については、路線価（道路に沿設する標準的な土地の1㎡当たりの価格）に基づき、一定の評価基準により価格を評価して、税額が決定されます。

■固定資産税課税台帳（こていしさんぜいかぜいだいちょう）

固定資産税の課税台帳とは、土地課税台帳、土地補充課税台帳、家屋課税台帳、家屋補充課税台帳、償却資産課税台帳の

5つの台帳の総称です。地方税法380条1項により、固定資産の状況や固定資産の課税標準である固定資産の価格を明らかにするために、市町村が備え付けることを義務付けられているものです。また、市町村長は固定資産税の納税者等の求めに応じて、課税台帳を閲覧に供さなければならないとされています。

■**固定資産税の軽減特例（こていしさんぜいのけいげんとくれい）**

一定の要件を満たす新築住宅については、家屋部分にかかる固定資産税が2分の1に軽減されます。この特例を受けるためには、床面積に関する要件を満たさなければなりません。たとえば、一戸建て住宅であれば、床面積が50㎡以上280㎡以下である場合に特例が適用されます。また、原則として、認定長期優良住宅であれば5年度分、それ以外の住宅であれば3年度分の期間について、固定資産税が減額されます。

■**固定資産税の評価替え（こていしさんぜいのひょうかがえ）**

固定資産税は、対象となる固定資産の価格をもとにして算定されます。この固定資産の価格を適正な時価を反映したものとするために、原則として3年ごとに価格を見直すことが定められています。この価格の見直しを評価替えといいます。たとえば、土地であれば路線価に基づいて評価額を算定し、見直しを行っています。

■**固定資産税の免税点（こていしさんぜいのめんぜいてん）**

同一名義人が市町村内の同一区内に所有する土地や家屋などの資産について、固定資産税を算定する際の課税標準額が一定の金額に満たないときは固定資産税が課税されません。このときの一定の金額のことを免税点といいます。

■**混同（こんどう）**

所有権と所有権以外の物権が同一人に帰属する場合、または債権と債務が同一人に帰属する場合をいいます。混同により、2つの地位を併存させておく意味がない場合には、一方は消滅することになります（民法179条、520条）。たとえば、抵当権を有している者が、抵当権の設定されている不動産の所有権を取得した場合には、抵当権は消滅します。また、父が子に貸金債権をもっていた場合に、父が死んだという場合にも、相続により子が債権と債務を有することになるので、貸金債権は消滅します。

■**混和（こんわ）**

所有者の異なる物が混ざり合って、社会観念上分離することが不可能になった場合をいいます（民法245条）。混和には、動産の付合の規定が準用されます。たとえば、建築工事において、自分のコンクリートが他人のコンクリートと混ざってしまったときに混和が生じます。

さ

■**サービス付き高齢者向け住宅（さーびすつきこうれいしゃむけじゅうたく）**

介護・医療と連携して高齢者を支援するサービスの提供が行われる住宅です。平成23年4月に行われた高齢者の居住の

さ

安定確保に関する法律の改正により創設された、比較的新しい制度です。サービス付き高齢者向け住宅として認定されるためには、都道府県や政令指定都市などの登録を受けることが必要です。サービス付き高齢者向け住宅は、入利用者が必要なサービスを自分で選ぶことができるケア付き住宅です。介護サービス事業所の職員や社会福祉士などのケアの専門家が日中は常駐しており、安否確認サービスと生活相談サービスが行われます。ただし、その他のサービスについてはそれぞれの住宅ごとに提供されるサービスが異なるため、住宅ごとの登録情報を確認することが大切です。

■サービスルーム（さーびするーむ）

建築基準法の居室の基準を満たしていない部屋のことです。納戸、フリールームなどと呼ばれることもあります。居室とは、居住や作業などの目的のために継続的に使用する部屋のことをいい、居室として認められるためには、採光・換気・天井高など、多くの条件を満たしていることが必要です。これらの条件を満たしていない部屋は、不動産広告などにおいて、サービスルームと表記されることになります。サービスルームには、窓・エアコン・テレビ端子・電話端子などがある場合とない場合があります。居室とほぼ変わらない部屋として使用できるものから、納戸として使用することを想定しているものまで、実にさまざまなタイプの部屋がありますので、実際の設備をよく確認することが重要です。

■債権（さいけん）

ある特定の相手（債務者）に対して、特定の者（債権者）が一定の給付を請求することができる権利です。債権を行使することで目的物の引渡しを求めたり、金銭の支払いを求めることができます。

物権は誰に対しても主張することができますが、債権は特定の人に対してしか主張することができません。

■債権者代位権（さいけんしゃだいいけん）

債務者が自分の権利を行使しない場合に、債権者が債務者に代わってその権利を行使して、債務者の財産の充実を図る制度です（民法423条）。

権利行使の要件は、ⓐ債務者が無資力であること、ⓑ債務者自身が権利を行使しないこと、ⓒ債務者の一身専属的な権利でないこと、ⓓ原則として保全すべき債権が履行期にあること、です。たとえば、AがBに対して貸金の金銭債権を有し、BはCに対して土地の売買における、代金支払請求権を有していたとします。このとき、Aは、BのCに対する土地の代金支払請求権をBに代位して行使することができます。

■催告（さいこく）

相手にある行為をするように裁判を通さないで促すことです。特に、債権者が、債務の履行期限を過ぎた後に、裁判外で債務者に債務の履行を求める行為をさします。

催告は口頭でも成り立ちますが、証拠を残す意味で内容証明郵便がよく利用されます。

債権の時効が迫っている場合、催告をすれば6か月間は時効が延長（停止）されます。ただしこの延長は一度限りであ

り、催告を繰り返しても再び延長されることはありません。時効を中断するためには、裁判上の請求や差押えなどの手段をとる必要があります（民法153条）。

■催告解除（さいこくかいじょ）
　債務者に債務を履行するよう催告してから解除することをいいます（民法541条）。催告解除は原則的な解除の形態だといえます。無催告解除と対置される言葉です。

■催告の抗弁権（さいこくのこうべんけん）
　債権者が保証人にいきなり請求してきた場合に、まず債権者に請求するよう主張できる保証人の権利をいいます（民法452条）。保証人にはこの権利が認められていますが、連帯保証人にはこの権利は認められていません。

■財産目録（ざいさんもくろく）
　ある時点における個人・会社の財産状態を示した書面のことをいいます。財産目録には、不動産などの積極財産の他、借金などの消極財産も記載されます。

■採石権（さいせきけん）
　他人の土地において岩石や砂利を採取する権利のことを採石権といいます（採石法4条）。採石権については民法の地上権に関する規定が準用されます。また、採石権は登記をすることが可能です。

■再売買の予約（さいばいばいのよやく）
　いったん相手に売り渡した物を、再び買い戻すことができるとする約束のことを再売買の予約といいます（民法579条）。不動産を融資の担保として相手（債権者）に売却し、融資金の返済と引換えに再度売買により取り戻すという形でなされます。

■裁判／訴訟（さいばん／そしょう）
　裁判とは、裁判所または裁判官の法律行為で、具体的な争訟を解決するためになされる法的判断の表示です。裁判は裁判を下す主体や審理方法、告知方法などの違いにより判決、決定、命令の3種類に区分されます。訴訟とは、裁判所という中立・公正な機関の手によって、法律上の争いを解決したり、権利を救済したりする手続きのことです。民事事件において訴訟は、法的紛争を強制的かつ終局的に解決する手段であり、訴状を裁判所に提出することにより訴訟が開始します。一般的に「裁判」と「訴訟」は同義で使用されることもありますが、「裁判」は裁判所や裁判官の判断、「訴訟」は手続きのことであり、法律用語としては両者の意味合いは異なります。

■債務（さいむ）
　特定の人（債務者）が他の特定の人（債権者）に対して、一定の行為や給付をすることを内容とする義務のことです。債務は、契約や不法行為（民法709条）などが原因となって生じます。債務の中でも金銭債務のことを負債や借金ということがあります。たとえば、売買契約を締結した場合、売主は買主に対して代金債権を有し、買主は売主に対して代金を支払うという債務を負っていることになります。

■債務者（さいむしゃ）

債権者に、一定の行為や給付をなす義務がある者です。たとえば、Aが売主、Bが買主となって売買契約が締結されたとします。このとき、Aは土地をBに明渡さなければならないという意味で債務者であり、Bは土地の代金を支払わないといけないという意味で債務者に該当します。

■債務不履行（さいむふりこう）

契約本来の趣旨に沿った内容が給付されない場合です（民法415条）。履行がされないという事実だけではなく、その原因が債務者側にあることが必要です。

債務不履行の形態には、債務者による債務の履行が遅れている履行遅滞、履行をすることが不可能となっている履行不能、履行はなされたが一部が不完全である不完全履行があります。債務不履行が生じた場合には、債権者は債務者に履行を求めることや、損害賠償請求をすることができます。

■債務名義（さいむめいぎ）

強制執行することによって実現される請求権（債権）が、確かに存在するということを公に証明する文書のことです。

確定判決や調停調書、仮執行宣言付支払督促など、強制執行の根拠となる文書のことです。たとえば1000万円の土地の売買代金支払請求訴訟を行い、勝訴判決を得た場合には当該判決が債務名義になります。また、判決確定前であっても判決に仮執行宣言が付されていれば、それも債務名義としての効力をもちます。裁判所関与外では、土地の代金支払いに関して、執行認諾約款のある公正証書による土地の売買契約の契約書も、債務名義をもつものとして認められています。

■詐害行為取消権（さがいこういとりけしけん）

債権者が不利益を被るとわかって行った、債務者と他の者の間の法律行為の効果を債権者が取り消すことを認める権利です（民法424条）。債権者取消権ともいいます。債権者は債務者の財産処分行為を取り消し、失った財産を債務者の財産の中に戻すことができます。権利行使の要件は、ⓐ財産権を目的とする行為であること、ⓑその行為によって債務者の責任財産が減少し、その結果、債権者が債権を回収できなくなってしまうこと、ⓒその行為により資力の不足を生じることを債務者が知っていること（詐害意思）、ⓓ詐害行為取消権の行使の相手方である受益者（たとえば債務者から唯一の財産である土地を贈与された者など）や転得者（受益者から土地などの財産を譲り受けた者）が、債務者の行為により債権者が害されることを知っていること、です。詐害行為取消権は裁判外で行使することはできず、詐害行為取消権を行使するには、訴訟を提起する必要があります。

■先取特権（さきどりとっけん）

法律に定めた一定の債権を担保するために認められる法定担保物権です。従業員の賃金債権の他、不動産賃貸借における借主の債務や不動産の工事費用を担保するためにも先取特権が認められています。先取特権が認められた場合には、普通の債権者に優先して債権を回収することができます。

■錯誤（さくご）
　表意者自身が法律行為の要素（重要な部分のこと）について思い違いをしているにもかかわらず、表示と真意（本心）との食い違いに気づいていない場合をいいます。錯誤は、原則として無効になります（民法95条）。たとえば、買値を100円と言うつもりで1000円と言ってしまった場合には、その意思表示には錯誤があるとして無効を主張することができます。

■差押登記（さしおさえとうき）
　不動産が強制執行の手続中であることを公示するための登記です。債権者は裁判所に申し立てて、将来債務者の不動産を競売し、その配当から債権の回収をする準備として、不動産を差し押さえることができます。そして差押えがあったことを誰もが知ることができるように、裁判所の嘱託によって差押登記が行われます。
　差押登記は、債権者が債務者の不動産に対して強制競売を申し立てた場合、または抵当権者などが担保権実行を申し立てた場合、裁判所が申立てを認めれば登記されます。この場合、裁判所は、強制競売開始決定をすると共に差押えをします。
　強制競売開始決定が下されると、裁判所書記官から法務局に差押えの登記の嘱託を行います。嘱託を受けた法務局は、差押登記を行います。

■指図による占有移転（さしずによるせんゆういてん）
　占有の移転の方法のひとつで、他人のために物を占有している者に対して、今後は他の人のために物を占有するよう指示することをいいます（民法184条）。
　占有代理人が存在し、間接占有している状態の物をそのまま、第三者に引き渡すことが指図による占有移転になります。この引渡しは間接占有している者と第三者の合意のみが必要で、代理人の承諾は不要です。たとえば、アパートの大家（賃貸人）が交代する場合が挙げられます。元の大家A（間接占有している者）が新しい大家B（第三者）にアパートを売却した時、アパートの住人（占有代理人）は、「Bに売却してもよいか」と承諾を求められることはなく、大家がBになったことを知らされるのみで、アパートの占有はAからBに移転します。

■サブリース（さぶりーす）
　又貸し・転貸のことをいいます。また、不動産管理会社などが貸主から賃貸物件を一括で借り上げ、実際に入居する人に転貸するというシステムのことをさす場合もあり、このことを、家賃保証と呼ぶこともあります。入居者の募集や入居者との契約は、一括借り上げをした不動産管理会社が行うことになります。また、貸主には、空室が発生しても、不動産管理会社から毎月一定の金額（家賃保証金）が支払われるというメリットがあります。しかし、その一方で、サブリース契約では、不動産管理会社から一方的に家賃保証金額の減額を求められたり、契約を中途解約されたりするようなトラブルも多く発生しています。

■更地（さらち）
　建物や構築物、工作物等の定着物がなく、借地権や地役権などの使用収益を制限する権利が付着していない土地のことをいいます。なお、抵当権は土地の使用収益を制限する権利ではないため、抵当

権が設定されていても、定着物がなければ更地となります。

し

■死因贈与（しいんぞうよ）

「Aが死んだらBにこの土地をあげることを約束した」というように、贈与者の死亡によって効力が生じる贈与です（民法554条）。死因贈与には、遺贈に関する規定が準用されます。たとえば、贈与の目的となっている財産が相続財産ではないときは、遺言と同様に死因贈与の効力も生じません。ただし、遺言の方式に関する事項は、死因贈与には準用されないため、15歳以上の未成年者が単独で、死因贈与をすることはできません。

■資格証明情報（しかくしょうめいじょうほう）

会社などの法人が申請人である場合に、その法人の代表者の資格を証明する情報のことをいいます。たとえば、ある会社が会社名義の不動産について登記の申請を行う場合に、代表権を持つ代表取締役が登記の申請を行います。このときに、その代表取締役が本当にその会社の代表権を持つものであることを示すために資格証明情報が必要になります。資格証明情報として、代表取締役の氏名が記載された会社の登記事項証明書などを添付することになります。なお、書面で作成されている資格証明情報のことを資格証明書ということもあります。

■敷金（しききん）

賃料の滞納や、賃借人が目的物をしっかりと保管しなかったために生じる損害を担保するために、あらかじめ賃借人が賃貸人に差し入れておくお金です。

通常、賃貸借契約終了の際に、未納の地代・家賃や損害金などを控除して、残額を賃借人に返還します。敷金がどの程度戻ってくるかについては、賃貸借契約の終了後、家屋の明渡しの時点でなければわからないため、建物の明渡義務が敷金返還義務より先履行の関係になります。

■敷地権（しきちけん）

土地の上で建物を利用する場合には、土地を利用する権利（所有権、賃借権、地上権など）が必要です。この、土地を利用する権利のことを敷地利用権といいます（区分所有法2条6項）。敷地利用権のうち、建物と分離して処分できなくなったものを敷地権といいます（不動産登記法44条1項9号）。敷地権の要件は、ⓐ敷地利用権が登記されており、ⓑ専有部分と分離して処分できないもの、です。

注意したいのは、ⓐより所有権、地上権、賃借権だけが敷地権となることができ、使用借権（使用貸借契約に基づいて目的物を利用する借主の権利のこと）は、敷地利用権にはなるが、敷地権にはならないという点です。

■敷地権の登記（しきちけんのとうき）

その登記以降土地の登記簿に登記するのをやめてしまい、土地に関する権利の変動も建物の登記簿に記載してしまうという登記のことです。マンションの各部屋の登記簿に「敷地権の表示」などを記載することにより、たとえば、その登記簿の甲区に売買による登記が記録されていれば、部屋だけでなく、敷地利用権も一緒に売買されたということが公示され

ます。これを「一体化」といいます。

■**敷地利用権（しきちりようけん）**
　区分建物の専有部分を所有するための建物の敷地に関する権利のことです。建物を所有するには土地が不可欠ですが、この場合に土地を利用する権利が必要になります。この権利を敷地利用権といいます。敷地利用権としては所有権、地上権、賃借権、使用借権が挙げられます。

■**敷引（しきびき）**
　関西地方に特有の慣習で、賃貸借契約においては、あらかじめ契約終了時に敷金あるいは保証金のうち一定の金額を返還しない旨の特約を付すことをいいます。敷引特約とも呼ばれます。この敷引の性質については、当事者間で明確な合意があれば、その合意内容に従い、明確な合意がない場合には、賃貸借契約成立の謝礼や自然損耗の修繕費用、または更新料免除の対価、あるいは賃貸借契約後の空室損料など、さまざまな要素を含むものと解されています。なお、敷引特約が有効であるか否かについては裁判上判断が分かれており、賃料の2〜3.5倍程度の敷引は有効ですが、それ以上の高額になる場合は特段の事情がない限り無効とされる傾向にあるといえます。

■**事業用定期借地権（じぎょうようていきしゃくちけん）**
　居住用ではなく、事業のために土地を賃貸借する契約形態のうち、契約期間が終了後に、原則として借地権が消滅するという内容の借地契約です。たとえば、コンビニやレストランなどを展開する事業において、事業用定期借地権が用いられています。借地借家法では、契約期間が10年以上30年未満というタイプと、30年以上50年未満という2種類の事業用定期借地権が認められています。

■**事業用定期借地権の登記（じぎょうようていきしゃくちけんのとうき）**
　経済活動に用いられる建物を所有するために、設定される借地権の登記のことです。契約で定めた存続期間のみ借地権が存続し、借地権を更新することはできません。

■**施行（しこう）**
　成立した法律などの効力を発生させることです。「せこう」ともいいます。また、施行された法律を個別の事件に対して働かせることを適用といいます。

■**時効（じこう）**
　民法上、一定の事実状態が継続する場合に、それが真実の権利関係と一致するかどうかを問わないで、そのまま権利関係として認めようとする制度のことを時効といいます。一定の期間が経過することで権利を取得することになる取得時効と権利が消滅することになる消滅時効があります。

■**時効期間（じこうきかん）**
　時効により権利が消滅したり、または権利を取得するまでの期間のことを時効期間といいます。たとえば、一般の債権が消滅するまでの期間は10年（民法167条）です。また、所有権の取得時効における時効期間は20年とされています（同法162条1項）。時効の成立により利益を受ける者は、時効期間が経過した後に時効の援

用の意思表示をすることが必要です。

■時効の援用／時効の放棄（じこうのえんよう／じこうのほうき）

時効の援用とは、時効による利益を受ける意思を表示することをいいます（民法145条）。時効の放棄とは、時効による利益を受けることを拒否することをいいます（同法146条）。時効による利益は、時効期間が満了したからといって、自動的に受けられるわけではありません。裁判などで「時効の利益を受けたい」と当事者が主張して（援用）はじめてその利益を享受できます。また、「時効による利益はいらない」と主張（放棄）することもできます。ただ時間が経過しただけで義務を免れたりすることは道徳に反すると考える者の意思を尊重し、時効により利益を受ける者の意思表示がなければ時効の効果は発生しないとされています。

■時効の遡及効（じこうのそきゅうこう）

時効の効力が、その起算日に遡って生じることをいいます。遡及効が認められることで、たとえば所有権の取得時効においては、時効を援用した者は時効の起算日からその物の所有権を有していたことになります。時効に遡及効がなければ、時効期間中に所有権を譲り受けた者や担保権の設定を受けた者に配慮する必要がでてきてしまい、法律関係が著しく複雑になってしまうため、時効に遡及効を認めて法律関係が錯綜しないようにしています。

■時効の中断（じこうのちゅうだん）

時効の進行が止まり、すでに経過した期間もカウントされなくなることです。一度中断されれば、時効期間は振り出しに戻り、時効の中断後はまた新たに時効が進行することになります。請求、差押え・仮差押え、仮処分、承認などが時効の中断事由にあたります（民法147条）。

■時効の停止（じこうのていし）

時効の完成を、ある期間猶予することをいいます。やむを得ない事情で権利行使ができない場合に、時効の完成を遅らせることを認めた制度です。時効の中断の手続きを行いたいが、天災など、何らかの障害によりすぐには手続きができない場合、その障害が消滅したときから2週間までは、時効は停止されます（民法161条）。

また、以下の事柄に関しては、定められた条件が整うまでは時効が停止されます。
・未成年者または成年被後見人の法定代理人の不在（同法158条）
・離婚による夫婦間の権利（同法159条）
・相続財産（同法160条）

■自己契約（じこけいやく）

他人から代理権の授与を受けている人が、その代理権を用いて自分が契約の当事者になって契約をすることをいいます。自己契約は、代理権を授与した者が不当に不利益を被る可能性があるので、原則として禁止されています（民法108条）。ただし、自己契約は代理権を与えた者の利益を守るために禁止されているので、本人が自己契約を許諾していた場合には、自己契約は禁止されません。

■自己借地権（じこしゃくちけん）

土地の所有者が、自分自身を借地権者

として設定する借地権のことをさします。たとえば、土地所有者が区分所有建物を建て、それを分譲する場合、従来は、民法上の混同の規定によって、土地所有者は自らのために借地権を設定することはできませんでした。しかし、借地借家法の制定により、自己借地権の設定が可能になりました。もっとも自己借地権は、分譲等により、借地権を他人と共有（準共有）する場合に限り設定することができます。

■**自己占有（じこせんゆう）**

本人自らが物を占有している場合が自己占有で、他人を通じて占有しているのが代理占有です。自己占有の例としては、自分の物を自分で持っていたり、賃借人自身が借りている物を持っている状態が挙げられます。代理占有の例としては、物を賃貸している人が有する占有権が挙げられます。賃貸人は賃借人を通じて、賃貸の目的物の占有を有しているといえます。なお、自己占有は直接占有、代理占有は間接占有ともいいます。

■**事故物件（じこぶっけん）**

一般的には不動産取引ないしは賃貸借契約の対象となる土地や建物において前所有者ないしは前賃借人が、自殺や他殺、火災や事故などにより死亡したものをさします。

このような物件は「心理的瑕疵物件」ともいわれ、売主ないしは貸主の告知義務の有無が問題となります。

■**支持地盤（しじじばん）**

マンション等の建物全体の重さを支えることができる地盤をいいます。鉄筋コンクリート造（RC造）のような重い建物では、耐久力が必要になるため、より深い層の地盤に支持させることになります。なお、支持地盤はボーリング調査等により決定します。

■**自主占有（じしゅせんゆう）**

自分が所有するという意思をもっている状態での占有のことです。売買契約における買主、賃貸借契約における賃貸人は自主占有者となります。自主占有により占有した場合、占有者は即時取得（民法192条）などにより占有している物の所有権を取得できることがあります。なお、所有の意思のない占有を他主占有といいます。賃貸借契約における賃借人は他主占有者となります。

■**事情変更の原則（じじょうへんこうのげんそく）**

契約後に起きた想定外の事情によって、契約時の内容のままでは当事者間に著しい不公平が生じるという場合に、契約内容を変更できるという原則のことをいいます。

契約が締結されると、当事者はその内容に拘束されることになりますが、そのままでは信義則上著しく不当であると認められる場合にのみ、この事情変更の原則を主張することができます。具体的には、急激な社会情勢の変化によって、地価が著しく変動した場合に、地代の減額や増額を主張する場合などが想定されます。

■**私署証書（ししょしょうしょ）**

私人が作成者として署名した文書のことをいいます。たとえば、当事者が署名をした契約書などが私署証書になります。

■自然人（しぜんじん）

権利・義務の主体である個人のことです。法人でない個人のことでもあります。いわゆる人間のことです。法人と対置される言葉です。法律上、「人」として扱われるのは生身の人間だけでなく、会社などの法人も含まれます。ただし、同じ「人」ではあるのですが、自然人と法人とは法律上異なる扱いをされることがあります。法律上、「人」についてこのような区別がなされているため、生身の人間については自然人と呼んでいます。

■事前通知（じぜんつうち）

登記をする場面で、登記識別情報を提供できない場合に、登記義務者が申請の内容が真実であると登記所に通知する制度のことをいいます（不動産登記法23条）。

登記を申請した場合、登記官から登記名義人に対して、登記の申請があったことが通知されます。また、あわせて登記申請に間違いがなければ一定の期間内に申出をするべき旨の通知も行われます。この通知に対して期間内に登記名義人が返答を行うと登記が行われます。

申請された登記の内容が真実のものであるかという点と、登記義務者の意思の確認のために事前通知の制度が採用されています。

■地代家賃増減請求権（じだいやちんぞうげんせいきゅうけん）

「ちだいやちんぞうげんせいきゅうけん」とも読みます。地代と家賃は、不動産を借りたことの対価として支払う金銭のことをいいます。地代・家賃が、土地に対する租税などの増減や土地価格の上昇・低下などの経済事情の変化により不相当になったとき、または近隣の地代・家賃に比較して不相当になったときに、当事者の一方が将来に向かって地代・家賃の増減を請求できる権利のことを地代家賃増減請求権といいます（借地借家法11条、32条）。当事者間の話し合いでまとまらなかった場合は、調停前置主義がとられているため、訴訟を起こす前に、調停を利用しなければならないことになっています。

■質権（しちけん）

債権者が自己の債権を担保するために、債務者の所有物を預かる形式の担保物権です（民法342条）。当事者の合意と目的物の引渡しにより、質権は成立します。

質権は、動産質・不動産質・権利質に分けることができ、質権の対抗要件がそれぞれ異なっています。動産に対する質権が動産質であり、動産の占有が対抗要件になります。不動産に対する質権が不動産質であり、登記が対抗要件になります。また、債権に対する質権が権利質であり、債務者の承諾または債務者に対する通知が対抗要件となります。

■市町村民税／特別区民税（しちょうそんみんぜい／とくべつくみんぜい）

市町村が課する住民税を市町村民税といいます。東京23区については、特別区民税という名称になりますが、内容は市町村民税とほぼ同様になります。市町村内に住所を有する個人や、市町村内に事務所を有する法人に対して、納税を義務付けるもので、所得金額によって税額が異なります。なお、市町村民税と都道府県民税は、市町村が一括して徴収するこ

とになっています。

■実印（じついん）
　印鑑証明書の交付を受けている印鑑のことをいいます。実印を押した場合と認印を押した場合とで法的効力が異なるわけではありません。しかし、実務上は、重要な取引において実印が用いられることが多く、登記の場面などでは印鑑証明書の交付が求められることがあります。

■執行官（しっこうかん）
　各地方裁判所に置かれ、裁判の執行、裁判所の発する文書の送達などの事務を行う単独制の機関です（民事執行法2条）。執行吏ともいいます。たとえば訴状の送達などは執行官が行います。また、強制執行に際してたとえば不動産の現況調査（不動産の現在や内容を把握するための調査のこと）を行って売却手続を主宰したり、債務者の家宅を訪ねて動産物件などを持っていくなどの役割を行うのも執行官です。

■執行機関（しっこうきかん）
　民事法上、申立てに基づいて執行手続を実施する機関です（民事執行法2条）。原則として、執行裁判所と執行官がこれにあたります。金銭執行における不動産や船舶に対する執行、債権の執行等にあたっては、執行裁判所が執行機関となります。執行官も、動産に対する執行、不動産等の引渡し・明渡しの執行などの実力行使をするので執行機関に該当します。

■執行裁判所（しっこうさいばんしょ）
　独自に執行行為をなす他、執行官がなす執行行為に協力し、また、これを監督する機関のことを執行裁判所といいます（民事執行法3条）。つまり、具体的な強制執行の手続等をするのが執行裁判所です。執行の内容としては、不動産執行、動産執行、配当手続、債権執行、間接強制などがあります。

■執行証書（しっこうしょうしょ）
　公正証書のうち、債務者が直ちに強制執行に服する旨が記載されているものを執行証書といいます（民事執行法22条5号）。
　債務名義の一種です。債権者はあらかじめ執行証書を得ておけば、訴訟手続をせずに強制執行ができるというメリットがあります。たとえば土地の売買契約において、土地の代金の支払いに関して、強制執行認諾約款を儲けた売買契約書等を公正証書の形で作成したものが執行証書です。この場合に土地代金の支払が行われなかった場合には当該条項を根拠に強制執行を行うことができます。

■実体法／手続法（じったいほう／てつづきほう）
　法的関係そのものについて定めた法のことをいいます。「こんな場合にはこういう内容の権利や義務が発生する」ということを定めた法律のことです。権利の発生・変更・消滅などの要件について定めた法で、民法・商法などが実体法に分類されます。
　これに対して、実体法が定める法律関係を実現するための手続を定めた法を手続法といいます。民事訴訟法、不動産登記法、などがこれに属します。実体法、手続法とは、法体系を区分する理論上の用語だといえます。

■私道負担（しどうふたん）

不動産取引において、その対象となる土地の一部に私道の敷地が含まれている場合における私道敷地部分のことをいいます。たとえば、売買の対象となる土地の面積が100㎡、このうち私道負担が20㎡ある場合、土地の所有者は私道負担となる20㎡については建物を建築することはできず、また私道の変更または廃止は制限されることになり個人の所有地であっても自由に処分することができません。さらに、建物を建てる際の建ぺい率や容積率は、私道部分を除いた正味の敷地面積をもとに計算されるので、建築面積が少なくなってしまいます。そのため私道負担のある土地を売買等の目的とする場合には、宅地宅建業者は私道負担である旨、私道の負担面積などを重要事項として書面で交付して説明する義務があります（宅地建物取引業法35条）。

なお、私道には建築基準法42条の道路に該当する私道以外に、通行地役権の目的となっているものも含まれます。

■支払督促（しはらいとくそく）

簡易裁判所の裁判所書記官を通じて債務者に対して債務を支払うように督促（催促）する制度です（民事訴訟法382条以下）。

金銭その他の給付請求権について、債務者が支給権の存在を争わないことが予想される場合に、簡易迅速に債務名義を得ることを目的にした制度です。支払督促を申し立てた後、支払督促正本が債務者に届いて債務者が異議を述べないまま2週間が経過した場合に債権者は仮執行宣言を申し立てます。仮執行宣言付支払督促が債務者に届いてから2週間債務者が異議を述べなかった場合には強制執行をすることができます。ただし、相手の住所や居所が不明の場合、支払督促を利用することはできません。

■資本的支出／修繕費（しほんてきししゅつ／しゅうぜんひ）

保有している固定資産について修理や改善を行った際に、当該固定資産の価値を高めたり耐久性を向上させるような場合は、その修繕に要した費用は資本的支出として固定資産に計上します。一方、修理等が固定資産の維持管理や原状回復のために行われた場合は、修繕に要した費用は修繕費として経費に計上します。

なお、修繕に要した費用が固定資産の価値を高めるものであったとしても、修理費用が20万円未満であったり、おおむね3年以内の周期で行われる修理である場合は、修繕費として経費に計上することができます。

■借地権（しゃくちけん）

建物の所有を目的として、土地に地上権または賃借権を設定することです。借地権には、民法の特別法である借地借家法が適用されます。

■借地権課税（しゃくちけんかぜい）

借地権は、法人から借りた土地に建物などを建てた際に設定されます。通常であれば、土地を借りて建物を建てる際は権利金を支払う必要がありますが、この権利金の支払いが行われない場合はその分の利益を享受したものとして権利金の認定課税が行われます。これを借地権課税といいます。ただし、その土地の価額と照らして相当の地代を収受している場

合などについては、課税は行われません。

■借地権割合（しゃくちけんわりあい）

借地権が設定された土地の価値と比較して、借地権がどの程度の価値を有するのかを示す割合のことです。土地の評価額から借地権の評価額を算出するために使用されます。たとえば、借地権を相続や贈与により取得した場合、その借地権にかかる相続税・贈与税を納税しなければなりません。借地権の評価額は、「土地（更地）の価格×借地権割合」という式で計算されます。一方、借地権を設定した土地を取得した場合の評価額は、「土地（更地）の価格×（1－借地権割合）」という式で計算されます。借地権割合は、地域ごとに定められており、国税局が発表している路線価図や評価倍率表において調べることができます。

■借地借家法（しゃくちしゃくやほう）

建物の所有を目的とする土地の賃貸や、建物の賃貸に関することを規定した民法の特別法です。民法にも賃貸借に関する規定はありますが、借地借家法では、借主を保護するための規定が設けられています。借地借家法が制定される前は、「借地法」と「借家法」「建物保護法」が借地・借家関係について規定していました。しかし、これらの法律を統合する借地借家法制定に伴い廃止されました。

もっとも、借地借家法の施行期日（平成4年8月1日）以前に設定された借地・借家関係については、土地に関しては「借地法」が、そして借家に関しては「借家法」が適用されます。

■借地法（しゃくちほう）

借地人の権利の保護を目的として、「借家法」と共に、大正年間の1921年に制定されました。二度の改正を経て、借地権はより強化されました。その後、平成3年（1991年）に、この「借地法」と「借家法」、「建物保護法」を統合する「借地借家法」が制定されることに伴い、この法律は廃止されました。なお、平成4年（1992年）8月1日の施行期日前に設定された借地関係については、この「借地法」が適用されることになっています。

■借家権（しゃくやけん）

建物を賃貸し、居住などの目的で利用する権利です。「しゃっかけん」ともいいます。借地借家法により、一般の賃貸借よりも強く保護されています。具体的な保護の内容としては、ⓐ正当事由なしに契約更新の拒絶や解約をされない（借地借家法28条）、ⓑ登記していなくても建物の引渡しがあれば第三者に対抗できる（同法31条）、ⓒ畳・建具など借主が付加した造作の買取りを請求できる（同法33条）、ⓓ事実上の妻・養子など相続人以外の同居者による借家権の承継が認められる（同法36条）、などがあります。

■借家権割合（しゃくやけんわりあい）

通常の建物の価値と比較して、借家権がどの程度の価値を有するのかを示す割合のことです。借家権割合は、国税局長が定めることになっていますが、現在は全国共通で30％となっています。借家権割合は、借家権の評価額の計算などに使用されます。具体的には、「建物の固定資産評価額×借家権割合×賃貸割合」が、借家権の評価額になります。その他、借

家権割合は、貸家建付地の評価額の計算においても使用されます。

■**借家法（しゃくやほう）**
借家人の権利の保護を目的として、「借地法」と共に、大正年間の1921年に制定されました。二度の改正を経て、建物の賃借権は一段と強化されました。その後、平成3年（1991年）に、この「借家法」と「借地法」「建物保護法」を統合する「借地借家法」が制定されることに伴い、この法律は廃止されました。なお、平成4年（1992年）8月1日の施行期日前に設定された借家関係については、この「借家法」が適用されることになっています。

■**斜線制限（しゃせんせいげん）**
道路境界線などから一定の勾配で斜線を引き、その斜線内に収まる高さで建築物を建てなければならないという、建築物の高さ制限のことをいいます。規制の対象になるのは、都市計画区域内の建物です。隣地の日照や通風など、一定の住環境を確保することを目的として、建築基準法に規定が置かれています。斜線規制には、道路斜線制限、隣地斜線制限、北側斜線制限の3種類があります。

■**集会／総会（しゅうかい／そうかい）**
マンションの住民による集まりのことをいいます。マンション管理標準規約では「総会」という用語を用いていますが、この総会とは区分所有法で定める「集会」のことです（マンション管理標準規約42条2項）。

■**住居表示（じゅうきょひょうじ）**
建物について、町名・街区符号・住居番号により表記することをいいます。従来は地番が用いられてきましたが、地番のみでは、日本の市街化が進むにつれて、土地の特定が困難になってきたために、昭和37年に「住居表示に関する法律」が制定され、住居表示の実施が導入されました。地番は通常、登記情報の取得や税金など公的場面で用いられます。これに対して住居表示は、郵送物の配達など、細かく住居を特定する必要がある場合に用いられることが多いようです。

■**集合物（しゅうごうぶつ）**
複数の物の集合が一体として取引の対象となる物をいいます。たとえば、工場抵当法や企業担保法においては、企業という集合物に一個の担保権を設定することが認められています。判例では、倉庫内の商品のように入れ替わっていくような物でも、種類や所在場所、量的範囲の指定によって目的の範囲を特定できれば、集合物として譲渡担保の対象にできることが認められています。

■**住所証明情報（じゅうしょしょうめいじょうほう）**
登記を申請する際の添付書面のひとつで、登記名義人などの住所を証明する情報です。原則として、住民票の写しを添付します。ただ、住民票コードを提供した場合には、住民票の写しを提供する必要はないなどの例外もあります。所有権保存登記や所有権移転登記を申請する場合に、所有権登記名義人が実在することを証明するものとして必要になります。

■**終身建物賃貸借（しゅうしんたてものちんたいしゃく）**

「高齢者の居住の安定確保に関する法律」に基づき、高齢者が死亡するまで終身にわたり居住することができ、死亡時に契約が終了する旨の特約がついた賃貸借契約のことをいいます。賃借人となる高齢者は60歳以上であり、単身または同居者が高齢者親族であること（配偶者は60歳未満でも可）が要件になります。原則、一代限りで終了し相続の対象とはなりませんが、同居していた高齢者が、賃借人であった高齢者の死亡後1か月以内に申出をすれば継続して居住することが可能になります。なお、賃貸借の目的となる住居はバリアフリー化されている必要があります。

■**修繕義務（しゅうぜんぎむ）**

賃貸物件に雨漏りなどの不具合がある場合に、賃貸人がこれを修理する義務のことをいいます。ただ、賃貸人の修繕義務は目的物にキズがある場合に常に発生するというものではなく、修繕義務の有無は社会通念上、賃借人の使用収益に支障が生じるか否かを基準に判断されることになります。また、賃貸人が修繕義務を履行せず、そのために不便が生じた場合には、使用収益が妨げられた割合に応じて賃料が減額されると解するのが判例の立場です。なお、目的物の毀損が地震などの天災によるような場合であっても、賃貸人はその修繕義務を免れることはできないとされています。

■**修繕積立金（しゅうぜんつみたてきん）**

修繕積立金とは、共用部分の大規模修繕の費用に充てられる積立金のことで、分譲マンションを購入した場合に、毎月支払うことになります。修繕積立金は、少額に設定されている場合が多く、大規模修繕をする際に資金が足りず、一時分担金を請求される場合も少なくありません。このため、国土交通省がガイドラインを作成しており、このガイドラインと照らし合わせることで、適正な修繕積立金がいくらであるのかを試算することができるようになっています。

■**修繕特約（しゅうぜんとくやく）**

修繕義務を賃借人に負わせる特約のことをいいます。修繕特約が有効であるか否かについては裁判上判断が分かれています。通常使用による軽微な修繕について賃借人の負担とするような特約は有効と解されていますが、目的物の構造にかかわるような大規模な修繕については賃借人の負担とすることはできず、無効になると解されています。

■**住宅性能表示（じゅうたくせいのうひょうじ）**

国土交通大臣の登録を受けた住宅性能評価機関が、住宅の性能をわかりやすく表示する制度のことをいい、「住宅の品質確保の促進等に関する法律」において規定されています。住宅の性能は、地震や風などに対する建物の強さ・断熱などの省エネルギー性・遮音性などの音環境など、10個の項目について評価が行われます。これらの評価の表示を消費者が確認することによって、住宅を相互比較することができます。

さ

■住宅耐震改修の税額控除・所得控除（じゅうたくたいしんかいしゅうのぜいがくこうじょ・しょとくこうじょ）

住宅耐震改修の税額控除とは、居住者が自らの居住用の家屋について住宅耐震改修（地震に対する安全性向上のために増築、改築等をすること）をした場合において、一定の金額をその年の所得税額から控除する制度です。なお、住宅耐震改修をした家屋が昭和56年5月31日以前に建築されたものであり、かつ、現行の耐震基準に則って耐震改修されたものに限り、住宅耐震改修の税額控除を受けることができます。

■住宅品確法（じゅうたくひんかくほう）

正式には、「住宅の品質確保の促進等に関する法律」といいます。欠陥住宅による被害が社会問題化したことを受けて、建物の買主（注文建築の場合は注文者）を保護するために制定された法律です。住宅に関する紛争を解決する機関の設置などについて定められています。

■住宅ローン減税（じゅうたくろーんげんぜい）

住宅の新築、取得、バリアフリー改修工事、省エネ改修工事等にかかる借入金残高について、一定の控除率を掛けた金額をその年の所得税額から控除できる制度です。住宅ローン減税は、減税の種類ごとに「住宅借入金等特別控除」「住宅特定改修特別税額控除」などという形で定められています。対象になる住宅は、おもに居住に使用されるものであり、新築、取得の場合は床面積が50㎡以上、バリアフリー改修工事等による増改築を行う場合は増改築する床面積が50㎡以上であるなどの条件を満たす必要があります。

■従たる権利（じゅうたるけんり）

借地権など、その土地を利用し、家の利用を可能にする権利などのことです。主物と従物の関係と同様に考え、家が売られた場合には、その従たる権利として借地権も売られたことになります。

■収入印紙（しゅうにゅういんし）

国庫収入となることを示す、国が発行する証票のことです。印紙税や手数料（登記手数料や国家試験の受験手数料など）を納付する際に収入印紙が用いられることがよくあります。

■従物（じゅうぶつ）

独立の物でありながら、客観的・経済的には他の物（主物）に従属して、その効用を助けるものです。建物の畳や、増築された茶の間、料理店の庭に置かれた石どうろうなどは、それぞれ判例で建物の従物とされています。

従物は主物の処分に従います（民法87条）。したがって、主物の所有権が移転すれば、従物の所有権もそれに伴って移転します。従物となるには、同一の所有者が主物を常に使用するために必要であり（常用性）、かつ主物に付属し（付属性）、しかも独立性があることが必要です。

■重要事項説明書（じゅうようじこうせつめいしょ）

不動産取引において、仲介する業者が買主に物件説明を行う際に交付する書面で、その物件に関する重要な事柄が書か

れています。たとえば、不動産売買において、宅地建物取引主任者は、当事者に対して重要事項説明書により物件の説明をしなければなりません。

■重要事項の不告知の禁止（じゅうようじこうのふこくちのきんし）

宅地建物取引業者は、その業務に関する重要な事項につき、相手方（買主や売主）などに故意に事実を告げないこと（不告知）が禁止されています。たとえば、ある物件を購入する意思がある人に対して、その物件に抵当権が設定されていることを知っているにもかかわらず、買主にそのことを告げない場合は、重要事項の不告知にあたり、2年以下の懲役もしくは300万円以下の罰金に処せられます。なお、両方に処せられる（併科する）こともあります。

■14条地図（じゅうよんじょうちず）

不動産登記法14条1項に基づき、法務局に備え付けられた精度の高い地図のことをいいます。各筆の土地の区画および地番を明確にし、それが現地においてどのように存在するかを明らかにするためのもので、公図に比べ、方位、形状、縮尺が正確であり、また現地復元性に富むのが特徴です。平成15年から国土交通省と法務省等が協力して全国の法務局へ備え付けられるよう整備が進められています。

■主登記（しゅとうき）

所有権移転登記などのように、新たに順位番号がつけられる登記のことです。独立登記ともいいます。なお、付記登記は、主登記に付属する形式で登記される登記のことです。たとえば、甲区1番で所有権の保存登記がされている所有権を移転した場合、甲区2番の主登記として、所有権移転登記が記録されます。

■取得時効（しゅとくじこう）

権利者によらない一定の状態が長期間続いた場合に、その一定の状態の継続をもって権利者として認める制度をいいます（民法162条）。取得時効は、動産や不動産の所有権がおもな対象になります。他人の不動産でも10年間自分の物だと思って占有し（善意、自主占有）、公然と使っており（平穏・公然）、自分の物だと思ったことに落ち度がなければ（無過失）、その不動産の所有権を取得します。たとえ自分の物だと思っていたことに落ち度があっても（有過失）、20年間その物を使っていれば、時効取得します。長い間継続したままの事実状態の保護や、「権利の上に眠っている者を保護しない」といった理由から、取得時効の制度が認められています。

■守秘義務（しゅひぎむ）

職業上で知り得た情報を、第三者に漏らしてはいけないという義務のことをいいます。守秘義務は、さまざまな職業につき、さまざまな法律によって課されていますが、宅地建物取引業者に対しては、宅地建物取引業法45条によって義務付けられています。

ただし、正当な理由がある場合には、この規定は適用されません。裁判の証人として証言をする場合や、本人の承諾がある場合などが、これにあたります。

■主物（しゅぶつ）

物に従たるものとして付属しているも

のを従物といいますが、この従物と結びついているものを主物といいます。従物は主物の処分に従います（民法87条）。たとえば、刀の刀身は主物で、刀の鞘は従物になります。

■**受領遅滞（じゅりょうちたい）**

債務の弁済をしようとしたところ、債権者が受領を拒否したり受領できない場合をいいます（民法413条）。たとえば、建物の賃貸借契約において、借主が賃借料を貸主のところに持って行ったが、貸主が金銭を受け取ってくれなかったという場合に受領遅滞となります。

受領遅滞により、債務者の責任が軽減されます。たとえば、目的物の保管のための注意義務が、自己の財産を保有する場合と同程度の注意義務に軽減されることになります。また、債務者は、弁済の目的物（賃貸借契約における賃借料など）を供託することが可能になります。

■**順位番号（じゅんいばんごう）**

登記簿に記載されている登記が受け付けられた順番のことをいいます。順位番号が若いほど受付が早いことを意味します。仮登記や差押登記などがある場合以外では、順位番号が若いほうの権利が優先するという関係にはならないため、甲区では順位番号が問題になることはあまりありません。一方、乙区では、順位番号は登記の優劣を判断する上で非常に重要な意味を持ちます。たとえば、順位1番の抵当権は、順位2番抵当権に優先して弁済を受けることができます。

■**順位変更の更正登記（じゅんいへんこうのこうせいとうき）**

抵当権などの順位変更の登記をしたが、順位に誤りがあるときに、正しい順位に修正するために行う登記です。なお、順位変更の登記後に、さらに順位変更をした場合は、再度順位変更の登記を申請することになります。

■**順位変更の抹消登記（じゅんいへんこうのまっしょうとうき）**

抵当権などの順位変更の登記をした後、順位の変更が無効であった場合に行う登記のことです。順位変更の抹消登記を行うと、順位変更の登記をする前の順位に戻ることになります。なお、順位変更の登記後に、順位変更をとりやめた場合は、再度の順位変更の登記を行う必要があります。

■**準共有（じゅんきょうゆう）**

所有権以外の権利を複数の者たちで共有することをいいます（民法264条）。準共有がなされている場合には、民法249条以下の共有の規定が準用されます。準共有が成立するのは、著作権、特許権などの知的財産権や、地上権、永小作権、地役権、抵当権などの物権および債権です。なお、使用借権や賃貸権を除く債権については、多数当事者の債権および債務（同法427〜520条）の規定で処理されることがよくあります。

■**純粋共同根抵当（じゅんすいきょうどうねていとう）**

複数の不動産に根抵当権を設定した場合に、複数の不動産で1つの根抵当権を担保する形式の根抵当権のことです。た

とえば、極度額10億円の根抵当権を担保するため、A不動産、B不動産に純粋共同根抵当を設定したとします。債権が弁済されない場合、A不動産、B不動産に対して、合計10億円まで担保権を実行することができます。

なお、似た概念に累積式共同根抵当があります。累積式共同根抵当では、各不動産が独立して根抵当権を担保するため、A不動産、B不動産はそれぞれ10億円（合計20億円）まで担保することになります。

■準占有（じゅんせんゆう）

占有の対象物が、物以外（権利など）を対象とする場合をいいます（民法205条）。占有の定義は「自分のためにする意思をもって物を所持すること」であるので、準占有の定義は「自分のためにする意思を持って権利を行使すること（権利によって得られる財産的利益を事実上支配すること）」です。準占有が認められる権利には債権の他、先取得権、抵当権、著作権、特許権、商標権、鉱業権、漁業権などがあります。

■準都市計画区域（じゅんとしけいかくくいき）

都市計画法において、都市計画区域の要件を満たしていない区域について、将来的に市街化する見込みがある地域の開発行為等を規制する制度をいいます。準都市計画区域に指定されるには、ⓐ都市計画区域外の土地であること、ⓑ相当数の住居等の建築・敷地の造成等が実際に行われている、または行われる見込みがあること、ⓒ現状の土地の利用を認めていると将来の整備開発保全に支障が生じ

るおそれがあること、という要件を満たす必要があります。

■準防火地域（じゅんぼうかちいき）

都市計画法において、防火地域と共に、市街地の火災の危険を防除するために指定される地域をいいます。具体的な基準については建築基準法が定めており、防火地域の周辺の住宅地を含めて広く指定されます。準防火地域では、たとえば、地階を除く階数が4以上または延べ面積が1500㎡を超える建築物は鉄筋コンクリート造などの耐火構造にしなければならないなどの規制を受けることになります。

■承役地（しょうえきち）

地役権の設定によって、他の土地のために利用される側の土地のことです（民法285条）。なお、承役地を利用する側の土地は要役地といいます。たとえば、要役地の通行のために承役地が利用されたり、要役地に水路を設けるために、承役地を利用することもあります。ただし、承役地と要役地は隣接している必要はなく、離れて存在していてもかまいません。

■少額訴訟（しょうがくそしょう）

家賃や敷金、保証金などの60万円以下の金銭の支払請求に限り、利用できる訴訟で、原則として1回の期日で直ちに判決が言い渡されます（民事訴訟法368条以下）。

少額訴訟の訴えの提起は簡易裁判所に対して行います。当事者が判決に対して異議を述べれば、通常の訴訟に移行します。

■商業登記（しょうぎょうとうき）

商号や会社に関する信用の維持を図る

ために採用されている制度。個人の商人の商号、会社に関する事項などを商業登記簿に記録し、一般に公示する役割をはたしています。

■商業登記法（しょうぎょうとうきほう）

会社が商業登記を行うにあたって、詳細を定めた法律。全4章から成る法律で、商号登記簿や株式会社登記簿をはじめ、9種類の商業登記に関する規定を設けています。

■償金請求権（しょうきんせいきゅうけん）

不動産の付合、動産の付合、混和、加工などによって損失を受けた者が、利益を受けた者に対して償金の請求ができるとする権利が償金請求権です（民法248条）。たとえば、Aの所有していた樹木がBの土地根を張ってしまった（付合）場合に、Aは樹木の返還をBに請求することはできませんが、償金の返還請求ができます。

■承継取得（しょうけいしゅとく）

ある権利を他人の権利に基づいて、取得することをいいます。原始取得と対置される言葉です。承継取得の例としては、売買、相続などがあります。

承継取得では、前の権利者が負っていた制限などもそのまま承継されることになります。たとえば、土地の売買契約がなされた場合に、売主がその土地に抵当権を設定していた場合には、買主は抵当権がついたまま土地の所有権を取得することになります。この点で、負担のない権利を取得できる原始取得と異なります。

■条件（じょうけん）

法律行為の効力の発生または消滅を、将来の不確定な事実の成否によるとする場合のことです。事実の発生により効果が発生する「停止条件」と効果が消滅する「解除条件」があります。たとえば、「試験に合格したら、自動車を買ってあげる」という約束をした場合、試験の合格が停止条件ということになり、合格時に贈与契約が成立することになります。行政行為の附款として条件が付されることもあります。

また、「海外転勤があった場合には家を売る」と約束するのは停止条件、「海外転勤がなくなった場合には家を売らない」と約束するのは解除条件になります。

■条件付権利（じょうけんつきけんり）

条件が満たされるか確定しない間に、当事者の一方がもつ、条件が満たされたら一定の法律上の利益を受けることができる、という法律上の地位をいいます。期待権の一種で、たとえば、仲介した不動産売買契約が成立すると、売主や買主から仲介料をもらえるという不動産仲介業者の地位がこれにあたります。

条件付権利を持つ人の相手方は、その期待を害しない義務を負います（民法128条）。

■小修繕（しょうしゅうぜん）

障子の張り替えや電球や蛍光灯の取り替えなど、軽度の修繕のことをいいます。法律上は、貸主側に目的物の修繕義務があるのですが、小修繕については、賃貸借契約に特約を定めることで、借主に修繕義務を課すことができます。

一方、大規模（屋根の修繕など）・中

規模（洗面台の修繕など）の修繕については、特約において定めたとしても、借主に修繕義務を課すことはできません。

■**承水義務（しょうすいぎむ）**

土地の所有者は、隣地から水が自然に流れてくることを妨げることができません。これを承水義務といいます（民法214条）。隣地所有者の排水が円滑になされるようにするために承水義務についての規定が置かれています。承水義務は自然に流れている水についての規定なので、人工的に施設による流水について民法214条は適用されません。

■**使用貸借（しようたいしゃく）**

当事者の一方が無償で使用および収益をした後に返還をすることを約束して相手方からある物を受け取ることによって成立する契約のことです（民法593条）。使用貸借契約は、物を渡すことによって成立する要物契約です。たとえば、建物に無償で居住させる契約をすることは使用貸借契約に該当します。なお、使用貸借の借主が使用貸借契約に基づいて目的物を利用する権利のことを使用借権といいます。物の授受が契約の成立要件であるため、使用貸借の貸主に目的物を貸す義務はありません。

■**承諾料（しょうだくりょう）**

賃借権の譲渡や転貸を行う場合に賃貸人に対して支払われる金銭のことをいいます。賃借権の譲渡や転貸借を行う場合には、賃貸人の承諾を得る必要があります。そのため、賃借人が賃借権の譲渡や転貸をしたいと考えた場合、譲渡や転貸を認めてもらう対価として、賃貸人に金銭を支払うことがあります。譲渡承諾料は、借地権の価額の1割程度であることが多いようです。

■**上棟（じょうとう）**

棟上、あるいは建前ともいい、柱や梁などを組み立てて、棟木を上げることをいいます。この上棟の際に、新屋の安全祈願と、家屋の重要部分である棟木を取り付けられたことを祝って行う上棟式をさす場合もあります。

■**譲渡所得（じょうとしょとく）**

土地や建物、株式などを譲渡したことによって得る所得をいいます。ただし、事業用の商品や製品を譲渡した場合は事業所得に、山林を譲渡した場合は山林所得となり、譲渡所得には該当しません。譲渡所得は、土地や建物などを売却することによって受け取った金額から、取得費及および譲渡費用（仲介手数料など）を差し引くことにより算定されます。

■**譲渡所得の取得費（じょうとしょとくのしゅとくひ）**

譲渡所得を算定するためには、譲渡価額から取得費と譲渡費用を控除します。ここで控除される取得費用とは、譲渡する土地、建物の購入代金や、購入手数料など、譲渡資産の取得に必要となった費用のことをいいます。また、取得後に支出した改良費や設備費も取得費に含まれます。なお、取得費からは、譲渡資産の保有期間中に生じた減価償却費相当額を差し引きます。

■譲渡所得の特別控除（じょうとしょとくのとくべつこうじょ）

一定の条件を満たす場合、譲渡所得を計算する際に特別控除を受けることができます。特別控除を受ける際の譲渡所得は、土地や建物の譲渡価額から取得費、譲渡費用の他、特別控除の金額を差し引いて計算します。たとえば、マイホームを売却した場合は、譲渡所得から最大3000万円の控除を受けることができます。なお、特別控除の限度額は、譲渡益の金額です。

■譲渡担保（じょうとたんぽ）

担保目的物の所有権を債権者に移転して、それを債務者が引き続き借りておくという形の担保権です。譲渡担保は、工場に備え付けの機械や、倉庫に保管してある在庫商品など、担保化のための明確な規定がない財産を担保にとる場合に、広く利用されます。また、不動産を譲渡担保の目的物とすることも可能です。譲渡担保は、債務者が担保の目的となった物を使用し続けられるという点に特徴があります。

■譲渡担保における受戻し（じょうとたんぽにおけるうけもどし）

譲渡担保において、譲渡担保設定者（債務者側）は、被担保債務の弁済期が到来した後も、処分清算型（譲渡担保の目的物を譲渡担保権者が第三者に売却しその代金をもって弁済に充当すること）・帰属清算型（譲渡担保目的物の所有権を譲渡担保権者が確定的に取得する方法のこと）のいずれかによって処理がなされるまでは、被担保債務を弁済して譲渡担保の目的物を取り戻すことができます。これを、譲渡担保における受戻しといいます。

受戻しは譲渡担保設定者の権利ですが、受戻しの権利を放棄して、譲渡担保目的物の価額と債権額との差額を、譲渡担保権者に求めることはできません。

■消費税（しょうひぜい）

消費一般に広く公平に課税する間接税をいいます。消費税は、商品の販売やサービスの提供などを受けたときに課され、消費者がこれを負担することになります。消費税の負担者である消費者が担税者となり、国内において課税資産の譲渡などを行った事業者、つまりお店が納税義務者になります。物品やサービスの購入に際して消費者が消費税として事業者に支払う金額は、あくまで物品やサービスの購入の対価の一部分ですが、その「消費者が負担した消費税」は、最終的には納税義務者である各事業者の申告・納税を通じて国に納付されることになります。消費税の税率は、税と社会保障の一体改革により、平成26年4月1日に5％から8％へ引き上げられました。なお、平成29年4月1日からは、10％に引き上げられる予定です。

■消防法（しょうぼうほう）

火災を予防・警戒・鎮圧し、火災や地震などの被害を軽減するための消防活動を規律し、消防の設備の基準を規定し、市町村の救急業務などに関して定める法律です。

なお、国における消防庁、各市町村における消防本部・消防署・消防団、そして消防職員・消防団員の設置などの消防組織については「消防組織法」という法律が別に設けられています。

■消滅時効（しょうめつじこう）
　権利者が権利を行使しない状態が一定期間続いた場合に、その権利を失うことになる制度をいいます（民法166条など）。一般に、「権利の上に眠る者は法による保護を受けない」などと説明されるものです。民法は、通常の債権は10年で消滅するとしていますが、それよりも短い時効期間で消滅する債権も多く存在しています。

■証約手付（しょうやくてつけ）
　売買が成立した証拠を意味するものです。通常の手付には、証約手付としての意味があります。

■剰余主義（じょうよしゅぎ）
　不動産の強制競売などの場面において、不動産を売却した金銭等により差押債権者の債権に優先する不動産上の負担および執行費用を弁済して剰余が得られる場合にのみ、不動産の売却を許すという原則のことをいいます。たとえば、5000万円の不動産に対して被担保債権が1億円の第1順位の抵当権と、被担保債権が3000万円の第2順位の抵当権が設定されている場合、強制競売をしたとしても、売却代金はすべて第1順位の抵当権者が手に入れてしまうため、第2順位の抵当権を有する者が強制競売をすることはできません。剰余主義は、競売を申し立てた債権者に配当が行われない場合に、その者の申立てを認める実益がないという考え方に基づいています。

■所在（しょざい）
　登記簿に書かれた不動産の所在地のことです。土地の所在場所は市、区、町、村、字またはこれに準じる地域で表されます。建物の所在場所は郡、市、区、町、村、字と地番で表されます。
　登記簿の表題部の「所在」欄があり、たとえば「新宿区○○町1丁目」と記載されます。なお、建物の場合は、「新宿区○○町1丁目1番地1」のように地番まで記載されます。

■除斥期間（じょせききかん）
　権利の行使を制限する期間で、その期間が過ぎてしまえば、もはやその権利は行使できないとする期間です。除斥期間は、時効と異なり、原則として中断はなく、援用の必要もありません。裁判所は除斥期間の主張がなくても期間が経過していることを前提に裁判をします。
　たとえば、不法行為の損害賠償請求権の除斥期間は20年とされています（民法724条）。このため、不法行為がなされたときから20年が経過した時点で、被害者は損害賠償請求ができなくなります。

■所得税（しょとくぜい）
　個人の所得に対して課される税金です。1年間の所得から所得控除を差し引いた金額に所得税率を掛けることで所得税は算定されます。所得には、事業所得の他、不動産所得、譲渡所得、山林所得、一時所得など10種類の所得があります。所得税率には、所得が多くなるにつれて高くなる超過累進税率が採用されています。これは、納税者の支払能力に応じて所得税を負担させようという趣旨によるものです。

■処分禁止の仮処分の登記（しょぶんきんしのかりしょぶんのとうき）
　不動産に対する登記請求権を保全するための登記のことです。民事保全手続きのひとつです。登記義務者が登記申請に応じない場合などに、登記請求権者の申立てにより裁判所書記官の嘱託によって行われます。
　所有権移転登記請求訴訟の原告となった登記請求権者は、勝訴判決を得て判決による登記をする際に、処分禁止の仮処分の登記の後に登記された甲区および乙区の登記を単独で抹消することができます。

■処分の制限の登記（しょぶんのせいげんのとうき）
　登記名義人が税金を滞納した場合や、抵当権を設定して受けた融資を返済できなくなった場合などに、強制執行などの対象となる不動産を自由に処分できないようにするために行われる登記です。裁判所が嘱託（官庁などが直接法務局に登記を依頼すること）して差押え・仮差押え・仮処分などの登記を行います。
　「処分の制限の登記」は、裁判所書記官が嘱託をするものであり、当事者が申請をする必要はありません。処分の制限の登記には、民事執行に関する登記、民事保全に関する登記などがあります。

■書面主義（しょめんしゅぎ）
① 登記の申請は、書面で行うという原則のことです。現在では、インターネットを利用したオンライン申請も可能です。
② 訴訟において、弁論と証拠調べを書面で行うという原則です。書面主義は口頭主義に対する用語で、民事訴訟法では、訴えの変更や取下げを除き、書面主義は例外とされています。

■書面申請（しょめんしんせい）
　登記申請書と添付書類を法務局に提出して行う申請の方法のことです。不動産登記の申請は、不動産の所在地を管轄する法務局で行います。法務局に直接出向いて行う方法の他に、郵送で申請する方法があります。また、商業登記も、通常は書面により申請がなされます。

■所有権（しょゆうけん）
　物を全面的・包括的に支配できる権利です。所有権は、契約（売買・贈与など）や相続などにより前の権利者から引き継いで権利を取得（承継取得）したり、先占、習得、発見、添付によって前の権利者とは切り離されて権利を取得（原始取得）することもあります。所有権には、絶対性（すべての者に対して主張できること）、排他性（同じ物に、同一の所有権を設定できないこと）、恒久性（消滅時効にかからないこと）などの性質があります。
　民法176条によると、所有権の移転の意思表示をした時点が所有権の移転時期となりますが、「登記完了時に土地所有権が移転する」など、特約で所有権の移転時期を設定することは可能です。

■所有権以外の仮登記に基づく本登記（しょゆうけんいがいのかりとうきにもとづくほんとうき）
　所有権以外の権利（抵当権、地上権など）について仮登記を設定していた者が、仮登記を対抗力のある本登記にするために行われる登記のことです。
　所有権以外の仮登記とは、たとえば、

抵当権移転請求権仮登記などがあります。本登記は、これらの仮登記がなされた後、同じ不動産についてなされる同じ権利について登記を行うもので、その不動産の登記記録には、「仮登記に基づく登記」である旨が記載されています。

■所有権移転の登記（しょゆうけんいてんのとうき）

不動産の所有権が移転した場合、つまり、所有権の権利主体が変更した場合に行われる登記のことです。たとえば、不動産の所有者Aと買主Bとの間で、その不動産の売買が行われ、その不動産の所有権がAからBへと移転した場合にAとBが共同して登記の申請を行うのが所有権移転の登記です。ただし、相続による所有権移転の登記などは相続人が単独で申請することができます。

■所有権仮登記に基づく本登記（しょゆうけんかりとうきにもとづくほんとうき）

所有権の仮登記を有していた者が、仮登記を対抗力のある本登記にするために行う登記のことです。仮登記名義人が登記権利者、仮登記義務者が登記義務者として、共同で申請します。

登記の目的について「所有権移転（○番仮登記の本登記）」などと、仮登記に基づく本登記である旨を記載する必要がありますが、この記載がなかった場合、仮登記に基づく本登記ではなく、新たな順位番号による登記がなされることになります。この場合、更正の登記をすることはできません。

■所有権更正登記（しょゆうけんこうせいとうき）

所有権の登記内容の一部について登記時点から錯誤や遺漏（抜け落ちていること）があり、実体法上の権利関係と一致しない場合になされる登記のことです。更正前の登記と更正後の登記に同一性があるときのみ、更正登記をすることができます。

たとえば、実際には、甲がA不動産を乙・丙に売ったが、登記上は甲から乙への所有権移転登記がなされたような場合です。このような場合、乙が所有者となっている登記を乙・丙の共有名義に更正することができます。

■所有権絶対の原則（しょゆうけんぜったいのげんそく）

所有権は誰に対しても主張することができ、他者に邪魔されることなく使用・収益・処分できるという原則です。たとえば、権限がないのに無断で自動車を使用している者に対して、所有者は自身に所有権があることを主張し、所有権による引渡しを求めることができます。このことにより、所有者が他者を排除して所有物を利用することができます。

■所有権の原始取得（しょゆうけんのげんししゅとく）

前の所有者と無関係に、独立に所有権を取得することです。原始取得はいくつかの形態で認められています。まず、所有者の存在しない動産を、所有の意思を持って占有した者は所有権を取得します。これを無主物先占といいます（民法239条）。川で魚を釣った場合などがこれにあたります。また、埋蔵物は6か月間

所有者が判明しない場合、原則として発見者が所有権を取得します（同法241条）。他にも、即時取得（同法192条）、時効取得（同法162～163条）によっても、所有権を取得します。

■所有権保存の登記（しょゆうけんほぞんのとうき）

不動産に関する所有権を保存するために行う登記のことをいいます。最初の権利に関する登記としてなされるのが「所有権保存の登記」です。

所有権保存登記を申請することができる者として、ⓐ表題部に所有者として記録されている者、ⓑ表題部に所有者として記録された者の相続人その他一般承継人、ⓒ確定判決により所有権を有することを確認された者、ⓓ土地などの収用により所有権を取得した者、ⓔマンションなどの区分建物について表題部所有者から所有権を取得した者が挙げられます。

■所有者抵当（しょゆうしゃていとう）

自身が所有する不動産などに抵当権を有することをいいます。たとえば、Aが自分の所有する不動産に、Bを1番抵当権者として、Cを2番抵当権者として抵当権を設定したとします。このとき、AがBに対して弁済をした場合に、Aが自分の不動産に対する1番抵当権をもつのが所有者抵当です。ただし、日本では、原則として所有者抵当をもつことができません。先の例では、2番抵当権者であるCが1番抵当権者に上昇することになります。

なお、自身が有する債務を担保するため、自身が所有する不動産などに抵当権を設定することが多くなされています。

■信義誠実条項（しんぎせいじつじょうこう）

契約書の中に、民法の信義誠実に関する条文と同じような内容の条項が盛り込まれることがあります。このような条項を信義誠実条項といいます。具体的には、「契約の当事者は互いに信義誠実に契約の内容を履行する」といった条項であることが多いようです。しかし、契約を信義誠実に履行することは当たり前であるため、信義誠実条項が何らかの法的効果を有することは少ないといえます。

■信義則（しんぎそく）

信義誠実の原則のことです。民法1条2項に規定されている、権利の行使および義務の履行は信義に従い誠実に行わなければならないとする一般原則です。相手方の持っている正当な期待にそむくことがないように一方の行為者は行動するべきであるということを意味します。何が信義則に反するかは個々の事情により判断されます。

たとえば、売買契約の目的物について売主が充分に説明をしなかった場合、信義則に反するとされる可能性があります。

■申請主義（しんせいしゅぎ）

原則として、当事者の申請、官庁の依頼がなければ登記をすることができないという建前のことです。例外として法律に定めがある場合は、当事者の申請、官庁の依頼がなくても、登記官は職権で登記をすることができます。

■申請情報（しんせいじょうほう）

不動産登記の申請に必要な登記の目的、原因および日付、申請人、不動産の

表示などの情報のことです。オンライン申請では、申請情報をインターネットを通じて送信し、書面申請では、申請情報を記載した書面（申請書）を作成して管轄法務局に提出することになります。

■真正な登記名義の回復（しんせいなとうきめいぎのかいふく）

登記簿上の名義人が真の所有者と一致していない状況にあるときに、正しい登記名義人に所有権を移転することをいいます。この際、「真正な登記名義の回復」を登記原因とする権利の移転登記を行います。たとえば、不動産の所有権がBであるにもかかわらずCが登記名義人となっている場合には、所有権の抹消登記をし、その上で、以前の所有者AからBへと移転の登記するのが原則ですが、それが困難な事情がある場合などには、真正な登記名義の回復を原因として、C→Aへと直接所有権移転の登記を申請することができます。

■信頼関係破壊の法理（しんらいかんけいはかいのほうり）

賃貸借契約において契約の解除の要件を満たすような行為があったとしても、それが貸主と借主の間の信頼関係を完全に破壊するほどの内容ではないと判断される場合は、貸主から契約の解除をすることができないとする理論です。賃貸借契約の中でも借地契約・借家契約の判例にこの理論が適用されます。借地や借家の賃貸借契約は、借主の生活の基盤となっていることが多いので、借主の保護を厚くしています。

■信頼利益（しんらいりえき）

契約が有効に成立していると信頼したために生じた損害のことを信頼利益といいます。たとえば、不動産の売買をしようとしていた場合の不動産の調査費用などは信頼利益に該当します。信頼利益は履行利益と対置される考え方で、信頼利益より履行利益のほうが大きいとされています。瑕疵担保責任（民法570条）に基づく損害賠償請求においては、賠償の範囲が信頼利益に限られるのか、あるいは履行利益まで含まれるのか考え方が分かれています。

■心裡留保（しんりりゅうほ）

意思表示をする者（表意者）自身が、真意でないことを知りながら意思表示をすることです。この場合について民法は、原則として表示通りの効果が生じるとしています（民法93条）。ただ、相手方が、表意者が真意でないということを知っていたり、ちょっと注意すればわかりそうな場合は心裡留保による意思表示は無効とされています。たとえば、売るつもりがないのに、「家を売ってやる」などといってしまった場合に、心裡留保が問題となります。原則としては、売主は家を売らなければなりませんが、相手がこの発言はウソだとわかっているような場合には家を売らずにすみます。

す

■数量指示売買（すうりょうしじばいばい）

一定の数量があることを前提として、代金等を定めた売買のことです。たとえば、土地の売買において、その面積を契

約時に表示したとします。実際に引渡しが行われたものの、その後になって土地の面積が表示した数量より少ないことが判明した場合、買主は売主に担保責任を請求することができます（民法565条）。具体的には、買主は売主に対して、代金の減額請求や損害賠償請求などができます。

■捨印（すていん）
　契約書などを作成する場合に、記載の誤りを訂正する訂正印に代えて、書類の欄外にする印のことを捨印といいます。捨印がなされることで、相手方が事後に書類の内容を訂正することを承認しているものとされます。書類の内容を若干変更するにすぎない場合には相手方が容易に書類の書換えができるようにするため、捨印がなされることがよくあります。

せ

■生産緑地法（せいさんりょくちほう）
　生産緑地地区に関する都市計画について定めた法律で、農林漁業との調整を図り、良好な都市環境づくりをすることを目的にしています。生産緑地地区とは、市街化地域内の農地を対象としています。生産緑地として指定を受けると、税金が安くなる一方で、原則30年間は農地から宅地への転用ができなくなるというデメリットがあります。

■正本（せいほん）
　原文書（原本）の写し（謄本）の一種で、原本と同一の効力をもつ書面です。たとえば、判決原本を保管する裁判所の書記官が謄本に「これは判決の正本である」と記載したものが正本の例です。

■堰の設置・利用権（せきのせっち・りようけん）
　堰とは、水をせき止めるものです。水流地を所有する者は、堰を設ける必要がある場合に、対岸の土地が他人のものであるとしても、堰を対岸に接するように設置することができます。また、このような堰が設置された場合には、対岸の土地の所有者はこの堰を利用することができます。これらの権利のことを、堰の設置・利用権（民法222条）といいます。
　堰を設置した者は、堰を設置したことによる損害に対して償金を支払わなければなりません（同法222条1項）。

■接境建築（せっきょうけんちく）
　建物同士を隣接させて建築することをいいます。民法では、建物は50cm以上離して建築しなければならないとされています（民法234条）。しかし、建築基準法には「防火地域又は準防火地域内にある建築物で、外壁が耐火構造のものについては、その外壁を隣地境界線に接して設けることができる」として、民法とは異なる規定をしています（建築基準法65条）。最高裁判所は建築基準法が優先するという立場をとっています。

■設計図書（せっけいとしょ）
　建物の設計内容を示すさまざまな書類をさします。一般的には、設計図、仕様書、構造計算書をさすことが多いようです。設計図は構造や形状などを記載した、平面図や立面図、断面図などいろいろな種類の図面です。仕様書は、工事の内容・方法を記載するもので、設計図に記載しつくせない事項を含んでいます。そして構造計算書は、建物の構造計算の概算を

まとめた書類のことです。

■接道義務（せつどうぎむ）

建築物の敷地は、建築基準法42条に規定する幅4m以上の道路に、2m以上接しなければならないことをいいます。都市計画区域と準都市計画区域に限定され、また、上記区域内であっても特定行政庁が交通上、安全上、防火上および衛生上支障がないと認めて建築審査会の同意を得て許可したときは、接道義務の必要はありません。

■セットバック義務（せっとばっくぎむ）

セットバックとは、道路の幅員を確保するために敷地の一部を道路部分として負担する場合の当該負担部分のことで、簡単にいうと、道路との境界線を後退させることです。建築基準法42条2項の道路に該当する場合にはこの義務を負うことになります。

■ゼロゼロ物件（ぜろぜろぶっけん）

建物の賃貸借契約において、契約締結時に敷金や礼金が要らない賃貸物件をいいます。

初期費用がなくても入居できるということで、低所得者にも人気があります。もっとも、家賃の支払いが数日遅れただけで勝手に鍵を交換される場合や、荷物を撤去されるケース、また、退去時に高額の修繕費を請求されるトラブルなども起きています。家賃が近隣の相場よりやや高めに設定されていることもあり、注意が必要です。

■善意（ぜんい）

法律用語では、ある事情を「知らないこと」を善意といいます。道徳的に「善い」という意味で用いているのではありません。

■善意占有（ぜんいせんゆう）

所有権などの本権がないのにあると誤信して占有をすることを善意占有といいます。

善意占有をしている者は占有物から生じる果実（土地から生じる賃料など）を取得できます（民法189条）。また、占有物を滅失した場合、善意占有者は現存利益の範囲内でのみ損害賠償責任を負います。さらに、善意で占有を始めたのであれば、10年間占有すれば取得時効によりその物の所有権を取得できます（同法162条）。

■善管注意義務（ぜんかんちゅういぎむ）

その人の職業や社会的地位に応じて一般的に期待されている注意義務のことをいいます（民法400条、659条など参照）。善管注意とは、「善良な管理者の注意」の略です。

一定の地位にある者は、その地位に応じて通常期待される程度の（善良な管理者としての）注意を尽くさなければなりません。善管注意義務に違反した者には債務不履行責任が生じることになります。

■先行登記（せんこうとうき）

不動産取引において、売主の所有権移転登記の申請義務と物件の引渡しは、買主の代金支払いと同時に行うのが原則ですが、金融機関が住宅ローンの融資に際

し、担保を確保するため、売主が代金を受け取っていない段階で、売主に対し所有権移転登記を求めてくるケースがあります。これを先行登記といいます。先行登記は、売主にとって売買代金を回収できなくなるというリスクを伴うことから、これを回避するため売主にローンの代理受領権を与えるなどの保全措置がとられるのが一般的です。

■**専属専任媒介契約（せんぞくせんにんばいかいけいやく）**

依頼者が単一の不動産会社に不動産取引の仲介を依頼し、さらに、依頼者自身で取引相手を見つけることもしないという内容の媒介契約のことをいいます。不動産業者には、1週間に1回以上、依頼者に報告をすることが義務付けられ、また、指定流通機構への登録も義務付けられます。

不動産会社に、取引の成立に向けて、積極的に動いてもらえる契約方法である一方で、自分で相手方を探したり、他の会社に依頼をかけることはできなくなるというデメリットがあります。

■**専任媒介契約（せんにんばいかいけいやく）**

依頼者が単一の不動産会社に不動産取引の仲介を依頼するという内容の媒介契約のことをいいます。専属専任媒介契約とは異なり、依頼者が自ら取引相手を探すことについては禁止されていません。不動産業者には、2週間に1回以上、依頼者に報告をすることが義務付けられ、また、指定流通機構への登録も義務付けられます。契約の有効期間は3か月以内です。複数の会社に依頼ができない分、依頼を受けた不動産会社が積極的に取引成立に向けて活動してもらえることが期待できます。

■**線引き（せんびき）**

都市計画区域について、市街化区域（積極的に開発を行う区域）と市街化調整区域（市街化を抑制する区域）に分けることを線引きといいます。区域区分とも呼ばれます。これに対して、市街化区域と市街化調整区域を分けていないことは、非線引きといいます。指定都市等では、必ず線引きが行われています。線引きは、自然環境の保護に一定の配慮をしながら、市街化を計画的に進めていく、という目的のために行われます。

■**全部事項証明書（ぜんぶじこうしょうめいしょ）**

登記記録に記録されているすべての情報（現在は有効ではない情報を含む）を記載した書面のことです。

■**占有（せんゆう）**

自分のためにする意思をもって、物を所持することを占有といいます（民法180条）。占有の取得の仕方について、占有改定や簡易の引渡など民法はさまざまな規定を置いています（同法181条以下）。また、占有そのものを保護するために、占有回収の訴えなどの占有訴権が認められています（同法197条以下）。

■**占有移転禁止の仮処分（せんゆういてんきんしのかりしょぶん）**

目的物の占有を移転することを禁じる仮処分のことを占有移転禁止の仮処分といいます（民事保全法23条1項）。

民事訴訟などで、債務者が目的物を移転させることを防ぐ目的で行われます。占有移転禁止の仮処分をしていないと、裁判で勝って強制執行しようとしても債務者のもとに目的物がなく、執行することができないという事態が生じることがあります。

占有移転禁止の仮処分がなされた場合には、仮処分命令が出たことを知りながら債務者から目的物を譲り受けた者に対しても強制執行をすることができます。

■占有回収の訴え（せんゆうかいしゅうのうったえ）

占有者がその占有を侵奪されたときに、その物の返還および損害賠償を請求する訴えのことです（民法200条）。占有回収の訴えは、占有を奪われたときから1年以内に提起しなければなりません。

■占有改定（せんゆうかいてい）

現実に占有している者が、引渡しをしようとする相手方に対して、以後はその者のために占有することを表示した場合に、引渡しがあったとすることです（民法183条）。

たとえば、AがBに対して物を売却したが、何らかの事情でその場でBが物を引き取れない場合には、AはBのために占有することを表示します。このとき、現実には物はAのもとに残ることになりますが、占有改定による引渡しによりBに占有が移転することになります。

■占有権（せんゆうけん）

物を事実上支配する権利のことを占有権といいます（民法180条）。民法は、自己のためにする意思をもって物を所持す

るときには、法律上の根拠や原因の有無を問うことなく、その事実的支配状態を権利として保護しています。たとえば、占有を奪われた場合には占有回収の訴えが認められています（同法181条以下）。

■占有者の費用償還請求権（せんゆうしゃのひようしょうかんせいきゅうけん）

占有者が占有物に対して必要費や有益費を支出した場合には、これらの費用を回復者から償還することができます。これを占有者の費用償還請求権といいます（民法196条）。有益費は、回復者の選択により、支出された費用または増加額の返還を求めることになります。

■占有訴権（せんゆうそけん）

占有を守るための訴えのことをいいます。占有保持の訴え（民法198条）、占有保全の訴え（同法199条）、占有回収の訴え（同法200条）をまとめて占有訴権といいます。占有保持の訴えは占有が妨害されている場合に、占有保全の訴えは占有を妨害されるおそれがある場合に、占有回収の訴えは占有を奪われたときに提起することができます。占有を元の状態に戻すことや、損害賠償を請求することになります。

■占有代理人（せんゆうだいりにん）

直接占有しているのではなく、他人を通じて占有をしている場合のその他人のことをいいます。代理占有人ともいいます。たとえば、賃貸借契約が締結されている場合、賃貸人は賃借人を通じて賃貸借契約の目的物を占有していることになります。このときの賃借人が占有代理人

にあたります。民法は、占有代理人を通じて占有ができることを明文で認めています（民法181条）。

■**占有の承継（せんゆうのしょうけい）**

占有の状態を前の占有者から引き継ぐことです。譲渡などの他、相続によっても占有の承継が起こります。占有の承継人は、自己の占有のみを主張するか、前の占有者の占有を併せて主張するかを選択することができます（民法187条1項）。ただし、前の占有者の占有を主張する場合には、前の占有者の瑕疵（悪意、有過失など）についても、併せて引き継がなければなりません（同法187条2項）。

■**占有の推定（せんゆうのすいてい）**

占有者が、所有の意思をもって、善意で、平穏（無理やりにではなく）・公然（隠し持っているわけではない）に物を占有していると推定されることをいいます。また、ある2つの時点の占有が証明された場合に、その時点の間は占有が継続されていたと推定されます（民法186条）。さらに、占有者が占有物に対して行使する権利は適法なものだと推定されます（同法188条）。これらもあわせて占有の推定といわれることがあります。

■**専有部分（せんゆうぶぶん）**

一つの建物に、構造上区分された数個の部分で、独立した建物として使うことのできるもののことを専有部分といいます。区分所有建物（マンションなど）において、各戸の所有者が専有できる部分（マンションの各戸）が専有部分に該当します。

■**占有保持の訴え（せんゆうほじのうったえ）**

占有者が占有を妨害されたときに、その妨害の停止および損害の賠償を請求することができることをいいます（民法198条）。

たとえば、他人の物が自分の敷地に入ってきているような場合には、占有保持の訴えを提起することで、その物の除去を求めることができます。

■**占有補助者（せんゆうほじょしゃ）**

占有を補助する者のことを占有補助者または占有機関といいます。占有補助者には独立した占有が認められません。家を賃借している人がいる場合のその人の家族や、店の店員などが占有補助者の例として挙げられます。

■**占有保全の訴え（せんゆうほぜんのうったえ）**

占有者がその占有を妨害されるおそれがあるときに、その妨害の予防または損害賠償の担保を請求することができることをいいます（民法199条）。損害賠償の担保とは、将来妨害が発生し、損害賠償義務を生ずる場合のために、あらかじめ提供させるもののことです。たとえば、金銭を供託させる場合や、保証人を立てさせるなどの場合があります。金銭を供託させる場合や、保証人を立てさせるなどの場合が挙げられます。たとえば、他人の家が自分の土地の方に崩れてきそうな場合には、占有保全の訴えにより家が崩れることを防止するように求めることができます。

■**専有面積（せんゆうめんせき）**

　分譲マンションなどの区分建物において、個人が専有する部分の面積のことを専有面積といいます。たとえば、分譲マンションのうち、自分が所有している部屋の中の面積の合計が、専有面積となります。エレベーターやバルコニーなどの部分は、共有部分となるため、専有面積に含まれません。

　専有面積の計算方法は、壁芯寸法（建築確認や販売広告などにおいて利用）による場合と、内法寸法（登記簿において使用）による場合があります。

■**専用使用権（せんようしようけん）**

　共有の敷地（駐車場や専用庭など）や、共用部分（バルコニーなど）を、独占的に使用できる権利のことをいいます。専用使用権は、有料にすることによって設定する場合が多くなっています。ただし、あくまでも共有・共用のスペースであるため、専用使用権者であっても、当該敷地等に勝手に変更を加えることはできません。管理規約によって、管理組合や専用使用権者が行えることを明確に定めておくことが重要になります。

■**先例（せんれい）**

　通常は、前例のことを先例といいます。法律に明文の規定がない場合には、先例を参考にして行政活動が行われています。また、登記実務では特に先例が活用されており、登記実務における先例を登記先例ということもあります。先例と矛盾しないような運用をするために、先例に則った登記事務がなされています。

そ

■**騒音規制法（そうおんきせいほう）**

　工場などの事業活動によって発生する騒音や建設工事に伴って発生する騒音を規制し、また自動車騒音の許容限度を設定することなどを定めた法律です。なお、対象となる騒音は、「相当範囲にわたる騒音」となっていますので、隣近所で起きる騒音は除かれることになります。

■**総合課税／分離課税（そうごうかぜい／ぶんりかぜい）**

　総合課税とは、各所得の金額を合算した上で所得税額を計算するものです。

　一方、分離課税は、一定の所得については他の所得と分離して所得税を計算するというものです。分離課税制度により所得税を計算する所得は、山林所得、土地や建物の譲渡所得、株式等の譲渡所得、利子所得などです。これ以外の所得にかかる所得税については、総合課税制度により計算されます。

■**造作買取請求権（ぞうさくかいとりせいきゅうけん）**

　貸主の同意を得て借主が費用を負担して建物につけ加えた畳・建具などの造作がある場合や、貸主から買い取った造作がある場合に、契約が終了するときに、借主が貸主に対し、その造作を時価で買い取るように請求する権利のことです（借地借家法33条）。ただし、この権利は特約で買い取らない旨を規定して排除することができます。

■**相続税（そうぞくぜい）**

　死亡した人の財産（相続財産）を相続・

遺贈・死因贈与等によって受け継いだ人に対して課される税金です。相続・遺贈・死因贈与等により財産を取得した人が、相続税の納税義務者になります。

■総有（そうゆう）

民法の共有規定外の共同所有形態のひとつです。慣習上見られる入会権がこれにあたります。持分は認められず、持分の処分や分割請求も問題になりません。各共同所有者は、目的物に対して利用・収益権を有するだけで、管理は、慣習や取り決めに従います。

■贈与（ぞうよ）

当事者の一方が自分の財産を無償で相手方に与えるという契約です（民法549条）。贈与契約は、諾成契約（特別な手続きを要さない、申込みと承諾だけで成立する契約）であり、贈与をする人は、契約によって負担した義務を、履行しなければなりません。もっとも、書面によらない贈与はすでに履行が終わった部分を除いて、当事者がこれを取り消すことができます（同法550条）。また、贈与の目的である物に欠陥があっても、原則としてそのまま引き渡せば足ります。

■贈与税（ぞうよぜい）

当事者の一方（贈与者）が自己の財産を無償で相手方（受贈者）に与える意思表示をし、相手方がそれを受諾することによって成立する契約が贈与契約です。この贈与契約に対して課されるのが贈与税です。

贈与税は相続税の補完税といわれています。「相続税が課税されるくらいなら相続する前に相続人予定者に財産を分けておこう」とは、誰もが考えることです。これでは、贈与した人としなかった人の間に不公平が生じます。そこで、贈与が発生したときに課税する税である贈与税を設け、相続税を補完する税としました。このため、贈与税の税率は相続税の税率より高くなっています。このように贈与税は、相続税逃れを防止し、不公平を是正して相続税本来の目的である富の再分配を行うことを目的とした税金だといえます。

■贈与税特別控除（ぞうよぜいとくべつこうじょ）

相続時精算課税制度を適用する際は、課税価格から特別控除として2500万円までの金額を差し引いた上で税率を乗じ、贈与税を計算することができます。特別控除は、贈与税の申告書を期限内に提出する場合に限り、受けることができます。また、前年以前に特別控除の適用を受けている場合は、2500万円から前年以前に適用した特別控除額を差し引いた金額が特別控除の限度額となります。

■相隣関係（そうりんかんけい）

隣合わせになっている土地・建物のお互いの関係を相隣関係といいます。隣人同士の土地・建物の利用関係を調整するための制度として、民法は、ⓐ隣地使用についての規定、ⓑ隣地通行についての規定、ⓒ水についての規定、ⓓ境界についての規定、ⓔ竹木除去についての規定、ⓕ境界線付近の工作物設置についての規定を置いています（民法209～238条）。

■即時取得（そくじしゅとく）

動産に対する所有権等を有しない者か

ら動産を取得した場合にも、動産に対する権利を取得できるものとした制度のこと（民法192条）。たとえば、所有権のない者が所持している動産を売買契約で購入した者がいる場合、即時取得により所有権の取得が認められる可能性があります。即時取得が成立するためには、取引行為により動産の引渡しを受けることが必要です。

■底地（そこち）

建物所有を目的とする地上権や借地権が設定された土地（宅地）の所有権のことをいいます。所有権には当該土地を自由に使用・収益・処分する権利（完全所有権）が含まれますが、底地の所有者は自分の土地でありながら使用収益することができず、また自由に処分することもできないことから、底地の所有権は不完全所有権ということになります。

■底地割合（そこちわりあい）

土地の所有者が賃借人や地上権者以外の第三者に対して底地を売却する場合の価額が、その土地の更地価額に対して何％になるかを示した割合のことをいいます。底地は借地権等の所有権以外の権利が付着した宅地なので、自由に使用収益する権利が制限され、またその対価として得られる地代等も廉価であることが多いことから、底地割合は一般的に低くなる傾向にあります。

■損失補償（そんしつほしょう）

土地収用など、国や公共団体の適法な行為によって国民が被った特別の犠牲に対する金銭の塡補（補てん）のことです。たとえば、地方自治体が河川付近地制限令を制定したことで、河川付近地で営業を行っていた業者が業務を行うことができなくなった場合などで損失補償の可否が問題になります。なお、損失補償とは異なり、国などの違法な行為から生じる損失については国家賠償の対象になります。

た

■代位原因（だいいげんいん）

「債権者代位による登記」を申請する場合に、債権者が債務者を代位することができる根拠のことです。ＣがＢから土地を買ったが、登記簿上、所有者がＢの前所有者Ａのままになっているという場合、まずＡからＢの所有権移転登記をする必要があります。ＡからＢへの所有権移転登記請求権に代位する場合には、代位原因は、売買の所有権移転登記請求権となります。

■代位原因証明情報（だいいげんいんしょうめいじょうほう）

代位原因を証明する情報のことです。登記の際に、申請情報として提供する必要があります。売買による所有権移転請求権が代位原因となっている場合は、売買契約書などが代位原因証明情報となります。

■代位による登記（だいいによるとうき）

民法423条が債権者代位権を認めていることを根拠として、債権者が本人に代わって登記の申請を行うことです。甲が乙から乙所有の不動産を買ったが、移転登記をすませていない状態であったとします。甲の債権者丙がその不動産を強制

執行したい場合には、不動産の登記名義人が甲である必要があります。そのため、丙が甲に代位した上で乙と共同して乙から甲への所有権移転の登記を申請することになります。

■**代位弁済（だいいべんさい）**

弁済をすることで債権者に代位することができる弁済のことを代位弁済といいます。

たとえば、保証人が債務者に代わって弁済をした場合には、保証人は債権者に代位することができるので代位弁済となります。

代位には任意代位（民法499条）と法定代位（同法500条）があります。任意代位は、債権者の承諾がある場合に可能になる代位のことです。また、法定代位は、弁済をすることに正当な利益を有する者が弁済をした場合に法律上認められる代位です。法定代位の効果については民法501条以下に規定されています。

■**耐火構造（たいかこうぞう）**

火災が収まるまで建物が倒壊・延焼しない性能（耐火性能）をもつ建築物の構造をいいます。耐火性能は、非損傷性、遮熱性、遮炎性から判断されます。非損傷性とは、柱や壁などに火熱が加えられた場合に、変形や溶融などの損傷が生じない性能のことをいいます。遮熱性とは、壁や床に熱が加えられた場合に、加熱面以外の面が可燃物の燃焼する温度以上に上昇しない性能のことです。そして遮炎性とは、外壁や屋根が、屋内で発生した火熱が加えられても、屋外に火炎を出すような亀裂を生じない性能のことをいいます。

■**代価弁済（だいかべんさい）**

抵当に入っている不動産が第三者に売却されたとき、債権者の意思で、抵当不動産の購入者に債権の一部を支払ってもらうことで抵当権を消滅させることができる制度です（民法378条）。たとえば、債権者Aが債務者Bに2000万円を融資して、B所有の不動産に2000万円の抵当権を設定したとします。後にBが第三者のCに300万円でこの不動産を売却したとします（不動産の時価評価額が2300万円で、抵当権の分価格を下げて売却したものとします）。このとき債権者AはCに抵当権の対価の支払いを要求して（金額はAが自由に設定できます）、Cがそれを支払った場合には抵当権を抹消させることができます。

■**大規模修繕（だいきぼしゅうぜん）**

建築物の主要構造部について、全体の半分を超える部分の修繕を行うことを、大規模修繕といいます。分譲マンションなどの大きな建築物において、その基本的な性能を維持していくために、定期的に実施されるもので、管理組合が定めた長期修繕計画に基づいて行われます。具体的には、外壁の補修や排水管工事などが行われ、多額の費用がかかる工事となります。

■**対抗要件（たいこうようけん）**

すでに効力の生じた法律関係あるいは権利関係の取得・喪失・変更を第三者に主張（対抗）するために必要とされる要件のことです。不動産の場合には登記が（民法177条）、動産の場合には引渡しが（同法178条）が対抗要件となります。対抗要件を備えないと、権利を取得できな

い可能性があります。たとえば、Aが所有している不動産がBに売られた後に、AからCに対しても売られたとします。このとき、Cが先に不動産の登記を備えてしまえば、Bは不動産の所有権を取得できないことになります。

■**対抗力（たいこうりょく）**
　当事者以外の第三者に対して自己の権利を主張することができる効力のことです。不動産の物権変動の対抗力は「登記」です。
　ある土地を買った人にはその土地に対する所有権が生じます。ところが、その土地の売主が複数の人に対して同じ土地を売ってしまった場合、買った人々のうち誰が所有権を主張できるかについては、争いが生じてしまいます。そこで、その土地を所有権移転の登記を行うことで、その土地の所有権者が自分であることを主張できるようにしたのが、不動産の登記制度です。この登記がもつ効果のことを対抗力といいます。

■**第三債務者（だいさんさいむしゃ）**
　債務者の債務者です。つまり、債務者が有している債権の債務者で、債権者から見ると第三債務者と表現されます。債権者が債務者に対してもつ債権を回収する際に、この第三債務者に対してもつ債権を差し押さえて、債権者がそれを直接取り立てることによって、債権の回収を図る債権執行などの手続方法があります。具体的には、AがBに対して債権をもち、BがCに債権をもっているときに、Aから見たCが第三債務者となります。

■**第三者（だいさんしゃ）**
　一般的には、当事者以外の者のことを第三者といいます。たとえば、民法177条における意味では、当事者以外の者で、登記がないことを主張する正当な利益をもっている者のことです。背信的悪意者などは、民法177条における第三者には該当しないとされています。

■**第三者による弁済（だいさんしゃによるべんさい）**
　第三者がその第三者の名で、債務者に代わって弁済することです（民法474条）。ただし、債務の性質上第三者が弁済できないものや、当事者が反対の意思を表示している場合は、第三者による弁済はできません。

■**第三者の許可・同意・承諾（だいさんしゃのきょか・どうい・しょうだく）**
　不動産の登記を行う場合に必要とされる、第三者の許可や同意、承諾のことです。第三者の許可や同意、承諾が必要な場合には、その第三者が許可・同意・承諾したことを証明する情報を申請情報と共に提出しなければなりません。たとえば、農地を売買する場合には、売買契約に加えて、農地法所定の許可がなければ所有権は移転しません。この場合の農地法所定の許可は、登記原因である売買の効力要件とされています。そのため、申請する際には、農地法所定の許可を証明する情報を提供しなければなりません。

■**第三取得者（だいさんしゅとくしゃ）**
　担保物権が設定された目的物について、新たに所有権や用益物権を取得した

第三者のことをいいます。たとえば、抵当権が設定された不動産を買い取った場合、その第三取得者は、抵当権が実行されることによって所有権を失い、損害を受ける危険に常にさらされていることになります。そこで、第三取得者と債権者（抵当権者）との利害の調和を図る必要が生まれてきます。第三取得者を保護するための方法として代価弁済（民法378条）と抵当権消滅請求（同法379条）という2つの方法があります。

■耐震性基準（たいしんせいきじゅん）

建物が地震の震動に耐えうる能力の基準をいいます。昭和56年に建築基準法が改正され、耐震基準が大きく改正されました。この基準は新耐震基準と呼ばれ、中規模の地震を想定した旧耐震性基準と区別されます。新耐震性基準では、建物の倒壊の防止の他、建物内の人の安全確保が目的に挙げられています。平成23年の東日本大震災でも、新耐震基準による建物は人が避難する前に倒壊せず、一定の効果が認められています。

■代物弁済（だいぶつべんさい）

本来の給付と異なる他の給付により債権を消滅させる契約です。弁済は、債権者が承諾すれば本来の給付とは違う形ですること（たとえば、お金を返す代わりに土地を引き渡すこと）もできます。これが代物弁済（民法482条）です。なお、代物弁済は諾成契約です。

■代物弁済の予約（だいぶつべんさいのよやく）

金銭の借入れに際し、期限までに借金が弁済されない場合には、その所有する不動産で弁済する旨の契約をあらかじめしておくことを代物弁済の予約、あるいは停止条件付代物弁済契約といいます。代物弁済の予約は仮登記をしておくことができ、期限が到来してもなお弁済を受けられない場合は、仮登記を本登記に改めることにより、債権者は簡便に当該不動産の所有権を取得することができます。このように代物弁済の予約には担保的機能があり、また少額の債権に対し高額の不動産が担保にとられる危険性があることから、仮登記の実行に際しては、債権者に対し債権額と不動産の価額の差額を清算金として債務者に支払う義務を課すなど仮登記担保法による規制が設けられています。

■耐用年数（たいようねんすう）

建物などの固定資産は、時の経過に伴ってその価値が減少していきます。そのため、その固定資産の使用可能期間にわたって、固定資産の取得価額を分割して費用に計上していく処理（減価償却）を行います。ここで使用する使用可能期間のことを耐用年数といいます。耐用年数は固定資産の種類や用途によって定められています。なお、土地は減価償却を行いません。

■代理（だいり）

自分（本人）の代わりに他人（代理人）に事務を処理させ、本人が代理人の行った法律行為の結果（効果）を受けるという制度のことです（民法99条）。たとえば、AがBの代理人としてCと売買契約を締結した場合、AとCの間で契約内容の交渉がなされていたとしても、BとCの間に契約の効力が生じます。本人が代理人

に与える代理権には、本人の意思で与えられる任意代理権と法律により与えられる法定代理権があります。任意代理権は代理契約などで与えられます。法定代理権には親権などがあります。

代理は、法律行為について認められ、原則として事実行為を代理することは認められません。民法が想定している代理制度は、契約などの法律行為を代理人が行い、その効果を本人に帰属させるものです。

■代理権限証明情報（だいりけんげんしょうめいじょうほう）

代理人の権限を証明する情報のことです。登記を代理人により申請する場合に代理権限証明情報が必要です。登記をする場合、司法書士に委任するのが一般的です。その場合に、登記申請書に、登記権利者および登記義務者からの委任状を添付することになります。

■代理権授与の表示による表見代理（だいりけんじゅよのひょうじによるひょうけんだいり）

本人が相手方に対して、第三者に代理権を付与していることを示した場合に、第三者のした法律行為の効果を本人に帰属させることをいいます（民法109条）。たとえば、AがCに対して「Bに代理権を与えた」といい、それをCが信じたとします。このとき、実際にはAはBに代理権を与えていなくても、BがAのためにCと契約をすれば、AとCの間で契約が成立することになります。代理権授与の表示による表見代理は、代理権授与の表示を信じた第三者を保護するための制度です。

■代理権消滅後の表見代理（だいりけんしょうめつごのひょうけんだいり）

代理権が消滅した後も、以前と同じように代理人として行為した場合に、これを過失なく信じた第三者を保護するための制度をいいます（民法112条）。代理権が過去に存在していたが現在は消滅しており、過去に存在した代理権の範囲内での行為がなされ、代理権がないことについて相手方が善意無過失（代理権がないことを知らず、知らないことに落ち度がない）の場合に代理権消滅後の表見代理が成立します。

■代理権ゆ越による表見代理（だいりけんゆえつによるひょうけんだいり）

代理人が、与えられた代理権の範囲を越えて法律行為をした場合でも、本人に法律効果を帰属させる制度です（民法110条）。

たとえば、AがBに対して、Aの土地に抵当権を設定することについての代理権を与えたとします。このとき、BはCと交渉しましたが、BはCとの間でAの土地についての売買契約を締結してしまったとします。本来であれば、BはAの土地に抵当権を設定する権限しか有していないのですから、Aの土地を売る契約を締結することはできないはずです。しかし、Cとしては「BはAの土地に抵当権を設定する権限を有しているのだからAの土地を売却する権限も有しているはずだ」と考え、Bが土地の売買の権限を有していることを期待してしまうかもしれません。Cがこのように考えてしまうことに落ち度がなかった場合には、C

の期待を保護して、BC間で結ばれた契約の効果がAに帰属することになります。

■代理占有（だいりせんゆう）

一定の関係のある他人を通じてなされる占有をいいます。たとえば、AがBに自転車を貸した場合には、Bばかりでなく Aも、Bを通じて占有していると認められます。Aを本人、Bを占有代理人といいます。Aの占有を代理占有、Bの占有を自己占有といいます（間接占有、直接占有ともいいます）。

■代理人（だいりにん）

本人に代わって法律行為を行う者です。代理人が行った行為は、本人自身が行ったのと同様の効果があります。代理人がいることにより、本人の活動範囲を広げることができ、また、物事を判断する能力が不足している本人自身の権利を守ることができます。代理人は、任意代理人と法定代理人に分けることができ、任意代理人は、本人の意思により代理人とされた者です。一方、法定代理人とは、法律の定めにより代理人となる者のことです。

■代理の禁止（だいりのきんし）

自己契約と双方代理が禁止されていることを代理の禁止といいます（民法108条）。

たとえば、AがBに対してAの所有する土地の売却についての代理権を授与したとします。このとき、Bが売買契約の相手方となることが自己契約です。また、AがBに対してAの所有する土地の売却についての代理権を授与し、BはCからも土地の購入についての代理権を授与されている場合に、BがAとCの両方を代理してAC間の売買契約を締結してしまうことが双方代理に該当します。この場合、BはAとCのどちらかに有利になるように契約を締結することになり、AとCのうちもう一方が不当に損害を被ります。そのため、双方代理は禁止されています。

■宅地（たくち）

宅建業法でいう「宅地」とは、建物の敷地として利用される土地を意味します。これは登記簿における地目とは異なる概念で、登記簿上は農地、山林、雑種地となっていても宅建業法では宅地に該当するものもあります。

■宅地開発税（たくちかいはつぜい）

都市計画法で規定されている市街化区域のうち、公共施設の整備が必要な地域で宅地開発を行う者に対して課税される市町村税のことをいいます。公共施設の整備費用に充てることを目的とした税金です。宅地開発税は、宅地開発を行う宅地の面積を課税標準とし、それに市町村ごとに定められた税率を乗ずることで算定されます。

■宅地建物取引（たくちたてものとりひき）

宅地や建物の売買、交換、賃貸を行うこと（代理や媒介を含みます）をいいます。宅地建物の取引も、民法の契約自由の原則に則って行われるものです。しかし、一般の国民にとって、宅地建物は高額で重要な財産です。したがって、そうした取引を経験するのは、人生においてもわずかな回数しかないというのが実際です。そのため、宅地建物の取引につい

ては、専門的な知識を持ち経験豊富な専門業者に依頼することが多くなります。そこで、民法の契約自由の原則を修正することによって、宅地建物取引業者に対する行政上の規制を行い、購入者などの利益の保護と宅地・建物の流通の円滑化とを図ることを目的として、昭和27年（1952年）に宅地建物取引業法（宅建業法）が制定されました。

■**宅地建物取引業者（たくちたてものとりひきぎょうしゃ）**

宅地・建物について、業として、自らが当事者となる売買を行ったり、売買や賃貸の代理や仲介を行う業者のことをいいます。宅建業者とも呼ばれています。宅地建物取引業者となるには、国土交通大臣または都道府県知事の免許を受けることが必要です。事務所に専任の宅地建物取引士を設置していない場合や、不正・不誠実な行為をすることが明らかな場合などには、免許を受けることができません。また、免許には有効期限があり、5年ごとの更新が必要です。

■**宅地建物取引士（たくちたてものとりひきし）**

宅地・建物の売買や賃貸の仲介業務などを行うために必要な国家資格です。宅地建物取引業者が、開業の免許を受けるためには、業務に従事する人数の5人に1人以上が専任の宅地建物取引士である必要があります。なお、宅地建物取引士は、平成27年4月の宅地建物取引業法改正前までは、宅地建物取引主任者という名称で呼ばれていました。宅地建物取引主任者と宅地建物取引士のおもな違いは、信用失墜行為の禁止や知識技能の向上などの責務が追加された点などです。より適正に業務が実施される資格となることが期待されています。

■**宅地並み課税（たくちなみかぜい）**

都市計画法で規定されている市街化区域の農地等について、都市計画税、固定資産税を宅地に準じて課税することを宅地並み課税といいます。宅地並み課税の対象となる農地について、課税標準の基礎となる評価額は、接する道路や公共施設の接近状況等から見て状況が類似する宅地の価格をもとにして算定されます。

■**他主占有（たしゅせんゆう）**

所有の意思のない占有のことを他主占有といいます。たとえば、賃借人や受寄者は、他主占有者となります。占有者が、自己に占有をさせた者に対して所有の意思があることを表示した場合と新たな権原によりさらに所有の意思をもって占有を始めた場合に他主占有が自主占有に切り替わります。

■**立退料（たちのきりょう）**

貸主の都合で借主に立退きを請求しなければならないような場合に貸主から借主に支払われる金銭のことです。

賃貸借契約の期間の終了時には、借主は家屋を立ち退くか、貸主と協議して契約の更新を行うことになります。ただ、貸主は契約の更新を拒絶しても妥当といえるほどの正当な事由（正当事由）がない限りは契約の更新を拒絶することはできません。

立退料は、地主や建物の貸主が賃貸借契約の更新を拒否する際の正当事由の一要素として考慮されます（借地借家法6

条、28条)。

■**宅建業法（たっけんぎょうほう）**
　⇒宅地建物取引

■**建物買取請求権（たてものかいとりせいきゅうけん）**
　借地に付属された建物等を時価で買い取るよう請求できる権利です。建物買取請求権には、借地の借主に認められるものと第三者に認められるものがあります。
　借地の借主に建物買取請求権が認められるのは、借地権の存続期間が満了し、契約の更新がない場合（借地借家法13条）です。また、第三者とは、借地上の建物等を取得した者のことで、借地の地主が借地権の譲渡または転貸を認めないときに建物買取請求権が認められることになっています（同法14条）。建物買取請求権を行使した場合、土地の持ち主が代金を支払うまで土地を占有することができます。ただし、土地を明け渡すまでの地代は支払わなければなりません。

■**建物譲渡特約付借地権（たてものじょうととくやくつきしゃくちけん）**
　借地権について、契約締結時に存続期間を30年以上に設定しておき、契約期間終了後、貸主が借主から建物を買い取ることで、借地権が消滅するという内容の借地権契約をいいます。30年という比較的長期の後に、契約が実行されるため、一般的には契約書を作成しておくことが望ましいといえます。契約期間の終了後に、建物の所有権を貸主が取得するという点が、建物譲渡特約付借地権の特徴です。

■**建物図面（たてものずめん）**
　敷地、建物、付属建物の位置関係を表した図面のことです。建物の表示に関する登記を申請する際の添付情報となります。

■**建物のみに関する登記（たてもののみにかんするとうき）**
　敷地権つき区分建物に設定された権利が、区分建物のみに効力があり、敷地権には効力が及ばないことを表すための登記をいいます。敷地権ついて区分建物では、区分建物に抵当権などが設定された場合、原則として、敷地権の目的となっている土地にも抵当権の効力が及びます。しかし、敷地権が設定される前に、区分建物に対して抵当権が設定された場合には、区分建物のみに効力があり、その後に設定された敷地権には抵当権の効力が及びません。このような抵当権の登記が申請された際に、「建物のみに関する旨の付記の登記」が登記官によって登記記録に記録されることになります。

■**建物分割登記（たてものぶんかつとうき）**
　建物に付属しているため、登記記録上、独立した建物として扱われていない建物を、独立した建物とする場合に行う登記のことです。表示に関する登記のひとつです。

■**建物保護法（たてものほごほう）**
　「建物保護ニ関スル法律」のことです。明治42年に制定された、立場の弱い借地権者を保護することを目的に、明治42年に制定された法律です。借地上の建物を登記すれば、借地権自体が登記されていなくても、借地権を第三者に対抗できる

としたものです。平成3年に「借地借家法」が制定されることに伴い、この法律は廃止されることになりました。

■**他人物売買（たにんぶつばいばい）**
　売主が所有権などの権利を持たない物を目的物として買主と売買契約をすることです。たとえば、Aの所有する土地について、Bが売主、Cが買主となってBC間で締結される売買契約は他人物売買です。
　他人物売買は、目的物の権利者がその権利を譲渡するつもりがなくても成立するとされています。他人物売買をした場合、売主はその権利を取得して買主に移転しなければなりません（民法560条）。売主が権利移転の義務を果たせなかった場合、買主は契約を解除し、損害賠償請求をすることができます。ただし、買主が売主に権利がないことを知っていた場合、契約解除はできますが、損害賠償請求はできません（同法561条）。

■**短期譲渡所得（たんきじょうとしょとく）**
　土地や建物の取得が、その資産の取得以後5年以内である場合には、短期譲渡所得という区分で課税されます。これに対して、資産の取得後5年以上が経っている場合は、長期譲渡所得という区分で課税されます。

■**短期消滅時効（たんきしょうめつじこう）**
　比較的短い期間で権利が時効により消滅することを短期消滅時効といいます。
　債権は、10年間行使しないときは消滅します（民法167条）。ここでの、10年より短い期間が消滅時効の期間と定められているものを短期消滅時効といいます。民法では、169条以下に規定があり（たとえば、民法170条2号によれば、工事によって生じた債権は3年で消滅時効にかかります）、また、商法など民法以外の法律にも短期消滅時効の規定が置かれています。

■**短期賃貸借（たんきちんたいしゃく）**
　処分権（目的物の譲渡などをする権限）はないが、管理権（目的物を維持・管理する権限）をもつ者が、行うことができる賃貸借のことです。短期賃貸借では、賃貸借の期間が制限されています。たとえば、植林用の山林については10年、その他の土地は5年、建物は3年、動産は6か月以下となっています。短期賃貸借は更新することが可能ですが、法律で定められている期間内に更新しなければなりません。

■**単独申請（たんどくしんせい）**
　登記法上、登記申請者の一方（登記権利者または登記義務者）のみが登記の申請をすることをいいます。共同申請の必要がない場合や共同申請が不可能な場合に、登記申請者の一方が単独で登記申請できます。登記名義人の氏名などの変更登記や所有権保存の登記、相続による登記などは、共同申請主義の例外として単独申請が認められています。

■**担保（たんぽ）**
　将来発生するかもしれない不利益に備えてその補いとなるものをつけておくことをいいます。法的には、債務不履行に備えるものをいいます。債権者が債務の

弁済を受けられなかった場合を考え、あらかじめ弁済を確保するために行う方法で、人的担保（保証など）と物的担保（抵当権や質権など）があります。また、担保についての権利のことを担保権といいます。

■担保仮登記に基づく本登記（たんぽかりとうきにもとづくほんとうき）

金銭債務の不履行によって、担保仮登記の対象となっている不動産の所有権等が、債権者に移転した場合に行われる登記のことです。仮登記の本登記をする形式で行われます。なお、仮登記の登記原因の日付から2か月を経過した日を、本登記の登記原因の日付としなければなりません。

■担保権の実行（たんぽけんのじっこう）

債務者が弁済などをしないような場合、債務者の不動産などに設定していた担保権（抵当権など）を実行することです。つまり、債権者の請求により、裁判所が、担保権を設定していた不動産などを強制的に処分し、債権者に代金を配当することです。

■担保執行（たんぽしっこう）

抵当権や質権など、担保権を実行することです。目的物を競売にかけて換価（金銭に換えること）し、被担保債権を回収します。

通常の債権者の行う強制執行に対する用語です（通常の債権者も債務者の財産を差し押さえて強制執行をすることができます）。なお、不動産の担保執行には、上記の競売の他、収益執行という方法もあります。これは強制執行の場合の強制管理にあたり、不動産の賃料から債権を回収します。

■担保責任（たんぽせきにん）

価値的につりあいのある債務を負う契約（有償契約）において、債務者が給付した物や権利に欠陥（瑕疵）があった場合に、債務者が負う責任をいいます。債務者に落ち度（過失）がなくても、責任を負います（無過失責任）。有償契約がなされた場合には、民法560条以下の規定により、売主らは瑕疵担保責任を負うとされています。売主に瑕疵担保責任が発生した場合には、買主は損害賠償請求や契約の解除等をすることができます。また、民法だけでなく、商法にも瑕疵担保責任についての規定があります（商法526条）。

■担保物権（たんぽぶっけん）

債務者などの財産から優先的に債権を回収できる物権のことを担保物権といいます。たとえば、抵当権や質権、先取特権などは担保物権に該当します。担保物権には、当事者の合意によって発生する約定担保物権と、法律によって当然に発生する法定担保物権があります。抵当権や質権は約定担保物権であり、先取特権は法定担保物権です。

■担保不動産競売（たんぽふどうさんけいばい）

競売の方法による不動産担保権の実行のことです（民事執行法180条1号）。たとえば、土地に抵当権をつけて金銭消費貸借をしている場合に、返済が滞ったときは、貸主は強制執行と同じく民事執行

法の規定に従って、換価（抵当権を実行し、競売により土地を金銭に換えること）して、貸金の回収を図ることになります。

なお、担保不動産競売に限らず債権者が債務者の財産を強制的に換価する手続のことを強制競売といいます。

■担保不動産収益執行（たんぽふどうさんしゅうえきしっこう）

担保不動産から生ずる収益を被担保債権の弁済にあてる方法による不動産担保権の実行のことです（民事執行法180条2号）。マンションや駐車場などの不動産を賃貸して、賃料から債権を回収する方法です。

ち

■地役権（ちえきけん）

自分の土地をより有効に利用するために、他人の土地を使用することができる権利です（民法280条）。他人の土地に湧いている水を引いたり、隣の土地を通行したりすることができます。特に、土地を通行する権利のことを通行地役権といいます。

また、地役権の対象となっている承役地（利用される方の土地）の範囲を表す図面のことを地役権図面といいます。地役権図面は、承役地の一部のみに地役権が設定されるときに必要な情報となり、承役地の全体に地役権が設定される場合は不要です。

■地役権設定の登記（ちえきけんせっていのとうき）

地役権を設定した場合になされる登記のことです。地役権者を登記権利者、地役権設定者を登記義務者として、共同で申請します。地役権設定の登記にあたっては、登記の目的として「地役権設定」、原因として「年月日設定」とします。

登記事項として、ⓐ要役地の表示、ⓑ地役権設定の目的、ⓒ地役権の及ぶ範囲、については必ず記載する必要があります。

■地役権の時効取得（ちえきけんのじこうしゅとく）

地役権は、継続的に行使され、外形的にも認識することができるものに限り時効取得することができます（民法283条）。つまり、実際に人が通行するなどして、地役権があることが外見からわかることが必要とされています。

外形的に認識することが困難な場合にまで地役権の時効取得を認めることは、時効によって地役権を行使される者にとって酷なので、外形的に明らかなものについてのみ地役権の時効取得が認められています。

■地役権の不可分性（ちえきけんのふかぶんせい）

地役権を分けることができないことを地役権の不可分性といいます。

土地の共有者の一人は、その持分につき土地について存在する地役権を消滅させることはできません（民法282条1項）。また、共有者の一人が時効によって地役権を取得したときは他の共有者も地役権を取得します（同法284条1項）。これらの規定をまとめて、地役権には不可分性があるといいます。

地役権は、地役権を必要としている土地全体のためのものなので、このような

規定が置かれています。

■遅延賠償（ちえんばいしょう）

債務の履行の遅滞により生じる損害のことです。売主が物を引き渡すことが遅れたことで買主が転売できなかった場合には、買主が転売によって得られるはずだった利益が遅延賠償の対象になります。損害賠償の範囲は、通常生ずべき損害および予見しまたは予見できた損害に限られます（民法416条）。また、金銭債務の不履行による損害額については法定されています（同法419条、404条）が、法定利率より高い利率を定めることもできます。

■地下権（ちかけん）

区分地上権の一種です。他人の土地の地下だけでも、工作物を所有するために地上権を設定することができます。そのためには、地下の上下の範囲（層）を定める必要があります。地下権は、たとえば、地下駐車場・地下鉄などの建設のために利用されています。社会環境の変化に対応した土地の有効利用ができるようにするために、昭和39年（1964年）に条文化されました。

なお、地下権と対比して、土地の空間の区分地上権を「空中権」ということがあります。

■地価税（ちかぜい）

1月1日時点での日本国内にある土地の所有者（個人および法人）に対して課される税金です。対象となる土地の相続税評価額をもとに、基礎控除額を差し引き、税率を乗ずることで算定されます。土地や建物の過剰な売買取引による地価の高騰を防ぐ目的で制定されました。なお、平成10年分以後の地価税の適用は停止されています。

■竹木（ちくぼく）

樹木や竹などのことを竹木といいます。民法233条は竹木を切り取る権利について規定しています。竹木の枝が境界を越えてきている場合には、竹木の所有者に枝を切り取るように要求することができます（勝手に自分で切り取ることはできません）。また、竹木の根が境界を越えてきている場合には、その根を切り取ることができます。

■地上権（ちじょうけん）

物権の一種で、他人の物に対する物権である制限物権のうち、他人の土地を利用することができる権利です（民法265条）。

具体的には、建物を所有するために、他人の土地を使用する場合に地上権が用いられます。地下または空間に区分地上権を設定することもできます。

■地上権設定の登記（ちじょうけんせっていのとうき）

地上権が設定された場合に行われる登記のことをいいます。地上権者を登記権利者、地上権設定者を登記義務者として共同で申請します。地上権設定の登記を行う際には、登記事項として、地上権を設定する目的を記載します。また、存続期間や地代に関する定め、支払時期等も記載します。なお、特約がある場合には、特約の内容や、地上権が区分地上権の場合には、その権利が及ぶ範囲が登記事項となります。

■**地上権変更・抹消の登記（ちじょうけんへんこう・まっしょうのとうき）**

地上権の内容が変更された場合や、地上権が抹消された場合に行う登記のことです。

地上権設定の登記によって記載された登記事項について変更が生じた場合には、変更登記をします。また、期間満了などで地上権が消滅すると、抹消登記をすることになります。変更登記において、地代の減額など地上権者の利益になる変更の場合には、地上権者が登記権利者となり、地代の増額など地上権者の不利益となる変更の場合には、地上権者は登記義務者となります。抹消登記においては、原則として、現在の所有権の登記名義人が登記権利者、地上権者が登記義務者となります。

■**地積（ちせき）**

登記簿に書かれた土地の面積のことです。土地登記簿の表題部の「地積」欄にm²を単位として、小数点2ケタまで記載します。

■**地積測量図（ちせきそくりょうず）**

土地の面積や周囲の長さを知るための図面です。面積を計算するための計算表、方位、境界の種類なども記載されています。

■**地番（ちばん）**

1筆の土地ごとにつけられた識別番号のことです。土地の所在地や所有権などの権利の範囲を明らかにするために必要となります。地番は1筆の土地ごとに付されるため、1筆の土地を複数に分割する分筆や、複数の土地を1筆の土地に合体させる合筆などが行われると地番が変更されます。なお、地番は、登記官がつけます。そのため、土地の所有者が地番の設定・変更を申請する必要はありません。土地登記簿の表題部の「地番」の欄に、たとえば「1番15」と記載されます。

■**地目（ちもく）**

登記簿に書かれた土地の利用方法を示す表示のことです。この記載を見れば、現在、土地がどのような状態にあるかを把握できます。現在、田、畑、宅地、学校用地、山林、ため池など23種類の地目があります。土地登記簿の表題部に「地目」欄があり、たとえば「山林」と記載されます。

■**中間省略登記（ちゅうかんしょうりゃくとうき）**

実際の権利の変動を忠実に反映して登記するのではなく、途中の権利変動を省略して行われる登記のことを中間省略登記といいます。たとえば、建物の所有権が実際はA→B→Cという順序で移転したにもかかわらず、登記簿上はA→Cと記載されている場合です。権利の変動の過程を正確に登記に反映させるために、原則として中間省略登記により登記申請をすることはできません。

■**注視区域（ちゅうしくいき）**

地価の上昇が激しいとして指定された区域のことです（国土利用計画法27条の3）。

地価が社会情勢から判断して「相当な程度」を超えて上昇し、または上昇するおそれがあるために、適正な土地利用の確保に支障を生ずると認められる場合に都道府県知事によって指定されます。

■長期修繕計画作成ガイドライン（ちょうきしゅうぜんけいかくさくせいがいどらいん）

マンションの劣化に対応した適切な修繕工事を促進し、快適な居住環境を確保するためのガイドラインのことです。平成20年6月より、国土交通省より公表されています。

■長期譲渡所得（ちょうきじょうとしょとく）

資産の取得後5年以上が経っている場合は、長期譲渡所得という区分で課税されます。所得税の一種で、租税回避の手段として用いられることもあります。

■帳簿の備付け（ちょうぼのそなえつけ）

建設業者は、営業所ごとに帳簿を備え、一定期間保存することが建設業法により義務付けられています。帳簿には、営業所の代表者氏名や代表者となった年月日、建設工事の請負契約の内容（建設工事の名称や工事現場の所在地など）、下請負人に請け負わせた工事の内容（請け負わせた建設工事の名称や下請負人の名称など）などについて記載する必要があります。また、帳簿には契約書またはその写しなどを添付しなければいけません。

■直接占有／間接占有（ちょくせつせんゆう／かんせつせんゆう）

直接占有とは、直接に自己の所持によって占有することをいいます。

間接占有は、他人を介して占有をすることをいいます。占有権は、本来その物を所持することにより取得します（民法180条）が、間接占有は代理人に直接占有をさせることにより、占有権を取得している状態のことをいいます。アパートの大家（賃貸人）はアパートを間接占有していることになります。なお、直接占有のことを自己占有、間接占有のことを代理占有ともいいます。

■直接取引（ちょくせつとりひき）

不動産取引会社などの仲介人を通さずに、売主と買主が直接取引を行うことです。直接取引をする場合、仲介手数料などがかからないため、費用を削減できるというメリットがあります。しかし、高額な商品を取り扱う不動産取引は、その専門知識や経験が欠けていると、後々大きなトラブルが生じる危険性があります。そのため、直接取引を行う場合であっても、契約書の作成や物件の状態把握などについては、専門家に関与してもらう方が無難といえます。

■賃借権（ちんしゃくけん）

賃料を支払う対価として、物を使用・収益できる権利のことです（民法601条）。

賃貸人は賃貸目的物が壊れた場合にはこれを修繕する義務を負います（同法606条）。賃借人は、賃貸人の承諾を得ずに目的物を転貸することはできません（同法612条）。

また、賃借人が賃貸目的物について必要費や有益費を支出した場合には、賃貸人に対して費用の償還を求めることができます。

なお、不動産賃借権は、登記をすれば、その不動産について物権を取得した者に対しても賃借権を対抗することができます（同法605条）。

■賃借権の更新（ちんしゃくけんのこうしん）

契約期間が満了した賃貸借契約について、改めて契約を結び直すことをいいます。賃通常は当事者の意思によって決定されますが、不動産の賃貸借契約は、賃借人にとっては生活の基盤となる重要なものです。したがって、借地借家法により、不動産の賃貸人の側が賃貸借更新を拒絶することには一定の規制がなされ、正当な事由がなければ、土地の賃貸人は賃貸借契約の更新を拒絶できないことになっています（借地借家法6条、28条）。

■賃借権の設定登記（ちんしゃくけんのせっていとうき）

建物や土地に賃借権を設定した場合になされる登記のことです。賃借権設定の登記にあたって、登記の目的としては「賃借権設定」、原因としては「年月日設定」となります。登記事項として必ず記載しなければならないものとして「賃料」があります。その他の登記事項としては、存続期間、譲渡・転貸の定め、敷金などがあります。

なお、土地の賃借権設定の目的が建物の所有であるときは、その旨を登記事項として、必ず登記しなければなりません。

■賃借権の対抗力（ちんしゃくけんのたいこうりょく）

賃借権を第三者に主張できる効力をいいます。本来は、物権は債権よりも強いので、不動産の所有権を得た者はその不動産を借りている者を追い出すことができるはずです。しかし、不動産賃貸借は生活の基盤を与えるものであり、賃借人を保護する必要性が高いといえます。そこで、借地借家法は、賃借権の登記はなくても第三者に対抗力がある場合について規定しています。

■賃借権の物権化（ちんしゃくけんのぶっけんか）

原則として、物権は債権より強く、不動産賃借権は債権なので、物権である所有権等には劣ります。しかし、不動産の賃借人を保護する必要から、不動産賃借権には物権と同じような効力が付与されています。これが不動産賃借権の物権化です。

不動産賃借権の対抗力などは、不動産賃借権の物権化の一例です。対抗力を備えた賃借権は、不動産の所有権を譲り受けた者に対しても主張することができます。

■賃借権の無断譲渡（ちんしゃくけんのむだんじょうと）

賃貸人の了承を得ずに、賃借人が賃借権を譲渡することをいいます。

賃貸借契約は、賃貸人と賃借人の人的信頼関係によって成り立っていますから、賃借権は、賃貸人の承諾がなければ譲渡できないのが原則です（民法612条1項前段）。ただし、賃借人を保護するため、賃貸人と賃借人との間の信頼が害されない特別の事情がある場合は、賃貸人は賃貸借契約を解除することはできません。

■賃貸借（ちんたいしゃく）

当事者の一方（賃貸人）がある物を相手方（賃借人）に利用させ、相手方が賃料などの対価を支払う契約をいいます（民法601条）。土地や家など、不動産の賃貸借がおもなものですが、レンタカー

などのように動産の賃貸借もあります。建物の所有を目的とする土地の賃貸借、建物の賃貸借については、借地借家法が適用されます。賃貸借契約は、有償の諾成契約です。

■賃貸住宅紛争防止条例（ちんたいじゅうたくふんそうぼうしじょうれい）

賃貸住宅におけるトラブルが生じないように制定されている東京都の条例のことで、正式には「東京における住宅の賃貸借に係る紛争の防止に関する条例」といいます。

この東京都の条例は、住宅の賃貸借における原状回復等に関して、宅地建物取引業者に一定の説明義務を課しています。具体的には、重要事項説明に加え、「退去時の通常消耗等の復旧は、貸主が行うことが基本であること」「入居期間中の必要な修繕は、貸主が行うことが基本であること」「賃貸借契約の中で、借主の負担としている具体的な事項」「修繕及び維持管理等に関する連絡先」の説明が義務付けられています。なお、この条例の対象となるのは、東京都内の居住用賃貸住宅について、宅地建物取引業者が媒介・代理を行う場合です。

この条例で定められたルールは「東京ルール」と呼ばれています。なお、この条例は直接的には東京都内を適用対象としますが、他の地域においても、原状回復等のあり方について東京ルールが参考にされています。

■賃貸建物の明渡猶予（ちんたいたてもののあけわたしゆうよ）

抵当に入っている建物が裁判所の競売にかけられ、買受人が買い受けた際、競売される前からこの建物を使用または収益していた賃借人は明渡請求を受けます。この際に、買受人に引渡しをしなくてもよい期間のことを明渡猶予といいます。期間は買受の時点から6か月間です（民法395条1項1号）。かつては旧395条の「短期賃貸借の保護制度」が存在していました。しかし、この制度を悪用し、競売の直前に賃貸借契約をして法外な立退料を請求する行為が多発したため、平成16年（2004年）にこの制度は廃止され、現在の形になりました。

■賃料（ちんりょう）

賃貸借とは、賃貸人が賃借人に目的物を使用収益させ、これに対して賃借人が使用収益の対価を支払う契約をいいますが、このとき賃貸人に支払われる対価を賃料といいます。一般に土地の賃料は地代といい、建物の賃料は家賃と呼ばれます。

つ

■追奪担保責任（ついだつたんぽせきにん）

売買の目的物について、第三者が取消権を行使するなどにより買主が目的物を奪われた際、売主が買主に対して負う担保責任のことです。たとえば、土地がAからBに売られ、さらにBがCに売り渡したとします。その後に、Aが未成年であったなどの事情でAB間の契約が取り消された場合、土地の所有権はCからAに戻ったとします。この際、CがBに対して追及できるのが追奪担保責任です。

■追認（ついにん）
　事後的に確定的なものにする当事者の意思表示で、取り消すことができる行為などを後から認めることです。たとえば、無権代理の追認や訴訟能力の欠缺（訴訟能力が欠けていること）の追認が挙げられます。
　無権代理であれば、無権代理人のした行為を本人が追認することにより、無権代理人の行為を有効として、その効果を本人が享受することもできます（民法116条）。訴訟能力が欠けているのであれば、たとえば未成年者の訴訟行為を法定代理人が追認して、行為のときに遡って有効とすることもできます。

■通行地役権（つうこうちえきけん）
　⇒地役権

■通行妨害（つうこうぼうがい）
　地役権者の通行を妨害することをいいます。地役権者の通行を妨害する者がいる場合は、その者に対して妨害排除を請求することができます。緊急に妨害を排除したい場合は、仮処分を申請することになります。

■通水用工作物の使用権（つうすいようこうさくぶつのしようけん）
　土地の所有者は、所有地の水を通過させるために、高地または低地の所有者が設けた工作物を使用することができます。これを通水用工作物の使用権といいます（民法221条）。たとえば、高地や低地の所有者が側溝や排水管等を設置した場合には、土地の所有者はそれを利用することができます。ただし、他人の工作物を使用することになるので、工作物について生じる費用については、一定の額を負担しなければなりません。

■通謀虚偽表示（つうぼうきょぎひょうじ）
　相手方と共謀して、真実とは違う意思表示をすることです。たんに「虚偽表示」ともいいます。たとえば、Aが所有している不動産を、Aは売るつもりがないのにBと共謀して、AB間で売買契約が締結されたように装い、不動産の登記をBに移転することです。
　虚偽表示は、財産隠しを目的として行われることがよくあります。前述の例では、Aに借金がある場合、Aは債権者からの差押えを免れる目的で、不動産の登記をBに移していることになります。虚偽表示の行為は、当事者間では無効です。しかし、虚偽の表示がなされていることを知らない第三者に対抗することはできません（民法94条2項）。前述の例で、登記を見て不動産の所有者がBであると考えたCが、Bとの間で不動産の売買契約を締結した場合、不動産の所有権はCが有することになる可能性があります。

て

■定額課税（ていがくかぜい）
　不動産の個数などに、一定の額を掛けて、登録免許税を算出する方式のことです。地役権の設定登記の場合、承役地となる不動産の個数に一定額を掛けて、登録免許税を算出します。

■定期借地権（ていきしゃくちけん）
　一定の期間が過ぎた後には更新されない借地権をいいます（借地借家法22条）。

一度借地権を設定すると、更新で地主が借地の明渡しを求めることはかなり難しいため、借地借家法は、法定更新のない借地権を認めています。定期借地権には、一般定期借地権、事業用定期借地権、建物譲渡特約付借地権の3種類があります。

■**定期借地権の特約の登記（ていきしゃくちけんのとくやくのとうき）**

建物の所有を目的とし、借地権を設定する際に、存続期間や契約の更新ができないなどの特約を定める登記のことです。

■**定期建物賃貸借（ていきたてものちんたいしゃく）**

一定期間が過ぎた後には更新されない建物賃貸借をいいます（借地借家法38条）。定期借家権ともいいます。一般の借家権と違って更新がなく、立退料も不要であるなど貸主の権利を強化する効果があります。定期建物賃貸借の契約では、この賃貸借は契約の更新がなく、期間が満了すると賃貸借は終了することをあらかじめ説明しなければならず、公正証書等の書面で契約書を作成しなければなりません。

■**定期賃貸住宅標準契約書（ていきちんたいじゅうたくひょうじゅんけいやくしょ）**

定期借家契約を結ぶ場合の標準的な契約書のことをいいます。国土交通省の住宅局が作成しています。定期借家契約を結ぶ場合には参考にすることができます。

■**停止条件（ていしじょうけん）**

条件が成就すれば法律行為の効力を発生させるという条件のことです。条件成就まで、法律行為の効力の発生が停止されています。

■**抵当権（ていとうけん）**

債務者に対する特定の債権の回収を確実にするために、債務者または第三者の不動産に設定する担保物権です（民法369条）。不動産が担保の目的物となった後も、債務者は引き続きその不動産を使用・収益（直接使用する、または活用して収益を上げること）することができます。抵当権が実行されると、抵当権の対象となっている不動産は競売にかけられ、その代金から債権者は弁済を受けることになります。

■**抵当権移転の登記（ていとうけんいてんのとうき）**

抵当権を新たな抵当権者へ移転する登記です。抵当権によって担保されている債権が移転すればそれに伴って担保権である抵当権も当然に移転することになります。抵当権移転の登記にあたっては、登記の目的として「○番抵当権移転」原因として「平成○○年△月×日債権譲渡」（抵当権が担保している債権が譲渡された場合）や「平成○○年△月×日代位弁済」（債務者以外の者が債権を弁済した場合）などと記載します。なお、抵当権の一部が移転した場合には登記事項として、譲渡された額などを記載します。

■**抵当権消滅請求（ていとうけんしょうめつせいきゅう）**

抵当不動産の所有権を得た者（第三取得者）が、自分で評価した抵当不動産の金額を抵当権者に提供して、一方的に抵当権の消滅を請求することをいいま

す（民法379条以下）。かつては、第三者から抵当権を消滅させる制度として「滌除（てきじょ）」が規定されていましたが、平成15年民法改正により、「抵当権消滅請求」に制度改正されました。代価弁済（同法378条）が抵当権者側からの働きかけであるのに対し、抵当権消滅請求は第三取得者側からの働きかけによるという違いがあります。

■抵当権設定の登記（ていとうけんせっていのとうき）

抵当権を設定した場合になされる登記です。抵当権設定の登記では、抵当権者を登記権利者、抵当権設定者（抵当権が設定される不動産を所有する者）を義務者として共同で申請します。

抵当権設定登記の記載事項には、目的、原因、債権の金額、利息、損害金、債務者、抵当権者などがあります。通常の抵当権の設定のケースでは、登記の目的には「抵当権設定」、原因には「平成〇〇年△月×日金銭消費貸借平成〇〇年△月×日設定」などと記載します。登記事項として、債権額と債務者は必ず記載しなければなりません。なお、他に当事者間で定めた場合に記載する事項としては、利息の定めや損害金の定めがあります。

■抵当権登記の流用（ていとうけんとうきのりゅうよう）

すでに消滅しているが、抹消登記がされていない抵当権を、他の債権の担保として利用することです。たとえば、抵当権が消滅したが、その抵当権の登記自体は抹消せずに残っていたとします。その後、新たな抵当権を設定した場合に、抹消されていない登記を、新たな抵当権の登記として利用することを抵当権登記の流用といいます。なお、抵当権の消滅に関して利害関係を有する第三者が存在する場合は、登記の流用は認められていません。

■抵当権の順位（ていとうけんのじゅんい）

一つの物に複数の抵当権が設定されている場合、登記の順番によって決定される、弁済を受けることのできる優先順位のことです。抵当権の順位は、原則として入れ替わることはありません（順位確定の原則）。優先順位の高い抵当権が消滅した場合には、以下の抵当権は順に繰り上げられます（順位上昇の原則）。ただし、民法が定める要件を満たせば、登記によって抵当権の順位を変更することができます（民法374条）。

■抵当権の順位の譲渡・放棄（ていとうけんのじゅんいのじょうと・ほうき）

複数の抵当権者の間で、抵当権の順位を譲ったり（譲渡）、同順位としたり（放棄）することをいいます。たとえば、一つの不動産に第1順位A、第2順位B、第3順位Cの各抵当権者がいる場合に、AがCに順位譲渡すると、順位譲渡がなければAとCに配当される額の中からCがAより先に配当を受け、残りはAが配当を受けることになります。

一方、AがCに順位放棄すると、順位放棄がなければAとCに配当される合計額がAとCの債権額の割合でAとCに配当されます。いずれの場合も、Bの配当額は影響を受けません。

■抵当権の順位の変更（ていとうけんのじゅんいのへんこう）

複数の抵当権者の間で、抵当権の順位を絶対的に入れ換えることをいいます。また、抵当権の順位を変更した場合に行う登記のことを抵当権の順位変更の登記といいます。抵当権の順位変更の登記を行うには、各抵当権者の合意の他に、利害関係人の承諾が必要とされています。

なお、抵当権の順位変更は、登記をしてはじめて効力を生じます。抵当権の順位変更の登記の申請は、その順位変更にかかわる抵当権者全員の申請によって行われます。

■抵当権の譲渡・放棄（ていとうけんのじょうと・ほうき）

抵当権者が、債務者を同じくする一般債権者の利益のために、抵当権そのものを譲渡または放棄することをいいます。

たとえば、一つの不動産に第1順位A、第2順位Bの抵当権者と、一般債権者Cがいる場合に、ⓐAがCに抵当権の譲渡をすると、譲渡がなければAとCに配当される額の中からCがAより先に配当を受け、残りはAが配当を受けることになります。

一方、ⓑAがCに放棄すると、放棄がなければAとCに配当される合計額がAとCの債権額の割合でAとCに配当されます。いずれの場合も、Bの配当額は影響を受けません。

■抵当権の処分（ていとうけんのしょぶん）

抵当権の変動を目的とする行為をいいます。転抵当、抵当権の譲渡・放棄、抵当権の順位の譲渡・放棄などがこれにあたります。

抵当権の譲渡・放棄などがなされれば、抵当不動産が実行された場合に、その代金がどのように配分されるかが変わってきます。

■抵当権の侵害（ていとうけんのしんがい）

抵当権を適正に行使するのに障害となっている事実をいいます。たとえば、抵当権がついている不動産について借家人が不正に居座っていて競売ができない場合や、競売はできるが値段が大幅に下がるような場合には、不動産を正当な価格で売却することができないので、抵当権が侵害されているといえます。このような場合、抵当権者は、抵当権に基づく妨害排除請求権として抵当権侵害を止めるよう求めることや抵当不動産の明渡しを求めることができます。

■抵当権の特定の原則（ていとうけんのとくていのげんそく）

抵当権の及ぶ範囲が特定されていなければならないという建前をいいます。抵当権は、質権と異なり権利を有する者が占有するわけではないので、抵当権の及ぶ範囲が明確でないことが多く、抵当権者を保護するためにこの原則が唱えられました。

■抵当権の抹消登記（ていとうけんのまっしょうとうき）

抵当権が消滅した場合になされる登記のことです。たとえば、債務が完済されれば抵当権は当然に役目を終えて消滅し、抵当権の抹消登記をすることになります。抵当権の抹消登記にあたっては、

抵当権設定者を登記権利者とし、抵当権者を登記義務者として共同で申請します。なお、抵当権設定者は現在の所有権登記名義人となります。

■抵当直流（ていとうじきながれ）

抵当権によって担保される債権が履行されなかった場合に、抵当不動産の所有権を抵当権者に直接移転させることをいいます。競売手続はお金も時間もかかるので、このような手間を省くために抵当直流の取り決めが生まれました。

■抵当証券（ていとうしょうけん）

抵当権と抵当権によって担保されている債権とを合わせて証券化したものを抵当証券といいます。抵当証券の登記をすることにより、抵当証券が発行されます。抵当証券の裏書（証券に譲渡を受けた者を記載する）により、抵当権を譲渡できるようになり、抵当権の移転登記は不要になります。

■定率課税（ていりつかぜい）

不動産の価格などに、一定の税率を掛けて、登録免許税を算出する方式のことです。

抵当権設定登記の場合、債権額に、一定の税率を掛けて、登録免許税を算出します。

■撤回（てっかい）

意思表示によって発生した法律上の効果を将来的に消滅させることをいいます。取消しと異なり、法律上の効果が遡って消滅することはありません。たとえば、書面によらない贈与は撤回することができます（民法550条）。

■手付（てつけ）

契約締結の際に交付される金銭や品物（ほとんどの場合は金銭です）のことです。手付が払われた場合、その手付は原則として解約手付（契約が解除できるという趣旨で交付される手付）とされています。手付の種類としては他に違約手付（違約罰として没収できるという趣旨で交付される手付のこと）や証約手付（売買が成立した証拠を意味する手付のこと）があります。

■手付流し／手付倍返し（てつけながし／てつけばいがえし）

売買契約において買主が売主に手付を渡した場合には、相手方が履行に着手（売主であれば売買目的物を買主に渡すこと、買主であれば代金を売主に支払うことなど）する前に契約を解除することができます（民法557条）。買主が手付を放棄して契約を解除することを手付流し、売主が手付の倍額を買主に渡して契約を解除することを手付倍返しといいます。

■デベロッパー（でべろっぱー）

開発事業者のことをいいます。特にマンションにおいては、土地を用意し、工事施工業者に発注してマンションを建設して、それを個人等に販売する不動産開発業者をさす言葉として用いられています。デベロッパーは、単なるマンションの販売にとどまらず、不動産価値を高めてから販売するために、大規模なマンションプロジェクトの企画なども行います。

■天空率（てんくうりつ）

建物等に遮られずに、ある測定点から見ることのできる空の範囲を示した割合

をいいます。建築基準法の改正により、平成15年から導入されました。それ以前は、斜線制限という考え方が、専ら建築物の制限に用いられていましたが、道路に面した部分を切り落としたような形状にしなければならず、住みやすさやデザイン性とかけ離れていました。そこで斜線制限を緩和し、建物の実情に適した天空率が導入されました。

■転貸借（てんたいしゃく）

所有者から建物などを借りている者（貸借人）が、さらにその建物を他の者に貸すことです。「転貸」ともいいます。転貸借をするためには、賃貸人（上記の例では建物の所有者）の承諾が必要になります。賃貸人の承諾を得て転貸借がされた場合、賃貸人は転借人（賃借人からさらに借り受けた者）に対して家賃の支払いを請求することができます。賃貸人の承諾を得ないで、賃借人が転貸借をした場合、賃貸人は、賃貸契約自体を解除することができます（民法612条2項）。

■転抵当（てんていとう）

抵当権者が、自分が有する抵当権を、他の債権の担保とすることを転抵当といいます（民法376条）。たとえば、BがAに金銭を貸しており、その貸金債権を担保するためにAの不動産に抵当権が設定されていたとします。この場合、BがCから金を借りるために自分が有している抵当権をCのために担保とすることができます。

転抵当で担保されている債権が弁済されない場合、転抵当権者（転抵当における債権者）が担保となっている抵当権（原抵当権）を実行することになります。ただし、原抵当権が担保している債権の弁済期が到来していない場合は、転抵当権者が抵当権を実行することはできません。

転抵当権の登記は、転抵当権者が登記権利者、転抵当権設定者を登記義務者として共同で申請します。転抵当権を登記する際には、登記の目的として「○番抵当権転抵当」原因として「平成○○年△月×日金銭消費貸借年月日設定」とします。

■転得者（てんとくしゃ）

物や権利を譲り受けた者から、さらにこれを譲り受けた者のことをいいます。詐害行為取消権（民法424条）が問題となる際に用いられることが多い用語です。

AがBに対して債権を有しており、Bは唯一の財産をCに譲渡し、Cはこれをさらにdに譲渡したとします。このとき、Aは詐害行為取消権を行使できる可能性がありますが、事例のDのことを転得者といいます（Cのことは受益者といいます）。

■天然果実（てんねんかじつ）

物の用法に従って収穫したり、取ったりする産出物のことです。牛から出る牛乳、畑の野菜などのことをいいます。天然果実は、元物（上記の例では牛や畑のこと）から分離する時にこれを収取する権利をもつ者に帰属します。

■添付（てんぷ）

所有者の異なる複数の物が物理的に分離できないまたは分離困難な状態になった場合の、所有権の決定に関する問題のことです。

民法上、添付は付合（民法242～244条）、混和（同法245条）、加工（同法246条）の3つに分類されています。付合と

は別々の物がくっついて、容易に分離できない状態になることをいいます。混和は液体を混ぜた時のように、複数の物が混ざり合って元の物が識別できなくなること、加工は物に工作を加えて別の物を作り出すことをさします。

添付に関する民法の規定は任意規定なので、当事者間の契約書で規定がされていれば、契約書の規定が優先されます。

■添付情報（てんぷじょうほう）

登記の申請の際に申請情報と共に提出する情報のことです。オンラインで登記申請する場合は、添付書類に代えて「添付情報」を提供することになります。おもな添付情報には登記識別情報や、登記原因証明情報、第三者の許可または承諾の情報などがあります。登記を申請するにあたって、申請内容通りの権利変動があったこと、その申請人が本当の権利者あるいは義務者であること、代理人が権限を有していること、などを証明するため、添付情報が必要になります。

なお、現在の不動産登記法（平成17年3月施行）が施行される前は、添付情報のことを条文上「添付書類」と表記していました。そのため、現在でも、特に書面申請の際には、添付書類という言葉が使用されることがあります。

■添付書面（てんぷしょめん）

登記申請時に申請書と共に提供する書類です。添付書面により、申請書に記載された権利変動を形式的に証明することができます。登記原因証明情報としての契約書等、印鑑証明書、委任状、住民票の写しなどが添付書面となります。

■転付命令（てんぷめいれい）

債務者の第三債務者に対する金銭債権が差し押さえられた場合に出される執行裁判所の命令です。この場合、支払に代えて債権をその額面額で差押債権者に移転する命令が出されます（民事執行法159条1項）。

たとえば債務者が100万円の債権（預金債権など）を保持している場合に、その債権を差し押さえた債権者は執行裁判所に転付命令を求めることができます。

....
と
....

■等価交換（とうかこうかん）

まず不動産会社に土地を売却し、不動産会社がその土地に建物を建てた後、土地の売主がその建物の一部と土地の共有持分を取得することをいいます。建物を新築するためには、多額の費用がかかりますが、この方法を利用することで、金銭的な負担を抑えて新しい建物を入手することが可能になります。また、固定資産交換の特例を利用することによって、税金負担を軽減することもできます。

■登記（とうき）

不動産に関する権利関係や会社の重要事項など一定の事項を広く公示するために帳簿等に記載・記録するための制度のことです。不動産登記や商業登記、成年後見登記などさまざまな種類の登記があります。

登記がなされると、原則として、誰でも所定の手数料を納付することで登記事項証明書の交付を求めることができます。また、登記事項の概要を記載した書面の交付を求めることもできます。不動

産の物権変動については、登記をしなければ物権変動があったことを第三者に主張（対抗）できません。

■登記官（とうきかん）

登記所（法務局など）の職員で、登記の事務を取り扱う者のことです。登記の申請を行った場合、登記官によって処理されます。登記官は、独立して事務を処理できる権限があります。

■登記官による本人確認制度（とうきかんによるほんにんかくにんせいど）

登記申請人が本人であるかどうかを調査するための手続きのことです。登記官は「申請人となるべき者以外の者が申請していると疑うに足りる相当な理由」がある場合に、申請人や代表者あるいは代理人に対して出頭を求め、質問をし、文書の提示その他必要な情報の提供を求めるなどの調査をすることができます。これが、登記官による本人確認制度です。登記官による本人確認の結果、申請人に権限がないと認められると申請は却下されます。

捜査機関その他の官公署（役所など）から不正事件が発生するおそれがある旨の通報があったときや、申請人となるべき者になりすました者が申請している疑いがある場合に、登記官による本人確認が行われます。

■登記完了証（とうきかんりょうしょう）

申請した登記に対する手続きが完了したことを証明するものです。登記が完了すると、法務局から申請人に対して登記が完了した旨を記載した「登記完了証」が交付されます。オンライン申請の場合は、登記・供託オンライン申請システムからダウンロードすることになります。書面申請の場合は、書面で交付されます。申請人が複数の場合、そのうちの1人に交付されます。

■登記期間（とうききかん）

登記事由が発生した場合に、その登記の申請をしなければならない期間のことです。

土地の売買によって、その土地の所有者が変更された場合など、不動産登記の名義変更に関する登記期間については、特に定めがありませんので、登記されずに長期間が経過することもあります。しかし、権利関係のトラブルの原因になりますので、早期に登記を行ったほうがよいといえます。

■登記義務者（とうきぎむしゃ）

登記をすることによって登記上不利益を受ける立場になる者のことです。たとえば不動産を売り渡した売主などが挙げられます。

通常、権利に関する登記をすることで、登記上の不利益を受ける登記名義人が登記義務者となります。登記上の不利益には直接的なものと間接的なものがありますが、直接的な不利益を受ける登記名義人が登記義務者となります。

■登記・供託オンラインシステム（とうき・きょうたくおんらいんしすてむ）

登記や供託の申請や請求についてインターネットを利用して行うシステムのことです。

平成23年2月14日から、不動産登記手続き、商業・法人登記手続き、動産譲渡登記手続き、債権譲渡登記手続き、平成24年1月10日から、成年後見登記手続き、供託手続き、電子公証手続きの利用が可能になっています。

■ 登記記録（とうききろく）

表示に関する登記、権利に関する登記について、一筆の土地、一個の建物ごとに作成される磁気ディスク上の記録のことです。

登記簿というのは、磁気ディスクという「物体」そのものを意味します。これに対して、登記記録とは、登記簿の「中身」あるいは「内容」をさす言葉です。つまり、登記簿という物体に記録されている中身のことを登記記録と呼びます。登記記録は、土地の場合も建物の場合も、表題部、権利部からなり、権利部は所有権に関する事項を記録する甲区と、所有権以外の権利についての事項が記録される乙区に分かれます。

■ 登記原因（とうきげんいん）

登記の原因となる事実または法律行為のことです。登記の際に、申請情報として提供します。売買によって、所有権が移転した場合、登記原因は「売買」となります。

■ 登記原因証明情報（とうきげんいんしょうめいじょうほう）

登記を行うことになった原因を証明するための情報のことです。たとえば、売買契約の内容を記した書面などが、登記原因証明情報となります。原則として、登記申請に際して提供しなければならないとされています。

■ 登記権利者（とうきけんりしゃ）

登記によって登記上利益を受ける者のことです。たとえば新たに所有者として登記簿に記載されることとなる者が挙げられます。

登記上利益を受ける者のうち、直接的に利益を受ける者が登記権利者となり、間接的に利益を受ける者は除外されます。たとえば、所有権移転の登記の申請を行う場合に、その所有権の移転を受ける者は登記権利者となりますが、先順位の抵当権抹消登記を申請する際に、順位上昇の利益を受ける後順位の抵当権者は登記権利者とはなりません。

■ 登記される権利（とうきされるけんり）

登記をすることができる権利のことです。登記される権利は、法律で定められています。登記される権利として、所有権、地上権、永小作権、地役権、先取特権、質権、抵当権、賃借権、採石権があります。

■ 登記される権利変動（とうきされるけんりへんどう）

登記をすることができる物権変動のことです。登記される物権変動として、保存（所有権の保存など）、設定（抵当権の設定など）、移転（所有権の移転など）、変更（抵当権の債務者の変更など）、処分の制限（仮処分による処分の禁止など）、消滅（抵当権の抹消など）があります。

■登記識別情報（とうきしきべつじょうほう）

　登記が完了したときに、新たに登記名義人となった申請人に対して個別に発行される情報のことです。法務局が無作為に選んだ12ケタの英数字（AからZまでと0から9まで）で表されます。登記識別情報は、登記名義人が登記を申請するときに、その登記名義人本人がその登記を申請していることを確認するために使われるものです。

■登記識別情報失効の申出（とうきしきべつじょうほうしっこうのもうしで）

　自分が保有している登記識別情報を使えないようにするため、登記所に申し出ることです。書面申請、オンライン申請のどちらでも申し出ることができます。たとえば、登記識別情報を他人に盗まれた場合に、第三者が本人になりすまして登記することを防止するために、登記識別情報自体の失効の申出をする場合に利用します。

■登記識別情報の有効証明（とうきしきべつじょうほうのゆうこうしょうめい）

　自分が保有している登記識別情報が正しいものであり失効していないことを証明してもらうことです。証明してほしい登記識別情報を、登記所に提出する必要があります。書面申請、オンライン申請のどちらも可能です。

■登記事項（とうきじこう）

　登記記録（登記簿）に記録される内容のことです。登記の申請時に申請情報に記載して提出します。不動産登記では、登記の目的、登記原因およびその日付などが登記事項になります。

■登記事項証明書（とうきじこうしょうめいしょ）

　登記簿謄（抄）本に代わる証明書で、登記簿に記載されている事項の全部または一部を証する書面のことです。かつては、登記簿抄本（登記簿の一部の情報を記載した書面）や、登記簿謄本（登記簿の情報の全部が記載された書面）の交付を受けていましたが、全国の法務局がコンピュータ化され、紙の登記簿から磁気ディスクの登記簿に変わった現在では、原則として登記記録に記録されている事項の全部または一部を証する書面として「登記事項証明書」の交付を受けることになっています。登記事項証明書は、手数料を納付して交付を請求します。この登記事項証明書には、全部事項証明書、現在事項証明書など、いくつかの種類があります。

■登記事項要約書（とうきじこうようやくしょ）

　登記簿に記載されている事項の摘要を記載した書面のことです。法務局のコンピュータ化によって、登記簿の閲覧に代えて、登記事項要約書が発行されています。

■登記所（とうきしょ）

　法務局・地方法務局・その支局および出張所の総称のことです。登記事務を行います。

■**登記申請能力（とうきしんせいのうりょく）**

　登記の申請をすることができる能力のことです。登記を申請するためには、権利能力、意思能力は必要ですが、行為能力は必ずしも必要とされていません。たとえば未成年者の場合、原則として、行為能力はありませんが、単独で登記申請をすることが可能です（ただし、登記の申請時に、「法定代理人の同意を証する情報」を添付する必要があります）。

■**登記済証（とうきずみしょう）**

　登記が完了したときに、登記所から登記名義人に渡されていた書面のことです。一般には権利証と呼ばれています。後の登記で、本人確認のために利用される書面です。現在では、登記済証の代わりに登記識別情報が通知されます。ただし、現在有効な登記済証は、新たな権利の移転がない限り、将来も有効です。

■**登記請求権（とうきせいきゅうけん）**

　不動産の物権変動があった際に、登記権利者が登記義務者に対して、登記を行うことに協力するよう求める権利のことです。発生原因により、債権的登記請求権、物権的登記請求権、物権変動的登記請求権の３つに分類されます。たとえば、不動産売買契約に伴い発生した登記請求権は、債権的登記請求権です。物権的登記請求権は、実体的な物権関係と登記が一致しない状態を解消するために行使する登記請求権です。

■**動機の錯誤（どうきのさくご）**

　意思表示の動機に錯誤（民法95条）があることをいいます。たとえば、将来、近くに新しく駅ができて地価が上がると勘違いして土地を購入した場合には動機の錯誤があることになります。

　動機の錯誤があったとしても、それによる意思表示は錯誤により無効であるとは主張できません。ただし、意思表示の動機を相手方に示していた場合には、動機の錯誤による錯誤無効を主張することができます。

■**登記の目的（とうきのもくてき）**

　登記の申請の際に、どのような権利または権利変動が生じたかを表す情報です。たとえば、売買により所有権が移転した場合、登記の目的は「所有権移転」となります。

■**登記簿（とうきぼ）**

　不動産登記法その他の法律の規定により登記すべき事項が記録されている帳簿のことです。磁気ディスクやこれに準ずる方法によって一定の事項を確実に記録することができる物で調製されます。

　登記簿には、たとえば不動産登記簿、商業登記簿があります。不動産登記簿には、所有権の移転や担保権の設定について記載することになります。

■**登記簿抄本（とうきぼしょうほん）**

　⇒登記事項証明書

■**登記簿謄本（とうきぼとうほん）**

　⇒登記事項証明書

■**登記名義人（とうきめいぎにん）**

　登記記録の権利部に権利者として記載されている者のことです。登記簿には、所有権が移転された経過が記載されてい

ますが（具体的には、1番所有権保存、2番所有権移転）、登記名義人といわれるのは、現在の所有権の登記名義人のことです（上記の場合では、2番所有権移転の登記名義人）。

■登記名義人の氏名等の変更登記（とうきめいぎにんのしめいとうのへんこうとうき）

登記簿上の名義人が住所を変更したり、結婚や養子縁組をしたために氏名の変更があったような場合に行われる登記簿上に反映するための変更登記のことです。登記名義人の氏名等の変更登記の手続きをするときは、現在の住所や氏名が登記簿上のものと連続していることを証明するために、住民票、戸籍謄本などを添付しなければなりません。なお、登記名義人の氏名等の変更登記については、登記名義人が単独で申請をすることができます。

■同時申請（どうじしんせい）

複数の登記申請を同時に行うことを、同時申請といいます。複数の登記申請を同時に行わないと、登記申請自体が却下されてしまう場合があります。たとえば、土地の売買に関して買戻特約を付した場合、買戻特約の登記と所有権移転登記を同時に（まとめて）申請する必要があります。所有権移転登記後に、買戻特約の登記を申請した場合、買戻特約の登記は却下されます。

通常、複数の登記を一度にまとめて申請すると、異なった受付番号が連番で付されます。しかし、同時申請では、別々の登記であっても、同じ受付番号が付される点に特徴があります。

■同時配当（どうじはいとう）

共同抵当権（複数の不動産に、同一債権を担保する抵当権が設定されていること）が実行され、土地・建物の全部を競売し、同時にその代金を配当することです。競落代金全額に対する各不動産の競落価格の割合に応じて弁済されます（民法392条1項）。

なお、共同抵当権が設定された不動産の一部のみの抵当権を実行することを異時配当といいます。抵当権者は、同時配当、異時配当のいずれかを選択して、抵当権の実行をすることができます。

■同時履行の抗弁権（どうじりこうのこうべんけん）

契約を結んだ両当事者が、互いに義務を負う契約（双務契約）において、相手方が債務の履行を提供するまで、自分の債務の履行を拒むことをいいます（民法533条）。ただし、相手方の債務の弁済期が到来していない場合には、同時履行の抗弁権は行使できません。たとえば、Aを売主、Bを買主とする売買契約が締結された場合に、AはBが代金を支払ってもらえるまでは物を引き渡すことを拒むことができます。しかし、代金は後払いという取り決めがなされているのであれば、Aは同時履行の抗弁権を使うことはできません。

■道府県民税／都民税（どうふけんみんぜい／とみんぜい）

道府県が課する住民税のことを道府県民税といいます。東京都については、都民税という名称になります。都民税は、個人に対するものについては、道府県民税と同様の内容になっていますが、法人

に対するものは道府県民税と市町村民税を合わせた内容が都民税となり、取扱いに違いがあります。また、道府県民税は市町村が市町村民税と一括して徴収するのに対し、都民税は東京都が徴収することになっています。

■謄本／抄本（とうほん／しょうほん）
　原本の内容をそのまま写したものを謄本、原本の一部の写しを抄本といいます。謄本・抄本は、全部の写しか一部の写しかの区別です。

■道路位置の指定（どうろいちのしてい）
　都市計画法等によらずに築造される幅員4m以上で一定の技術的水準に適合した道路で、特定行政庁から位置の指定を受けたものを位置指定道路といい、特定行政庁から位置の指定を受ける方法を道路位置の指定といいます。道路位置の指定を受けると、建築基準法上の道路として、接道義務や道路内の建築制限等の規定が適用されることになります。

■登録免許税（とうろくめんきょぜい）
　登記などの登録をする場合に支払わなければならない税金のことです。一定の事項を登録する際に課されます。不動産の場合の登録免許税は、当該不動産の価格に登録免許税の税率を乗じた額により計算されます。たとえば、固定資産課税台帳に登録された建物部分が1000万円を買った場合には、建物の売買等の所有権移転に関する税率は2％と定められていますが、原則として1000万円×2％＝20万円が登録免許税として必要になります。

■道路法（どうろほう）
　道路は一般交通用に人工的に作られた土地の施設であるとされていますが、その道路についての一般法といえるものです。
　この法律が対象とするのは、ⓐ高速自動車国道、ⓑ一般国道、ⓒ都道府県道、ⓓ市町村道の4種類です。したがって、一般的には道路であると考えられるものでも、対象とならないものがあります。

■特定遺贈（とくていいぞう）
　「不動産はAに、株式はBに」というように、死亡した者の財産のうち特定のものや特定の額を与える遺贈のことです（民法964条）。特定遺贈は遺言により定めることができます。相続開始時に、受遺者（遺贈を受ける者）がすでに死んでいた場合は、原則として遺贈の効果は生じません。
　なお、財産を所持している者が死亡した場合に、財産の全部または一定の割合を決めて遺贈することを包括遺贈といいます。

■特定行政庁（とくていぎょうせいちょう）
　建築基準法に基づき、建築主事を置く地方公共団体やその地方公共団体の長のことをいいます。建築主事を置く市区町村では市区町村長、置いていない場合には、都道府県知事が特定行政庁になります。特定行政庁は建築確認をしたり検査済証を発行する権限を有します。

■特定住宅瑕疵担保責任履行確保法（とくていじゅうたくかしたんぽせきにんりこうかくほう）
　正式には「特定住宅瑕疵担保責任の履

行の確保等に関する法律」といいます。新築住宅の建設業者や住宅を売った宅建業者に、保険などによる瑕疵担保責任の履行のための資力確保を義務付けています。

■ 特定承継（とくていしょうけい）

個々に他人の権利や物を取得することを特定承継といいます。売買などで物の所有権を取得することが特定承継の例です。特定承継に対置される言葉として一般承継（包括承継）があります。一般承継の例としては相続などがあります。

■ 特定道路（とくていどうろ）

建築基準法上、幅員15m以上の道路のことを特定道路といいます。建物の建築に際しては、容積率（敷地面積に対する建物の床面積の合計の割合）の制限内で建物を建てなければなりませんが、前面道路（敷地に直接接している道路のこと）の幅員が6m以上12m未満であり、敷地が70m以内で特定道路に接続している場合には、容積率の割増しを受けることができます。

■ 特定の居住用財産の買換え特例（とくていのきょじゅうようざいさんのかいかえとくれい）

特定の居住用財産の買換え特例とは、特定のマイホーム（居住用財産）を売り、代わりのマイホームを購入した場合に、マイホームの譲渡益に対する課税を将来に繰り延べることができる制度のことです。この特例の適用を受けるためには、売ったマイホームと買い替えたマイホームが日本国内にあること、売却代金が1億円以下であること、買い替える建物の床面積が50㎡以上のものであり、買い替える土地の面積が500㎡以下であることなどの要件を満たす必要があります。

■ 特別土地保有税（とくべつとちほゆうぜい）

一定規模以上の土地を取得、または保有している者に対して課される市町村税（東京都23区内は都税）を特別土地保有税といいます。土地の有効利用促進や投機的取引の抑制を図ることを目的として制定された税金です。土地の取得価額（購入手数料や立退料などを含む）を課税標準として計算されます。なお、取得後10年が経過した土地については、課税対象から除かれます。

■ 特別の先取特権（とくべつのさきどりとっけん）

動産先取特権と不動産先取特権のことを合わせて特別の先取特権といいます（民法311条、325条）。一般の先取特権と特別の先取特権が競合した場合には、原則として特別の先取特権が優先します。ただし、共益の費用については、特別先取特権者は共益の費用により利益を受けた債権者すべてに優先します。

■ 都市計画（としけいかく）

一般的には、総合的な街づくりをプランニングすることをいいます。しかし、都市計画法によれば、都市計画とは、都市の健全な発展と秩序ある整備を図るための土地利用、都市施設の整備および市街地開発事業に関する計画であると規定されています。その中で、ⓐ市街化区域と市街化調整区域の線引き、住居地域・商業地域・工業地域など用途地域の設定、ⓑ道路・公園・下水道などの施設の整備、

ⓒ開発事業、などに関する計画を定めています。

■**都市計画区域（としけいかくくいき）**

都市計画を策定する上で、基礎となる区域のことです。原則として、都道府県が指定します。ただし、2つ以上の都府県にまたがる場合は、国土交通大臣が指定します。これには、2つの種類があります。ⓐ既成市街地を一体の都市として、総合的に整備・開発・保全を図るべき区域、ⓑ住居都市・工業都市などのいわばニュータウンとして整備・開発・保全を図るべき区域、の2つです。都市計画区域に指定されると、都市施設や市街地開発事業などに関する都市計画が策定されることになります。

■**都市計画税（としけいかくぜい）**

原則として市街化区域内に所在する土地および家屋を所有している者に課せられる税金のことです。

市区町村が都市計画事業を行うための税金で、固定資産税と一括して納税しなければなりません。固定資産税と異なるのは、税率が限度0.3％である点と、住宅用地における軽減措置が、原則として評価額の3分の1もしくは3分の2であるという点です。

■**都市計画法（としけいかくほう）**

都市計画の内容、決定手続、都市計画制限など必要な事項を定めることにより、都市の健全な発展と秩序を図ることを目的とした法律です。都市計画事業の認可の手続などについて定めています。

■**都市再開発法（としさいかいはつほう）**

都市部においては、区画整理が平面的でなく立体的にも行われています。これを都市再開発といい、都市開発法は、市市再開発について、土地区画整理法と同様の手法を定めた法律です。都市再開発も、他の区画整理と同様、地権者などの個人や地方公共団体、独立行政法人都市再生機構（かつての住宅・都市整備公団）が主体となって行います。ただし、土地区画整理の換地処分の場合と異なり、再開発の結果、二階家などの低層住宅の地域が高層化し、従来の権利者は立体化した各階に相当面積を割り当てられる、ということになります。

■**土地基本法（とちきほんほう）**

適正な土地利用の確保を図り、国民生活の向上と経済の発展に寄与（貢献）することを目的とする法律のことです。土地の公共利用や、投機的取引の抑制について規定されています。

■**土地区画整理法（とちくかくせいりほう）**

土地の仕切り（区画）を直すことを区画整理といいます。土地区画整理法は、土地の区画整理について規定したもので、雑然・混沌とした土地の利用状態を整理して、公共施設の整備や宅地利用といった効率的な土地利用の増進を図ることを目的とします。地権者などの個人や、土地区画整理事業を行うために設立される土地区画整理組合、地方公共団体、独立行政法人都市再生機構（かつての住宅・都市整備公団）などが主体となって、工事が完了した後従前の土地の権利者に代

替地を割り当てる換地処分などの土地区画整理事業を行います。

■土地収用法（とちしゅうようほう）

公共の事業のために国等が強制的に土地を買い取ることについて定めている法律が土地収用法です。公共の利益と私有財産の調整を図り、国土の合理的な利用に寄与（貢献）することを目的としています。土地を収用する場合には、土地の所有者に対して金銭を支払うことを定めており、憲法29条3項の損失補償の考え方が現れている法律であるといえます。

■土地の工作物占有者・所有者の責任（とちのこうさくぶつせんゆうしゃ・しょゆうしゃのせきにん）

塀が崩れて通行人が負傷したというように土地の工作物の設置や保存に瑕疵（欠陥）があったために、他人に損害が生じたとき、その工作物の占有者または所有者が負う責任です（民法717条）。占有者は損害の発生を防止するのに必要な注意をしたときは責任を免れますが、その場合は所有者が責任を負います。所有者には、免責が認められていません（無過失責任）。

■土地の測量（とちのそくりょう）

土地の長さや面積を測定することをいいます。土地の測量では、他の土地にも立ち入らなければならないことがよくあります。その場合、法務局（地方法務局）の長は、必要に応じて、筆界調査委員らを他人の土地に入らせることができます。他人の土地に入るために占有者に損失が生じた場合には、その分は補償の対象になります。

■土地のみに関する登記（とちのみにかんするとうき）

敷地権つきの建物がある場合に、敷地権が設定されている土地のみに効力があり、敷地権つきの建物には効力がない例外的な登記のことです。原則として、敷地権が設定されている土地のみに効力がある登記は認められませんが、例外的に土地のみの登記が認められる場合があります。たとえば、敷地権の登記が行われる前に、敷地権の目的である土地のみに抵当権が設定されていた場合、敷地権の登記が行われた後でも、土地のみに抵当権設定の登記をすることができます。

■土留工事（どどめこうじ）

おもに山の斜面などで、土砂崩れを防ぐために柵や杭を設置する工事のことです。岩や木を用いることもありますし、鉄筋コンクリートを用いることもあります。

■取壊し予定の建物の賃貸借（とりこわしよていのたてもののちんたいしゃく）

法令や契約により、一定期間が経過した後に建物を取り壊されることが明らかな場合になされる賃貸借契約のことです。この場合、建物を取り壊す時に賃貸借契約は終了すると定めることができます（借地借家法39条）。借地借家法では原則として賃借人の保護が図られていますが、建物の取壊しの予定がある場合には賃貸借契約を終了してよいとされています。

な

■内容証明郵便（ないようしょうめいゆうびん）

郵便事業株式会社が、郵便の差出人・受取人、文書の内容を証明する特殊な郵便です。内容証明郵便を送付するメリットは、「特殊な郵便であるため、心理的圧迫、事実上の強制の効果がある」「差出人の真剣さが伝わる」「証拠づくりや相手方の出方をみることができる」といった点にあります。一方、送付しただけで問題の解決につながるとは限らない、受取人が不在の場合には一定の期間が経過すると差出人に返還されてしまうなどのデメリットもあります。

内容証明郵便は、一方が相手方に対して意思表示をしたことを証明しますが、相手方に回答する義務を課すものではありません。内容証明郵便は集配事業所や支社が指定した事業所で取り扱われており、すべての事業所で受け付けているわけではありません。文面作成にあたっては、1枚あたりの字数や行数の制限があります。縦書きの場合は、1行20字以内、用紙1枚26行以内に収めます。横書きの場合は、ⓐ1行20字以内、用紙1枚26行以内、ⓑ1行26字以内、用紙1枚20行以内、ⓒ1行13字以内、用紙1枚40行以内の3タイプがあります。複数枚にわたるときは契印する必要があります。差出時には、同じ書面を3通と宛先を書いた封筒を用意しなければなりません。

■仲立契約（なかだちけいやく）

当事者間の契約が締結するように、仲立（媒介）を行う契約のことをいいます。媒介契約ともいいます。宅地建物取引業者が、当事者から依頼を受け、不動産の売買等を媒介することも、仲立契約の一種です。この場合、売買の依頼者を委託者、宅地建物取引業者（仲立人）を受任者とする、準委任契約が成立しているということもできます。

に

■2号仮登記（にごうかりとうき）

権利の保存などの実体的な物権変動は生じていないものの、すでに将来その物権変動を発生させることができる請求権が生じているという場合に、請求権を保全するために申請する仮登記のことです。不動産登記法105条2号に規定されているため、2号仮登記と呼ばれます。たとえば、不動産売買の予約をした場合に所有権移転請求権仮登記を行う場合には、登記の目的については「所有権移転請求権仮登記」、原因については「平成〇〇年△月×日売買予約」と記載します。なお、添付書面として、登記原因証明書は必要ですが、登記識別情報は不要です。

■二項道路（にこうどうろ）

建築基準法上、原則として「道路」に該当するためには幅が4m以上ある必要があります。ただし、建築基準法42条2項に基づき行政庁により指定された道は、幅が4m未満であっても「道路」に該当するとされます。この、行政庁による指定を受けた道のことを二項道路といいます。

建築基準法では、原則として幅が4m以上ある道路に接していなければ建物を建てられないことになっています。しかし、建築基準法が施行される以前に造ら

れた道路については、4mの幅が確保されていない道も多くあります。このような道の傍にも建物を建てられるように、行政庁が指定をした場合には例外的に4m未満の幅の道であっても「道路」であるとしました。

■二重価格表示（にじゅうかかくひょうじ）

実際の販売価格と比較される価格を併記する広告方法のことをいいます。たとえば、「3000万円の新築マンションを、値下げして、2000万円で販売します」というような表示をすることです。消費者に誤認を生じさせるおそれがあるため、広告に二重価格表示をするためには、細かい要件を満たす必要があります。たとえば、過去の販売価格の公表時期や、値下げの時期を、広告に明記することが必要です。また、過去の販売価格（3か月以上前に公表されていた価格）についての資料を有することなども、二重価格表示をするための要件となっています。

■二重課税（にじゅうかぜい）

一つの取引や事実に対し、同じ種類の税金が重複して課されることを二重課税といいます。二重課税には、国内で発生した取引や事実が原因となって生じる場合と、国内と海外の間での取引や事実が原因となって生ずる場合とがあります。たとえば、ある国内法人が外国で獲得した所得に対して、国内と当該外国の双方から課税されてしまうケースなどが該当します。

■二重売買（にじゅうばいばい）

いったん売却してしまった物を、さらに他の人にも売ることをいいます。二重譲渡といわれることもあります。たとえば、Aが所有している土地について、AB間で売買契約を締結した後に、AC間でも売買契約を締結してしまうことです。

この場合、AB間の売買契約もAC間の売買契約も有効に成立します。土地の所有権については、BとCのうち対抗要件を先に備えたほうが取得することになります（民法177～178条）。売買契約の目的物が動産だった場合には、即時取得（同法192条）の成否も問題となることがあります。BとCのうち、売買契約の目的物の所有権を取得できなかった方は、Aに対して損害賠償請求をすることになります。

■日影規制（にちえいきせい）

中高層建築物によって日影が生じる時間を制限し、周囲の敷地にある建築物が一定の日照時間を確保できるようにする規制をいいます。日影規制は、建物の形態を直接に規制するわけではありません。建築物の周辺に生じる日影を規制することで、間接的に建築物の形態を規制することになります。たとえば、第1種低層住居専用地域に存在する軒の高さが7mを超える建築物の場合、基準地点の水平面において、原則3時間以上日影を生じさせてはいけません。

■日照権（にっしょうけん）

ある土地、建物についてその場所で日照を享受することができる権利のことです。住民の日照を守るという運動と要求により作られてきた権利で、憲法25条が保障する健康で文化的な生活を営むために、太陽光を享受する権利あるいは憲法13条

の幸福追求権の一内容とされています。

ね

■根抵当権（ねていとうけん）

債権者・債務者間で増減変動する一定の範囲に属する多数の債権を、極度額という一定の金額の範囲内で担保する抵当権です。通常の抵当権とは異なり、根抵当権によって担保されている債権が弁済などにより消滅しても、根抵当権自体は消滅することはありません。ただし、根抵当権の元本が確定すると、元本確定時に担保していた債権のみを担保するようになります。そのため、元本確定後に担保債権のすべてが弁済されると、根抵当権も消滅することになります。

■根抵当権消滅請求（ねていとうけんしょうめつせいきゅう）

担保不動産の所有者などが、極度額に相当する金銭を、根抵当権者に支払って、根抵当権を消滅させることです。根抵当権の元本が確定時に、根抵当権が担保する債権の債権額の合計が極度額を超えていた場合に、根抵当権の消滅請求をすることができます。根抵当権の消滅請求ができる者として、不動産の所有者者、地上権者、永小作権者、第三者に対抗することができる賃借権を有する者が挙げられます。

■根抵当権設定の登記（ねていとうけんせっていのとうき）

根抵当権が設定された場合になされる登記のことです。根抵当権者を登記権利者、根抵当権設定者（根抵当権が設定される不動産の所有者）を登記義務者として共同申請します。通常の根抵当権を設定する場合には、登記の目的に「根抵当権設定」、原因に「平成○○年△月×日設定」と記載します。登記事項として、極度額、債権の範囲、債務者を必ず記載しなければなりません。なお、他に当事者で定めた場合に記載する事項として、元本の確定期日などがあります。

■根抵当権の一部譲渡（ねていとうけんのいちぶじょうと）

元本確定前の根抵当権の一部を、他の者に譲渡することです（民法398条の13）。一部譲渡することにより、譲渡人と譲受人が1つの根抵当権を共有することになります。したがって、譲渡人、譲受人の両方の債務者に対する債権が、根抵当権で担保されることになります。根抵当権を分割しない点で根抵当権の分割譲渡とは異なります。弁済を受ける際には、譲渡人と譲受人はそれぞれの債権額の割合に応じて弁済を受けることになります。

■根抵当権の確定（ねていとうけんのかくてい）

根抵当権が担保する債権が特定することです。根抵当権は一定の範囲の債権を担保する担保権ですが、根抵当権が確定すると、通常の抵当権と同じような付従性を有することになります。したがって、根抵当権の元本確定により、元本確定時に、根抵当権で担保されている債権のみを担保するようになります。元本確定後の根抵当権は、抵当権と同様に処分することができます。

根抵当権の元本が確定する場合として、元本の確定期日が到来した場合、根

抵当権者または根抵当権設定者が元本の確定請求をした場合などがあります。

■根抵当権の共有者の権利移転（ねていとうけんのきょうゆうしゃのけんりいてん）

複数の者で根抵当権を共有している場合に、各共有者の根抵当権の持分を移転する登記のことです。登記をするためには、根抵当権の設定者の承諾、他の共有者の同意を得る必要があります。たとえば、A、B、Cが根抵当権を共有していた場合に、Aの根抵当権の持分が譲渡されたときに行われます。

■根抵当権の全部譲渡（ねていとうけんのぜんぶじょうと）

元本確定前の根抵当権を他の者に譲り渡すことです（民法398条の12）。根抵当権を全部譲渡すると、譲渡人が債務者に対して有していた債権は根抵当権で担保されなくなり、譲受人が債務者に対して有する債権が、根抵当権で担保されるようになります。

■根抵当権の分割譲渡（ねていとうけんのぶんかつじょうと）

元本確定前の根抵当権は、根抵当権設定者の承諾を得て譲渡することができますが、その際にその根抵当権を2つに分割して譲渡することもできます。これを根抵当権の分割譲渡といいます。

分割した根抵当権はそれぞれが独立した根抵当権として扱われるようになります。そして、分割された個々の根抵当権は、それぞれの間では同順位の根抵当権となります。なお、分割については2つに分割することはできますが、いきなり3つに分割できるわけではありません。

なお、根抵当権の分割譲渡においては、根抵当権設定者の承諾の他に、その根抵当権を目的として権利を有する者がいる場合、その者の承諾も必要になります。

■根抵当権抹消の登記（ねていとうけんまっしょうのとうき）

根抵当権が消滅したときに行われる登記のことです。根抵当権の抹消登記は、根抵当権設定者を登記権利者とし、根抵当権者を登記義務者として共同で申請します。

根抵当権の元本確定前の抹消原因としては、解除や放棄によるものなどがあり、元本確定後の原因としては、消滅請求、弁済、債権放棄によるものなどがあります。

■根保証（ねほしょう）

特定の債務だけでなく、一定の範囲で貸し付けられる債務を主たる債務とする保証のことをいいます。融資などを継続的に受けている場合には、融資ごとに何度も保証契約を結ぶのは手間がかかります。そこで、継続的な融資をまとめて、保証契約を結ぶことができるようにしました。銀行と企業など、継続的に消費貸借契約が締結される場合などに設定されます。現在、個人の保証人については、ⓐ保証限度額を定めない根保証契約は無効、ⓑ保証期間は契約で定める場合は5年以内、定めない場合は3年をもって元本が確定する（これ以降の債務は保証しない）という制限が設定されています。

の

■農地転用許可基準（のうちてんようきょかきじゅん）

　農地を、住宅地などの他の用地に転用するには、都道府県知事許可が必要ですが（農地法4条、5条）、その許可についての基準のことを農地転用許可基準といいます。実際には農地として使用していない土地であっても、登記簿上の地目が農地になっている場合には、こので許可基準に沿って許可を得る必要があります。

　許可基準は、その農地が、どのような立地にあるかによって異なります。たとえば、市街地化の傾向が著しい区域内の農地（第3種農地）については原則許可されることになりますが、良好な営農条件を備えている農地（第1種農地）については、原則不許可となります。

■農地法（のうちほう）

　耕作者の地位の安定、農業生産力の増進を目的とした法律です。農地所有権の移転や利用権の設定についての制限について規定しています。

■農地法所定の許可書（のうちほうしょていのきょかしょ）

　農地や牧草放牧地に関する権利を他人に移転する場合、権利を設定する場合に必要な農業委員会や都道府県知事の許可書のことです。農地法所定の許可書は、登記申請の際の添付情報となります。土地が農地などの場合に、所有権移転をするには農地法所定の許可が必要になります。つまり、農地法所定の許可がなければ、所有権移転の効力が生じないことになります。

は

■媒介契約（ばいかいけいやく）

　不動産の売買・貸借などを不動産業者に依頼する契約のことを媒介契約といいます。媒介契約には、一般媒介契約、専任媒介契約、専属専任媒介契約の3つの種類があり、複数の業者へ依頼ができるか、依頼主への報告義務があるか、などの点に違いがあります。なお、宅地建物取引業者は、媒介契約を締結したときは、遅滞なく書面を作成して記名押印し、依頼者に交付しなければなりません（宅建業法34条の2）。

■背信的悪意者（はいしんてきあくいしゃ）

　権利者が不動産の登記をしていなくても、自身が権利者であることを対抗（主張）することができる第三者のことを背信的悪意者といいます。本来であれば、不動産の登記をしていないと、第三者に対して、自分が権利者であることを対抗することはできません。しかし、社会常識上、権利者の権利を否定することが許されないような第三者である場合、権利者は登記がなくても、権利者であることを対抗することができます。たとえば、権利者の登記申請に協力する立場にある者（登記申請の依頼を受けた司法書士など）は背信的悪意者に該当し、権利者の登記がないことを主張するようなことは認められていません。

■排水のための低地通水権（はいすいのためのていちつうすいけん）

　高地の所有者は、排水をするために公の水流や下水道に至るまで低地まで水を

通過させることができます。これを排水のための低地通水権といいます（民法220条）。高地では、排水施設を作るとすると莫大な費用かかってしまう場合があるので、このような場合でも高地を利用する者の利益が損なわれることがないようにした規定です。

■配達証明（はいたつしょうめい）
　郵便物が、相手方に届いたことと、その年月日を証明する日本郵便株式会社のサービスです。配達証明の加算料金は310円です。トラブルの際、相手方に内容証明郵便を送付する際などに、配達証明を利用することがよくあります。差出後でも1年以内であれば、配達証明を出してもらうことができ、この場合の配達証明料は430円とされています。

■売買（ばいばい）
　当事者の一方がある財産権を相手方に移転することを約束し、相手方がこれにその代金を支払うことを約束することによって成立する契約のことです（民法555条）。有償・双務・諾成契約です。商品の売買が典型的な売買契約です。

■売買の一方の予約（ばいばいのいっぽうのよやく）
　当事者の一方が契約を成立させる意思表示をすることで、売買契約が生じる予約の仕方をいいます（民法556条）。債権を担保する方法として利用されます。たとえば、AがBに1000万円を貸したとして、Bが金を返せなかったときに、AはBの所有する土地を（ある程度安い金額で）購入することができるとしておきます。このようにすることで、Bが金を返せないときには、Aは売買契約成立の意思表示のみで、Bの土地を手に入れることができます。

■売買予約完結権（ばいばいよやくかんけつけん）
　売主と買主の間で、売買の一方の予約をしておき、一方の意思表示により売買を正式なものにする権利のことです。売買予約完結権を行使することにより、売買の目的物の所有権が、当然に買主に移転します。売買予約完結権は単に予約完結権と呼ばれることもあります。たとえば、Aが所有する不動産に対して、Bが売買予約完結権を取得したとします。BがAに対して予約完結権を行使する旨の意思表示をしたときは、不動産の所有権がBに移転することになります。

■販売受託（はんばいじゅたく）
　売主から不動産の販売についての委託を受けることをいいます。販売提携と呼ばれることもあります。販売受託によって不動産取引業者が受け持つ業務は多岐にわたりますが、実際に行う業務は不動産取引業者と売主の間の個別契約の内容によって異なります。具体的には、販売企画・広告・売買の代理・登記手続・金融や用地の斡旋・設計・施工などが行われることになります。

··
ひ
··

■非課税登記（ひかぜいとうき）
　登録免許税の納付の必要がない登記のことです。たとえば、国、地方公共団体などが、登記の申請をする場合は、原則として、登録免許税の納付が不要になり

ます。他にも、登記官が職権により行う登記、行政区画の名称変更に伴い、住所が変更になった場合の変更登記などが非課税になります。

■引受主義／消除主義（ひきうけしゅぎ／しょうじょしゅぎ）

不動産が強制競売された場合に、不動産に付着している用益権や担保権の負担が、不動産の買受人に引き継がれるとする考え方のことを引受主義といいます。逆に、不動産に付着している用益権や担保権が強制競売による売却によって消滅し、買受人が負担のない不動産を取得するという考え方のことを消除主義といいます。

買受人が競売不動産を買い受けやすくし、競売不動産をより高値で売却できるように、日本では消除主義がとられています。ただし、有効な賃借権のある賃借人は、売却後6か月間、家賃を支払っている限り、保護されることになっており、承役地の地役権などと共に消除主義の例外となっています。

■引渡し（ひきわたし）

占有の移転をすることです。Aの占有している物（または人）を、A、B両者の合意の下でBの占有下に移転することです。物の引渡方法には、民法における引渡し方法には、現実の引渡し、簡易の引渡し、指図による引渡し、占有改定という4種類が規定されています。

■引渡命令（ひきわたしめいれい）

執行裁判所が、代金を納付した買受人の申立てにより、債務者または不動産の占有者に対し、不動産を買受人に引き渡すことを命ずることです（民事執行法83条1項本文）。たとえば、ある不動産が競売されたが、その不動産に競売人以外の人が住んでいた場合、裁判所は、相手方に不動産を引き渡すように命令することができます。

■筆界確定訴訟（ひっかいかくていそしょう）

⇒境界確定の訴え

■筆界特定申請情報（ひっかいとくていしんせいじょうほう）

筆界の特定をする際に必要な情報のことです。申請の際には、申請人の住所・氏名の他、対象となる土地に関する情報（筆界特定申請情報）を示すことになります。また、申請には手数料も必要で、法務省令で所定する金額をあらかじめ納めます。

■筆界特定制度（ひっかいとくていせいど）

土地家屋調査士や司法書士などの専門家の意見をふまえて、登記官が土地の境界を決める制度のことをいいます（不動産登記法123条）。あまり費用がかからずに短い期間で境界についての判断が出るという点に特徴があります。筆界特定制度は筆界確定訴訟とは異なります。筆界特定制度は登記官が判断を下すのに対して、筆界確定訴訟は裁判所が判断を下します。

■BIT（びっと）

Broadcast Information of Tri-set systemの略語です。裁判所の不動産競売物件をインターネットで見ることがで

きるサイトのことです。3点セットと呼ばれるⓐ物件明細書、ⓑ現況調査報告書、ⓒ不動産評価書（評価書）のダウンロードや開札結果などの検索ができます。

■**必要費（ひつようひ）**

物の保存のために必要な費用のことです。車の維持費や家畜のエサ代などが必要費になります。物を占有する者が必要費を支出した場合、占有者は所有者等に対して必要費の返還を請求することができます（民法196条1項）。賃貸借契約においても、賃借人が必要費（地震や台風などの天災によって被害を受けた家屋を修繕する費用や、配水管や配電盤など生活に直結した設備が故障した場合の修繕費用など）を支出した場合には賃貸人に対して返還を請求することができるとされています（同法608条）。

■**非典型担保（ひてんけいたんぽ）**

民法が規定する4種類の担保物権を補う、新しい型の担保物権です。その代表的なものが、譲渡担保、所有権留保、仮登記担保です。

■**被保全債権（ひほぜんさいけん）**

債権者代位権（民法423条）や詐害行為取消権（同法424条）が問題となる場面で、保護の対象となる債権のことをいいます。たとえば債権者代位権の場合を例にとると、AがBに対して債権を有しており、BはCに対して債権を有していたとします。このとき、Aは債権者代位権により、Bの代わりにBのCに対する債権を行使することができます。このときのAのBに対する債権のことを被保全債権といいます。なお、民事保全法によ る保全される債権のことを被保全債権ということもあります。

■**表見代理（ひょうけんだいり）**

本人と自称代理人との間に、本人に責任を負わせるのが相手方保護の立場からもっともだと認められる特別の事情がある場合に、本人と代理人との間に、最初から代理権があったように扱う制度のことをいいます（民法109条、110条、112条）。本来であれば、代理人は代理権を持つ範囲での権限しか有していないので、それ以外の行為を行っても、その効力は本人には及びません。しかし、一定の代理権がある代理人であれば、問題になっている行為を行う権限があると、相手方が考えてしまうのも無理がない場合には、本人と相手方との間で法律行為の効力が生じるとされています。

■**標識の掲示（ひょうしきのけいじ）**

宅地建物取引業者の事務所には、標識を掲示しなければならないことになっています。標識には、免許証番号・免許有効期間・商号・代表者名・主たる事務所などを記載します。また、標識は縦30cm以上・横35cm以上のサイズであることが必要です。

標識の掲示を義務付けることで、無免許の業者が不動産取引業を行うことを防止する効果があります。なお、掲示義務に違反すると、50万円以下の罰金に処せられます。

■**表示規約（ひょうじきやく）**

正式名を「不動産の表示に関する公正競争規約」といいます。事業者間の競争に公正さを保つために、不動産業界が自

ら設定している自主規制のことです。不動産取引において、一般の消費者が合理的な選択をできるようにすることも目的としています。

表示規約は、広告表示のルールを規定しています。たとえば、新築住宅の広告は、建築確認を受けた後でなければ広告できないことになっています。また、広告に必ず表示しなければならない事項について、物件や広告媒体の種類別に定められています。

■表示行為（ひょうじこうい）

意思表示の過程でなされる行為のひとつが表示行為です。意思表示は、動機（あの土地は安いから買いたい）、効果意思（あの土地を買おう）、表示意思（土地を買いますと言おう）、表示行為（不動産業者に対する「土地をください」という発言）という過程を経てなされます。この意思表示の過程での、実際に自分の意思を外部に発表する行為のことを表示行為といいます。間違った表示行為がなされたとすると、錯誤無効（民法95条）などの成立が問題となります。

■表示に関する登記（ひょうじにかんするとうき）

不動産の所在や地番、地目など不動産の物理的状況を明らかにする登記です。不動産登記記録は表示に関する登記と、権利に関する登記から成り立っています。表示に関する登記では、土地や建物がある場所、その用途、面積などが登記事項となります。

■標準媒介契約約款（ひょうじゅんばいかいけいやくやっかん）

国土交通省が定めている、標準的な媒介契約の条項のことをいいます。標準一般媒介契約約款、標準専任媒介契約約款、標準専属専任媒介契約約款という3種類があります。宅地建物取引業者は、媒介契約を結ぶ際に、必ずしも標準媒介契約約款を使用しなければならないわけではありません。しかし、媒介契約制度の的確な運用を図るために、また、トラブル発生を未然に防止するために、標準媒介契約約款を使用することが勧められています。なお、宅地建物取引業者が媒介契約書を作成する際には、標準媒介契約約款に基づくものであるか否かを契約書に記載しなければならないことになっています。

■費用償還請求権（ひようしょうかんせいきゅうけん）

借主が賃貸物件に対して必要費や有益費を支出した場合には、これらの費用を貸主から償還することができます。これを費用償還請求権といいます。必要費とは、物の保存等に必要な費用のことです。必要費の例としては、雨漏りの修理費用などが挙げられます。有益費とは、物を改良等した際に支出した費用のことです。有益費の例としては、クロスの張り替えなどが挙げられます。費用償還は、必要費の場合は支出後直ちに、有益費の場合は賃貸借契約終了時に、請求することができます。また、必要費の場合はその支出額を、有益費の場合は支出された費用または増加額を請求することになります。

■表題登記（ひょうだいとうき）

土地や建物に関する物理的な情報を、登記記録に記録する登記のことです。登記されていない土地を取得した場合、建物を建築した場合などに必要となります。申請内容は、登記記録の表題部に記録されます。土地の表題部に登記される事項としては、土地の住所、地目、地積などがあります。建物の表題部に登記される事項としては、建物の住所、建物の種類、床面積などがあります。

■表題部（ひょうだいぶ）

登記記録のうち、表示に関する登記が記録される部分のことです。表示に関する登記には、不動産の物理的な現況が示されていますが、原則として対抗力はありません。また、当事者には申請義務があります。登記官は職権によって登記を行うことができる他、登記について実質的審査権をもっています。

■表題部所有者（ひょうだいぶしょゆうしゃ）

登記記録の表題部に記録されている所有者のことです。表題部が登記されていない土地、建物を取得した者は、表題部の登記をしなければなりません。その者は、表題部に所有者として記録されます。

ふ

■風致地区（ふうちちく）

都市計画法において、都市における風致の維持を目的に指定された地域をいいます。都市における緑地の保全に関する制度としては他に建築物の高さ制限などにより街全体の美観を保護する景観地区があります。風致地区に指定されると、建築物の建築、宅地造成、樹木の伐採について、都道府県知事の許可を受けなければならない場合があります。

■付加一体物（ふかいったいぶつ）

抵当不動産に付加して一体となっている物のことです。たとえば、土地に植えられた樹木などが例として挙げられます。

抵当権の効力は付加一体物にも及ぶため、抵当権で担保されている債権が弁済されない場合は、不動産と共に付加一体物も抵当権実行（競売など）の対象となります。ただし、当事者の特約により、付加一体物を抵当権の対象から外すこともできます。

■不確定期限（ふかくていきげん）

いずれ到来するが、到来する時期が不確定なものです。「私が死んだとき」などは不確定期限といいます。法律行為につけ加える形で用いられます。たとえば、建物を賃貸した際に、「期限は借主が死亡するまで」と定めた場合、借主が死亡した時に、賃貸借契約が終了することになります。

なお、確定期限とは、「〇年〇月〇日まで」などのように時期が到来する日が確定している期限のことです。

■不確定期限のある債務（ふかくていきげんのあるさいむ）

いつ到来するか不明な事実の発生により弁済期が到来する債務のことを不確定期限のある債務といいます。たとえば、「自分の親が死んだら、自分の土地を明け渡す」という債務は不確定期限のある債務になります。

不確定期限のある債務は、その期限が到来したことを知った時から遅滞の責任を負うことになります(民法412条2項)。上記の例では、債務者の親が死んだことを、債務者自身が知った時から遅滞の責任が生じることになります。

■不可抗力（ふかこうりょく）

生じた損害が、いかなる注意をしていたとしても発生していたような場合に、「不可抗力によって生じた損害である」という表現をします。債務不履行や不法行為により損害が生じたとしても、それが不可抗力により生じたものであれば、損害賠償責任が生じることはありません。ただし、金銭債務の不履行については不可抗力を主張することはできないとされています（民法419条3項）。金銭債務については履行不能にはならないと考えられているためです。

■不完全履行（ふかんぜんりこう）

一応履行はされたが、どこか足りない部分があるという場合のことをいいます。不動産の不完全履行は、一般に売主の担保責任の問題として処理されることが多いようですが、たとえば、土地の面積や購入した建物の大きさが違う場合や、雨漏りなど欠陥がある建物を引き渡された場合などが挙げられます。

不完全履行の場合も、履行遅滞や履行不能の場合と同じように契約の解除をすることができると考えられています。

■付記登記（ふきとうき）

主登記（所有権移転登記、抵当権設定登記など）に付属させる形式で登記をすることです。具体的には、既存の主登記の順位番号に枝番をつけ、主登記に関連する事項を、主登記に付記させる形式で登記記録に記載をすることになります。付記登記は、すでに登記されている事柄に変更があった場合などに行われ、主登記と一体のものとして扱われます。たとえば、すでになされた所有権に関する登記について変更したり更正した場合、あるいはすでになされた所有権以外の権利について、移転したり、所有権以外の権利を目的とする登記をする場合などに、主登記のように独立した順位番号ではなく、すでになされた登記に付記して登記を行うものです。

■復代理（ふくだいり）

代理人がさらに本人の代理人として選任した「復代理人」によってなされる代理行為のことです（民法107条）。復代理人が行った法律行為は、代理人が行った行為と同様に、本人に効果を及ぼします。代理人が復代理人を選任したとしても、代理人自身の代理権がなくなることはありません。ただし、代理人の代理権が消滅した場合、復代理人の代理権も消滅します。

なお、代理人が復代理人を選任する権限のことを復任権といいます。

■副本（ふくほん）

正本と対になる言葉で、同じ内容の文書を2通作った場合、1通を正本といい、正本に付随するもう1通の書類をさします。訴訟の場面では、複数の原本（もととなる文書のこと）のうち、送達に用いられるものを副本といいます。たとえば民事訴訟においては、訴状の送達は、原告から提出された副本によって行われます。

■袋地（ふくろち）
　⇒囲繞地（いにょうち）

■付合（ふごう）
　所有者の異なる2個以上の物が結合して、社会観念上分離することが不可能になった場合です（民法242～243条）。不動産と動産が付合した場合、不動産の所有者が動産を所有することになります。動産と動産が付合した場合には、主従の区別がつく場合は、主たる動産の所有者が従たる動産を所有することになります。この場合、主たる動産の所有者は、付合によって得た利益を、従たる動産の所有者に返さなければなりません。

■不実登記の効力（ふじつとうきのこうりょく）
　実際の権利関係を示していない登記のことを不実登記といいます。実際の権利関係を反映していない以上、不実登記は無効なものであり、不実登記にかかわっている者は登記が実際の権利関係を示したものになるように請求することができます。
　不実登記が実際の権利関係を示していると思って取引関係に入った人がいても、原則としてその人は権利を取得することはできません。しかし、民法94条2項の通謀虚偽表示の規定が適用されるような場合であれば、権利を取得できる可能性があります。

■付属建物（ふぞくたてもの）
　登記記録上、他の建物に付属している建物のことです。たとえば、住宅の敷地内に設置した車庫や物置は、理屈の上では、住宅とは独立した建物と考えることも可能です。しかし、車庫や物置は住宅の付属物と捉えるのが常識的な感覚です。そのため、登記上も、車庫、物置などを住宅の付属建物として登記し、全体として1つの建物と扱えるようになっています。
　付属建物が登記された場合、建物登記簿の表題部に、付属建物の種類、構造、床面積などが記載されます。

■負担付遺贈（ふたんつきいぞう）
　遺贈すると共に、遺贈の相手方に一定の負担を負わせることです（民法1002条）。たとえば「土地を遺贈するが、そのかわり、自分の子どもの学費を負担すること」という遺贈が負担付遺贈です。

■負担付贈与（ふたんつきぞうよ）
　贈与を受ける者（受贈者）にも、何らかの負担がつけられている贈与のことをいいます（民法553条）。たとえば、財産を贈与するが老後の面倒をみること、というのは負担付贈与に該当します。

■物権（ぶっけん）
　一定の物を直接的・排他的支配できる権利のことです。物権はすべての人に対して主張できます。物に対する全面的な支配権である所有権は、典型的な物権です。これに対して、債権は特定の人に対してのみ主張することができます。

■物件状況等確認書（ぶっけんじょうきょうとうかくにんしょ）
　⇒物件状況等報告書

■ **物件状況等報告書（ぶっけんじょうきょうとうほうこくしょ）**

不動産の売買をする際に売主が作成する書類のことです。物権状況等確認書とも呼ばれています。売買物件が売買契約締結時にどのような状態であるかについて記載されています。重要事項説明書と共に重要な書類だといえます。

■ **物権的請求権（ぶっけんてきせいきゅうけん）**

物権の内容を完全に実現するための救済手段として与えられた権利のことです。物上請求権ともいいます。物権的返還請求権、妨害排除請求権、妨害予防請求権という3種類の権利が認められています。

■ **物権的返還請求権（ぶっけんてきへんかんせいきゅうけん）**

ある物や土地を、権利のない人が占有しており、本来占有するべきである物権者が占有を奪われている状態のとき、物権者が、占有している人を相手として返還を請求する権利です。この権利は相手方がどのような事情から占有をするに至ったかを問わず行使できます。たとえば、Aの土地を、Bが勝手に畑として利用していたとすると、Aは所有権に基づく返還請求権により、Bに土地の返還を求めることができます。ただし、Aが無理にBを追い出すような行為をすれば、Bは占有回収の訴え（民法200条）によって土地の返還や損害賠償を求めることができます。

■ **物権的妨害排除請求権（ぶっけんてきぼうがいはいじょせいきゅうけん）**

ある物や土地が、物権のない人によって占有侵奪以外の物権侵害をされ、物権者の権利が妨害されている場合、物権者が妨害の排除を請求できる権利です。

たとえば、Aの土地に、Bの土地に生えていた木が倒れてきた場合、AはBに原状回復を請求できます。相手方の故意・過失によるものか、誰の行為によるものかは問われないため、木が自然に倒れた場合や、何者かが木を切ったために倒れた場合であっても、請求する権利があります。

■ **物権的妨害予防請求権（ぶっけんてきぼうがいよぼうせいきゅうけん）**

物権を侵害されるおそれがあるとき、そのおそれを生じさせている人に対して、物権者が相手方に予防措置を請求する権利です。相手方の故意・過失によるものか、誰の行為によるものかは問われません。たとえば、Bが、Aの庭に面した山林の土砂を採取したため、将来Aの庭に土砂が崩れてくる危険が高まった場合、AはBに対して、土砂崩れの防止策を講じるように請求できます。

■ **物権の排他性（ぶっけんのはいたせい）**

同じ物の上に同一内容の物権は成立しないため、内容上両立することのできない他の物権が同じ物の上に成立するのを排除する性質のことをいいます。たとえば、1つの物に対して2つ以上の所有権が存在しないのは、物権に排他性があるためです。

■**物権の優先的効力（ぶっけんのゆうせんてきこうりょく）**

物権と債権が同じ物の上に成立するときには、物権が優先するという効力です。たとえば、ある物の賃借権を主張する者がいてもその物の所有権を主張する者がいた場合、原則として所有権が優先します。

■**物権変動（ぶっけんへんどう）**

物権の「得・喪・変更」のことをいいます。家を新築すれば所有権を取得（得）し、お金を借りるために家を担保にすれば抵当権を設定（変更）し、火事で焼失すれば所有権が消滅（喪）し、家を建てるために設定した地上権の存続期間を延長（変更）する、というように、物権の変動にはさまざまな原因や態様があります。物権変動の中でも最も重要なものは法律行為(特に売買)による物権変動です。

■**物権法定主義（ぶっけんほうていしゅぎ）**

物権は、民法その他の法律に定められているもの以外は創設することができないことをいいます（民法175条）。個人が自由に物権を創設できるとすると、取引関係が混乱してしまいます。そのため、法律で定められたものだけが物権として認められています。

■**物上代位（ぶつじょうだいい）**

担保の目的物が形を変えて債務者に帰属したときに、担保権者がそれに対しても担保権を実行できることです（民法304条）。

たとえば、抵当権の目的物が滅失・毀損したときには、抵当権者は保険金や損害賠償請求権を抵当目的物に代わる担保とすることができますが、これは抵当権に物上代位が認められているためです。物上代位は先取特権・質権にも認められています。

■**物上保証人（ぶつじょうほしょうにん）**

他人の債務を担保するために、自分の所有する財産に抵当権などを設定した者のことを物上保証人といいます。たとえば、AがBに対して金を貸して、担保としてCの土地に抵当権を設定した場合、Cは物上保証人となります。担保権が実行された場合には、物上保証人は債務者に対して求償（債務に相当する金額の償還を求めること）することができます（民法351条）。

■**物的担保（ぶってきたんぽ）**

質権や抵当権などのように、債権を回収するために債務者自身や第三者が持っている特定の財産をあてにできる権利のことをいいます。このような権利を担保物権ともいいます。

■**物納（ぶつのう）**

税金を金銭以外の財産で納付することをいいます。税金の納付は金銭による納付が原則とされており、例外的に認められているものです。相続税において、延納の方法でも金銭納付が困難な場合に、納税義務者の申請によって物納をすることができます。贈与税については、物納は認められていません。

■**物理的欠陥（ぶつりてきけっかん）**

取引をした目的物の物理的な欠陥のことをいいます。不動産の売買をした場合

における、白アリ、雨漏り、軟弱な地盤などは物理的な欠陥となります。物理的な欠陥は、瑕疵担保責任における「瑕疵」に該当します。

■不動産（ふどうさん）
　土地や建物のことを不動産といいます。不動産に対する権利（所有権の取得、抵当権の設定など）を取得した場合には、登記が必要となります。登記をすることにより、不動産に対する権利を第三者に対抗（主張）できるようになります。不動産に付属する物や、付属する権利などは、不動産と共に処分されることになります。たとえば、土地に対する賃借権が建物に付属している場合、建物が売買されると土地の賃借権も共に買主に移転することになります。

■不動産工事の先取特権（ふどうさんこうじのさきどりとっけん）
　不動産の設計や施工、管理を行う者が、債務者の不動産に関して行った工事の費用について優先的に弁済を受ける権利をいいます。債務者の特定の不動産に対する先取特権の一種です。具体的には、不動産の新築、修繕、設計をした者などは、工事等の費用に関して、他の債権者に先立って弁済を受ける権利を有します（民法327条）。なお、不動産工事の先取特権の効力を維持するためには、工事の前に予算額を登記しなければなりません。

■不動産先取特権（ふどうさんさきどりとっけん）
　不動産の保存（不動産の価値を維持すること）・工事（不動産の形状を変更することなど）・売買から生じる先取特権のことを不動産先取特権といいます（民法325条）。
　不動産の先取特権を行使するためには、登記をする必要があります（同法337条以下）。また、不動産の先取特権の中では、保存・工事・売買の順に優先します。

■不動産質（ふどうさんしち）
　質権の目的物として不動産を対象にした場合をいいます（民法356条）。不動産に担保物権を設定する場合、抵当権を用いるのが一般的ですが、質入れをすることもできます。この場合、第三者に権利を主張するには登記が必要です。不動産質権者には使用収益権（物を使うことで利益を得る権利）が認められるという特徴があります。

■不動産執行（ふどうさんしっこう）
　債務者の不動産を強制的に換価するなどの方法により、その代金を債権者の金銭債権の返済にあてる強制執行のことです。
　たとえば、債権者が債務者に1000万円を貸し、債務者所有の土地に抵当権を設定したとします。このケースで、債務者が債務を支払わない場合に、債権者が当該抵当権を実行して土地を競売し、それにより得た金銭を自己の債権に充足させるのが不動産執行です。

■不動産取得税（ふどうさんしゅとくぜい）
　土地や建物を買ったり建物を建築した場合に、その取得した者に対して課税される税金です。納税義務者は、不動産を売買・建築などで取得した者で、課税標準となる不動産の価格は、固定資産課税

台帳に登録されている固定資産税評価額に基づいて計算します。

■**不動産所得（ふどうさんしょとく）**

不動産収入から必要経費を差し引いた残額のことです。たとえば、不動産を賃貸している場合の賃料は不動産所得に該当します。不動産所得は課税の対象になります。

■**不動産侵奪罪（ふどうさんしんだつざい）**

他人の不動産の占有を奪うことを内容とする罪のことです（刑法235条の2）。10年以下の懲役が科されます。不動産を侵奪する行為とは、たとえば、他人の土地の上に勝手に建物を建てることです。不動産侵奪罪は、窃盗罪と同じ類型の犯罪です。そのため、不動産を事実上奪うことが必要であり、登記名義の書換えでは不動産侵奪罪は成立しません。

■**不動産賃貸借の先取特権（ふどうさんちんたいしゃくのさきどりとっけん）**

不動産の賃借権を原因として生じた債権につき、不動産の貸主は借主の動産から優先的に支払を受けることができます。これが不動産賃貸借の先取特権です。貸主は、借主が不動産の中に持ち込んだ動産（机やテレビなど）から優先して債務の弁済を受けることができます。

■**不動産登記（ふどうさんとうき）**

不動産に関する登記のことをいいます。不動産の権利者や、不動産の面積や住所などが記載されています。不動産の取引においては登記が対抗要件であると

されています。そのため、不動産の二重売買がなされた場合には、先に登記を備えたほうが不動産の所有権を取得することになります（民法177条）。

■**不動産登記法（ふどうさんとうきほう）**

不動産登記のルールについて規定している法律です。

申請の方法、所有権などの権利に関する登記、登記事項証明書の交付、筆界特定といった事項について規定を置いています。

■**不動産投資信託（ふどうさんとうししんたく）**

不動産を投資の対象とする投資信託のことをいいます。REIT（日本版のREITはJ-REIT）とも呼ばれています。不動産投資法人は、投資家から資金を集めて、オフィスビルやマンションなど複数の不動産を購入し、それらを運用することで利益を上げます。利益とは、具体的には、売却益や賃貸収入のことです。利益が上がると、それらは配当として投資家に分配されることになります。

■**不動産特定番号（ふどうさんとくていばんごう）**

土地、建物に番号をつけて、番号で土地、建物を特定できるようにしたものです。一筆の土地、1個の建物ごとに、不動産特定番号が割り当てられます。不動産特定番号は、登記記録の表題部に記録されます。

■**不動産の付合（ふどうさんのふごう）**

不動産の所有者が、その不動産に付着

等したものについての所有権を取得することをいいます（民法242条）。不動産に付着して分離しにくい物については、その不動産の所有者が所有権を取得できないと不経済なので、不動産の付合が設けられています。ただし、権原により物を付着させた他人の権利を妨げることはできません。

■不動産売買の先取特権（ふどうさんばいばいのさきどりとっけん）

不動産の売買代金を担保するために、売買の目的不動産に対して生じる担保権のことです。債務者の特定の不動産に対する先取特権の一種です。具体的には、不動産の売主は、売買代金などに関し、売買の対象となった不動産によって、他の債権者に先立って弁済を受ける権利を有します（民法328条）。なお、不動産売買の先取特権の効力を維持するためには、登記をすることが必要です（同法340条）。

■不動産保存の先取特権（ふどうさんほぞんのさきどりとっけん）

不動産の保存行為を行った場合に、保存に要した修繕額などについて、優先的に弁済を受けることができる権利のことです。

債務者の特定の不動産に対する先取特権の一種です。不動産の保存を原因として生じた債権の債権者は、債務者の特定の不動産に対する先取特権を有します。具体的には、動産保存の先取特権と同様に、不動産の所有権保存登記をした者等は、かかった費用に関し、保存の対象となった不動産によって他の債権者に先立って弁済を受ける権利を有します（民法326条）。

なお、不動産保存の先取特権の効力を維持するためには、登記をすることが必要です（同法337条）。

■不当な高額報酬要求の禁止（ふとうなこうがくほうしゅうようきゅうのきんし）

宅地建物取引業者は、その業務に関して、不当に高額な報酬を要求してはいけません（宅地建物取引業法47条2項）。このことを、不当な高額報酬要求の禁止といいます。不当に高額であるかどうかは、社会一般の感覚に照らし合わせて判断されます。なお、実際には不当に高額な報酬を受け取っていなかったとしても、不当に高額な報酬を要求すれば本条違反となり、1年以下の懲役もしくは100万円以下の罰金に処せられます（両方の刑に処せられることもあります）。

■不当利得（ふとうりとく）

法律上の原因なく利益を受け、そのために他人に損失を及ぼした場合に、この利益を返還する義務を負うことです（民法703条）。たとえば、1000万円の土地の売買契約において、買主が代金が100万円と勘違いしたような場合は、原則として錯誤により契約は無効になります。この場合には、買主は売主に対してすでに支払った代金について不当利得返還請求をすることができます。悪意の受益者はすべての利益を返還する義務があるのに対して、善意の受益者は現存利益のみ返還すればよいとされています。

■不法行為（ふほうこうい）

故意または過失によって他人に損害を

与えた場合に、その損害を賠償させる制度です（民法709条）。発生した損害の塡補（埋め合わせ）や損害の公平な分担の実現をめざすものです。たとえば、建設業者が新築住宅の注文を受けたものの、手抜き工事を行ったとします。完成した住宅には欠陥があり、注文者は修理を依頼したり、住める状態になるまで他の生活場所を用意したりしなければならないという、損害を被りました。このような場合において、建設業者が手抜き工事をしたことは、不法行為にあたります。

■フリーレント（ふりーれんと）
　建物の賃貸借契約において、入居後から一定期間の家賃が無料になるという制度をいいます。これにより、賃借人側の初期費用をおさえることが可能で、多くの借主を呼び込むことができると考えられています。フリーレントは、無料で貸す期間があったとしても、空室である期間を短くすることができる点で、貸主にもメリットがあります。

■分筆（ぶんぴつ）
　登記簿上で一個の土地であるとされているところを一筆の土地といいます。この一筆の土地を分離することを分筆といいます。土地の所有者が登記所に申請することで行われる登記簿上で手続を行います。土地の売買などがなされて、一筆の土地が別々の人の物になったような場合に分筆がなされます。

へ

■返還請求権（へんかんせいきゅうけん）
　物の占有が全面的に排除された（奪われた）場合に、物の引渡し（不動産では明渡し）を求める請求権のことです。

■変更証明情報（へんこうしょうめいじょうほう）
　登記記録に変更があったことを証明する情報のことです。登記記録上には反映されていませんが、登記記録に変更があった場合に、登記申請の添付情報となることがあります。

■変更登記（へんこうとうき）
　すでに登記記録に記録されている事項に変更が生じた場合に、変更した事項に対抗力をもたせるために行う登記のことをいいます。例として、抵当権の債務者の変更登記、登記名義人の氏名変更登記などがあります。なお、変更登記とは、広い意味では、ⓐ当初の登記は正しかったが、後に事情が変更した結果、正しい登記に直す場合と、ⓑ勘違いなどの事情により当初から誤っていた登記を正しい登記に直す場合、の２通りの意味があります。一方、狭い意味では、ⓐのことを変更登記といい、ⓑのことを更正登記といいます。

■弁済（べんさい）
　債務者その他の者が債務の内容である給付をすることによって、債権が消滅することをいいます。一般的には返済と呼ばれています。履行もほぼ同じ意味ですが、履行が「債務者の行為」という面が

強調される場合であるのに対し、弁済は「債権の消滅」という面が強調された言葉です。

■**弁済期（べんさいき）**

債務の弁済をすべきと定められた時期のことをいいます。履行期ともいいます。たとえば、不動産売買代金債務の支払時期期が到来している場合、不動産売買代金債務は弁済期にあるといいます。

■**弁済による代位（べんさいによるだいい）**

債務を弁済した第三者が、債務者に対し、債権者に代わって債権者の持っていた債権者代位権や履行請求権、抵当権といった権利を行使することをいいます。債務者が支払うべきものを別の第三者が支払った場合には、それに見合う権利を第三者に与えることにしています。弁済による代位には、任意代位と法定代位があります。任意代位は債務者のために弁済をした者が、弁済と同時に債権者の承諾を得ることによって認められます。一方、法定代位は保証人や連帯債務者など、弁済をすることについて正当な利益を持っている人に対し、当然に代位を認めるものです。

■**弁済の時期（べんさいのじき）**

債務を負う者が債務を消滅させる弁済行為を行う期日のことです。具体的な弁済の時期は、確定期限のある債務か、不確定期限のある債務か、あるいは期限の定めのない債務かで異なります。確定期限のある債務は期限が到来した時が弁済の時期になります（民法412条1項）。一方、不確定期限のある債務は、期限を到来したことを債務者が知った時が弁済の時期になります（同法412条2項）。また、期限の定めのない債務は、債権者が履行の請求をした時が弁済の時期になります（同法412条3項）。

■**弁済の提供（べんさいのていきょう）**

債務の本旨に従った履行を提供しようとすることをいいます（民法493条）。弁済の提供には現実の提供と口頭の提供があります。現実の提供とは、債務者が現実に給付内容を給付場所へ持参することです。口頭の提供とは、債権者があらかじめ受領を拒んだ場合などに、債務者が債務の弁済に必要な準備を完了して、債権者に取立てにくるよう催告することです。弁済の提供をすれば、履行遅滞に陥ることはなくなるので、債務者は債務不履行責任を負うことはなくなります。

■**弁済の場所（べんさいのばしょ）**

民法484条において、物の引渡しが行われる場合はその「物がある場所」、金銭の支払が行われる場合は「債権者の住所がある場所」のことです。たとえば売買契約がなされた場合には、原則として売買契約の目的物はその目的物がある場所で買主に引き渡されることになります。なお、弁済とは、債務を消滅させる行為のことです。

■**弁済費用（べんさいひよう）**

弁済に必要な費用のことです。物の運送費などが弁済費用になります。弁済費用は原則として債務者が負担することになります（民法485条）。ただし、債権者の引越しといった事情により弁済費用が高くなってしまった場合には、費用が増

えた分は債権者の負担になります。

ほ

■妨害排除請求権（ぼうがいはいじょせいきゅうけん）

不法に占有するなどの方法で、物権侵害が生じている（邪魔されている）場合に、その妨害の排除を求める請求権のことです。たとえば、Aの土地の上にBの車が置かれているとします。このとき、AはBに対して、土地の所有権に基づく物権的妨害排除請求権を行使し、車の移動を求めることができます。

■妨害予防請求権（ぼうがいよぼうせいきゅうけん）

将来、物権侵害が生ずる可能性が強い場合に、妨害の予防を請求するものです。返還請求権や妨害排除請求権とは異なり、現実に侵害が発生する前に未然に防止することを目的とします。たとえば、隣の土地が崩れて自分の土地に損害を与えそうなときには、妨害予防請求をすることが可能です。

■防火地域（ぼうかちいき）

建築物について、火災に耐えられる構造にするなどの義務が課せられる地域をさします。防火地域は市街地における火災の危険を防除するための地域として行政が指定します。建築物の防火上の規制が最も厳しい地域です。市区町村などの自治体が定める防火地域はおもに駅前や主要幹線道路沿いなどの地域がほとんどです。それらの地域には人やビルが密集しており、災害時に甚大な被害が発生するおそれがあるためです。

■包括遺贈（ほうかついぞう）

遺産の全部または何分の1という割合で遺贈する方法です（民法964条）。たとえば、「Aに全財産の3分の1を、Bに4分の1を」あるいは「全財産の30％を○○に与える」というように、遺産に対する比率によって遺贈することをいいます。

■法定解除（ほうていかいじょ）

法律の規定から発生する解除のことです。
債務不履行に基づく解除権（民法541条）、瑕疵担保責任に基づく解除権（同法566条）、請負における注文者の解除権があります（同法641条）。それぞれの要件を満たせば、それにより解除が可能になります。

■法定果実（ほうていかじつ）

物を使用させた対価として受け取る金銭やその他の物のことをいいます（民法88条2項）。地代・家賃や利子などがあります。法定果実は、権利の存続期間に応じて日割で計算されます。

■法定共用部分（ほうていきょうようぶぶん）

分譲マンションなどの区分所有建物において、エレベーターや階段など区分所有者全員が共有する部分を共用部分といい、このうち区分所有法で定められた共用部分を法定共用部分といいます。玄関ホールや廊下、階段、エレベータなどの構造上区分所有者の全員またはその一部の共用に供される建物の部分と、電気や電話線、ガス、上下水道の配管等の建物に附属し、建物と一体的に利用される建物の附属物であって、専有部分に属しないものが、これに該当します。なお、共

用部分には、上記の法定共用部分の他、規約で共用部分とされた規約共用部分があります。

■**法定更新（ほうていこうしん）**

借地借家法において「自動的に契約を更新した」とみなす制度のことです。

法定更新は、賃借人を保護するために定められている規定です。たとえば、借家の場合、期間満了の1年前から6か月前に貸主が更新しない旨を通知すれば更新を拒絶（一定の理由が必要）できますが、更新しない旨の通知をしなかったときは従前の契約と同一の条件で契約を更新したものとみなされます。

■**法定相続分（ほうていそうぞくぶん）**

民法で定められた相続分の割合のことをいいます（民法900～901条）。被相続人が遺言により相続分の指定をしていない場合には、法定相続分に基づいて相続がなされます。たとえば、被相続人に配偶者と2人の子どもがいる場合、配偶者の法定相続分は2分の1、それぞれの子どもの法定相続分は4分の1となります。

■**法定代理人（ほうていだいりにん）**

未成年者など、単独で取引を行う能力がない者に法律の規定によりつけられる代理人のことをいいます。未成年の場合は通常、親が法定代理人になります。未成年者などは物事の判断能力が充分ではないため、未成年者などを保護する観点から法定代理人をつけることが必要とされています。

■**法定担保物権（ほうていたんぽぶっけん）**

留置権（民法295条以下）・先取特権（同法303条以下）のように、法律上当然に生じる担保物権のことをいいます。当事者の意思によって発生する約定担保物権と対置される用語です。

■**法定地上権（ほうていちじょうけん）**

当事者の契約によらず、法律の規定によって発生する地上権のことです（民法388条）。土地と土地に建っている建物を同じ人が所有しており、その土地と建物のどちらかに抵当権が設定・実行された場合に法定地上権が成立します。たとえば、土地と建物を所有していたAが、建物について、債権者Bのために抵当権を設定した場合、その抵当権が実行され、第三者Cが建物を競落したときには、法定地上権の成立が認められ、CはA所有の土地の上に無条件で地上権を取得することになります。

■**法務局（ほうむきょく）**

登記や供託に関する事務を取り扱う役所のことです。法務局では登記手続が行われていることから、法務局のことを登記所ということもあります。

法務局は、札幌・仙台・東京・名古屋・大阪・広島・高松・福岡といった大都市に設置されています。法務局について規模の大きな地方法務局は、これら以外の県庁所在地と北海道の函館・釧路・旭川に設置されています。支局や出張所は、これらの法務局と地方法務局の管内に置かれています。

■法律行為（ほうりつこうい）
　人がある効果を発生させたいという意思を表示した場合に、法律がその実現を手助けしてくれる行為のことをいいます。効果というのは、その人が達成しようとした目的というような意味です。たとえば、契約をすることは法律行為に該当します。

■法律上の推定（ほうりつじょうのすいてい）
　法律の規定により、一定の事実があれば権利や事実が推定されることをいいます。
　たとえば、民法186条2項は、ある2つの時点での占有を証明すれば、その間の占有は推定されることを定めています。法律上の推定は、立証することが困難な事項について相手方に立証責任を転換するために置かれています。ただし、相手方が別の事実を証明することで推定を覆すことも可能です。

■法律的欠陥（ほうりつてきけっかん）
　法律により取引の目的物の使用の方法が制限されていることをいいます。たとえば、法令により建築が制限されていることは法律的欠陥に該当します。瑕疵担保責任における「瑕疵」には法律的欠陥も含まれます。

■保証金（ほしょうきん）
① 競売の場面で、入札する者があらかじめ納めなければならない金銭のことをいいます。保証金の額は、現在では、原則として、売却基準価額の10分の2となっています。競売物件を落札できなかった場合には、保証金は返還されます。

② 賃貸借契約を締結する場面でも、賃借人が賃貸人に納める金銭に保証金があります。原則として、保証金は賃貸借契約が終了した時点で賃借人に返還されます。保証金には、預かり金としての保証金、建設協力金としての保証金など、さまざまな性格があり、賃貸借契約締結の際には、保証金の内容や返還額について確認しておくことが重要です。

■保証契約（ほしょうけいやく）
　債権者と保証人との間で結ぶ、主たる債務者が債務を履行しない場合に、保証人が主たる債務者の代わりに債務を履行することを内容とする契約のことをいいます（民法446条）。

■保証債務（ほしょうさいむ）
　他人の債務を担保するため、債権者との間で交わされる契約により生じる債務のことをいいます。他人の債務を保証した者は、その他人が債務を履行しない場合に、その債務を代わって履行する責任を負います。もとの債権を主たる債権といい、保証人の債務を保証債務といいます。保証契約は書面でしなければ効力を生じません（民法446条）。保証債務は、主たる債務と共に移転します。また、主たる債務が消滅した場合には、保証債務も消滅します。
　主たる債務が履行されない場合に、保証人が主たる債務と同一の給付内容を履行する義務を負うもので、債権者が確実に債権を回収するためによく利用されます。

■保証書（ほしょうしょ）
　平成17年の不動産登記法の改正前は、

登記済証（権利証）を滅失または紛失した場合は、権利証の代用として、登記義務者に相違ない旨が記載された書面を交付して登記申請がなされていました。この書面を保証書といいます。保証書と印鑑証明書を添付して登記申請をし、申請を受けた登記所は登記義務者に対して事前通知（所有権以外の登記の場合は事後通知）をし、登記義務者から登記申請が間違っていない旨の申出があれば本受付として登記がされていました。しかし、保証書制度は不正登記申請に利用されるなどの弊害があったことから、平成17年の改正により廃止され、現在では、登記所による事前通知制度、あるいは司法書士等の資格者代理人による本人確認情報の提供制度が導入されています。

■保証人（ほしょうにん）

主たる債務者に代わって債務の履行をするのが保証人です。原則として、債権者は主たる債務者から債権を回収できない場合に保証人に請求することになります。

■保証料（ほしょうりょう）

保証をすることに対する対価として支払うものです。たとえば、住宅ローンを組んで、建物を購入する場合に、買主がローンの支払いができなくなった場合に、保証会社に肩代わりして支払ってもらう（保証）ために、保証会社に支払うのが保証料です。

■保証連帯（ほしょうれんたい）

複数の保証人がいる場合に、保証人の分別の利益を失わせる特約のことをいいます。たとえば、土地の売買契約において、買主の土地の代金支払債務300万円について、3人で保証をする場合に、3人それぞれが100万円ずつの保証債務を負担するのが原則です。しかし、保証連帯がなされると、3人それぞれが300万円の保証債務を負うことになります。なお、保証連帯と連帯保証は異なり、連帯保証では催告の抗弁権や検索の抗弁権が失われますが、保証連帯では保証人は、催告の抗弁権や検索の抗弁権を主張することができます。

■補正（ほせい）

登記手続において、登記申請書類に不備がある場合に補充または訂正をすることをいいます。

■保全処分（ほぜんしょぶん）

将来の強制執行に備えて、相手方が財産を隠したり処分したり、あるいは財産の価値を減少することを防ぐ処分のことをいいます。一般に、民事保全法に規定されている仮差押えや仮処分をさします。仮差押えは金銭債権を保全する場合になされ、仮処分は非金銭債権を保全する場合になされます。

その他、民事執行法や破産法、民事再生法などの個別の法律において、個別的に保全処分が規定されています。

■保存行為（ほぞんこうい）

物の現状を維持する行為をいいます。たとえば、壊れた建物を修繕することや、腐りやすい物を売却して金銭に換えることなどが保存行為にあたります。

たとえば、共有物の保存行為は、各共有者が単独で行うことができます（民法252条）。

■保存登記（ほぞんとうき）

不動産に関する権利を保存するために行われる登記のことです。不動産についてはじめて行う所有権保存登記や先取特権保存登記があります。不動産に関する9つの権利（ⓐ所有権、ⓑ地上権、ⓒ永小作権、ⓓ地役権、ⓔ先取特権、ⓕ質権、ⓖ抵当権、ⓗ賃借権、ⓘ採石権）のうち保存登記ができるのは、設定契約をすることなく法律上当然に発生する所有権と先取特権に限られます。

■本権（ほんけん）

所有権等、占有を正当化する権利のことを本権といいます。占有の訴えがなされても本権の訴えは妨げられません（民法202条1項）。しかし、占有の訴えの中では本権に関することを理由として反論をすることはできません（同法202条2項）。たとえば、AがBに対して占有回収の訴えを提起したとします。この訴えの中で、Bは自分が物に対する所有権を有することを主張できません。しかし、別途Aに対して所有権に基づく訴訟を提起することはできます。

■本登記（ほんとうき）

正式な登記のことです。仮登記とは異なり、本登記には第三者に対する対抗力（物権変動の事実を第三者に主張できる効力）が認められます。終局登記ともいいます。本登記は、仮登記がなされた後に、仮登記に基づく本登記としてなされることにより、仮登記の順位が本登記の順位となります。つまり対抗力を備えた登記となります。

ま

■抹消回復登記（まっしょうかいふくとうき）

いったん抹消された登記を回復する登記を抹消回復登記といいます。抹消された登記が回復すると、抹消時から抹消がなかったものとして扱われます。

抹消回復登記の記載については、登記の目的として「○番所有権回復」などと回復する対象となる権利を明示し、原因としては「錯誤」と記載します。

抹消登記を行った後に権利を得た第三者がいる場合、その第三者を無視して回復登記を行うと、その第三者の利益を害してしまうおそれがあります。したがって、抹消された登記の回復登記を行う場合には、登記上の利害関係人の承諾を得ることができなければ申請を行うことができません。

■抹消登記（まっしょうとうき）

債務の弁済（返済）により設定していた抵当権が消滅するなど、登記しておくべき原因がなくなったときに登記を抹消するために行う登記のことです。

抹消登記は、原則として登記権利者と登記義務者の共同申請で行います。ただし、抹消することになる登記を申請したときと、登記権利者、登記義務者の関係が逆になります。たとえば、売買による所有権移転登記を抹消したときは、売主が登記権利者となり、買主が登記義務者となります。

■マンション管理士（まんしょんかんりし）

マンションの管理について、公的な資

格を持つ専門家をいいます。マンション管理士は、マンション管理組合からの相談を受け、マンションの管理について指導や助言を行います。マンション管理士は、マンションの管理についてのコンサルティングを業務としています。マンションの住民は、通常マンション管理の専門家ではないため、マンション管理についての専門家であるマンション管理士の意見を求めます。

■マンション管理標準指針（まんしょんかんりひょうじゅんししん）

マンション管理の対象について規程された指針のことです。国土交通省策定の「マンション管理標準指針」を参考にすると、マンション管理の対象となる項目と、標準的な対応を知ることができます。

■マンション管理法（まんしょんかんりほう）

「マンションの管理の適正化の推進に関する法律」のことです。マンションの管理の適正化の措置を講ずることにより、マンションの良好な居住環境の確保を図ることなどを目的としています。マンション管理士に関する事項や、マンション管理適正化推進センターについての規定等が置かれています。

■マンション耐震化マニュアル（まんしょんたいしんかまにゅある）

マンションの耐震化について定めた指針のことです。平成19年6月に、国土交通省よりマンションの耐震診断や耐震改修を行う上での問題点をまとめたマンション耐震化マニュアルが策定・公表されています。なお、マンション耐震化マニュアルは平成26年7月に再改定されています。

■マンション建替法（まんしょんたてかえほう）

正式には「マンションの建替えの円滑化等に関する法律」といいます。マンションの建替えの円滑化に関する措置を講じ、マンションにおける良好な居住環境の確保を図り、国民生活の安定向上を目的とする法律です。マンションの建替組合（マンション建替のために作られる組合で、マンション管理組合とは異なる）や、危険なマンションの建替えの促進のための措置に関する規定等が置かれています。

■マンションの管理事務（まんしょんのかんりじむ）

マンションの管理事務とは、マンション管理適正化法で定義されている概念です（マンション管理適正化法2条6号）。マンション管理適正化法上の「管理事務」とは、管理組合の会計の収入及および支出の調定（収支予算・決算の決定や収支状況の報告などの業務）、出納といった基幹事務を含むものでなければなりません。つまり、清掃業務だけを業として行っているような場合には、マンション管理業には該当しないことになります。

■マンション標準管理規約（まんしょんひょうじゅんかんりきやく）

国土交通省が標準モデルとして作成しているマンションの管理規約のことです。これは、管理組合が管理規約を制定・変更する際に参考にすることを目的として作成されているものですので、実際の

管理規約がこれと異なる内容であったとしても問題はありません。むしろ、実際の管理規約は、各マンションの実情に沿った内容にすることが必要です。マンション標準管理規約は、法改正や社会情勢の変化に合わせて、適宜見直しが行われています。

み

■認印（みとめいん）
実印以外の個人の印章のことをいいます。認印は一人で何個ももつことができます。なお、認印を押すことによる法的効果は、通常、実印を押した場合と変わりません。

■みなし譲渡（みなしじょうと）
対価を得ないで資産を譲渡した場合（譲渡、相続など）や、低額（時価の2分の1未満の金額）で資産を譲渡した場合において、時価により資産を譲渡したものとして消費税や所得税などを課税するすることをいいます。みなし譲渡は、無償または著しく低い価額で資産を譲渡することにより、不当に課税から逃れることを阻止する目的として設けられた制度です。

■民事執行（みんじしっこう）
私人の有する債権を国家により強制的に実現する手続のことを民事執行といいます。たとえば、債務者の給与債権の一部を差し押さえて、そこから弁済を受けるケースや、抵当権を実行して不動産を競売して換価（金銭に換えること）し、そこから弁済を受けるケースなどが挙げられます。

■民事訴訟（みんじそしょう）
一般の私人と私人の間で生じた、法的な紛争を解決するために行われる訴訟のことで、民事訴訟法の手続きに従って行われるものをいいます。訴えを起こす人が裁判所に訴状を出して訴えを提起し、口頭弁論で、法廷で訴えた人と訴えられた人が主張や証拠を出し合い、裁判所が当事者や証人等を含めて証拠調べを行います。そして、裁判所の判断が判決として出されます。売買代金の支払請求訴訟、所有権確認訴訟などが民事訴訟の例として挙げられます。

■民事調停（みんじちょうてい）
私人間の争いに第三者が仲介して、双方が合意の上争いを解決する手続きです。たとえば、宅地建物の賃貸借契約に関する争い等に関する宅地建物調停等が挙げられます。民事調停法が定めています。たとえば建物の賃貸借契約で、貸主が賃料の増額を主張しているのに対して、借主がこれに納得がいかないという場合などに、第三者である調停機関（裁判所）が紛争の当事者双方を説得して、和解成立に向けて努力を行う民事調停手続による解決をめざすことになります。家事調停を除く民事上の問題は、ほぼすべて民事調停の対象となります。

■民事保全（みんじほぜん）
訴訟において判決が確定するまでの間、被告側の財産を一時的に差し押さえたり、差し迫った被害や危険を避けるためにとられる暫定的な措置のことです。民事保全には、仮差押えと仮処分があります。仮差押えは、金銭債権の保全のため、不動産等の処分などを禁じる措置を

いいます。仮処分とは、家屋の明渡請求権等を保全するため、家屋の占有の移転を禁止する措置等をいいます。

■民法（みんぽう）

社会生活の中で生じた利害対立を調整する方法を明らかにした法律です。トラブルが発生した場合に、それをスムーズに解決するための指針になるルールが民法です。

現在、民法は、債権法を中心に大幅な改正を行うことが検討されています。たとえば、家賃に関して賃貸人が賃借人に持っている債権の消滅時効が、2年から5年に変更される予定です。また、これまで規定がなかった賃貸借契約における敷金について、賃借人の債務を担保するために賃借人が賃貸人に交付する金銭であるという明確な定義が置かれる予定です。

む

■無権代理（むけんだいり）

代理人として行為をした者に、代理権がないことを無権代理といいます。無権代理人のした法律効果は、本人には帰属しません。ただし、本人が後から、無権代理人の行為を承認（追認）すれば、本人に効果が帰属することになります（民法116条）。

■無権代理行為の追認（むけんだいりこういのついにん）

代理権がないのに、本人を代理しているように装って契約をすることを無権代理行為といいます。その無権代理行為を本人が事後に認めることが無権代理行為の追認となります（民法116条）。

たとえば、BがCに対して自分はAの代理人であるといい、BとCの間でAの土地の売買契約が結ばれたとします。この場合、AがBに代理権を与えていなければ、原則としてBとCの契約の効果がAに及ぶことはありません。しかし、AがBの代理行為を事後的に認めれば、BC間でなされた契約の効力がAに及び、AC間で土地の売買契約が締結されたことになります。

■無効（むこう）

意思表示が当然に効力をもたない場合です。契約などの法律行為の効力が生じないことをいいます。取消しは取り消すまでは有効ですが、無効ははじめから効力が生じません。

■無催告解除（むさいこくかいじょ）

契約の解除は、原則として債務者に対して債務の履行を催告してから行われます（民法541条）。しかし、一定の場合に催告をせずに契約を解除することが認められています。これを無催告解除といいます。

たとえば、債務が履行不能となった場合には、催告なしに契約を解除することができます。また、定期行為についても、履行がなされないまま履行をすべき時期を経過してしまった場合には、無催告解除ができます（同法542条）。

め

■名義貸しの禁止（めいぎがしのきんし）

宅地建物取引業法により、建物の売買等を取扱う宅地建物取引業者が、他人に

名義を貸して営業を行うことが禁止されていることをいいます。名義を貸して、営業を行わせることは、宅地建物取引業者が免許制により認定されている制度自体を無意味にしてしまう行為ですので、違反者には刑罰が規定されています。また、実際に営業を行っていなくても、名義を借りて看板に掲載する行為や、広告を行う行為も処罰の対象になっています。

■明認方法（めいにんほうほう）

　土地から独立して樹木・果実などの所有権を公示する方法のことです。本来、樹木や果実は土地の構成物とみなされ、土地と分離して取引をすることはできません。しかし、樹皮を削って所有者名を書いたり、立て札で所有者名を表示したりすることにより、土地から独立した所有権を公示すれば、土地と分離して取引の対象とすることができます。明認方法には、不動産登記と同様の効力があります。つまり、他人の所有地上に存する建物についての登記などと同等の効力を持ち、誰かがその土地を購入しても、所有権が公示されている樹木などの所有権は公示者にあります。ただし、明認方法が対抗力を維持するためには、所有権を争うことになった時点で、公示が継続している必要があります。

■滅失登記（めっしつとうき）

　土地、建物が存在しなくなったときに行う登記のことです。表示に関する登記のひとつです。

も

■申込み（もうしこみ）

　承諾があれば契約を成立させようという意思表示のことを申込みといいます。物を売ることを他人にもちかけることは申込みにあたります。契約は、申込みに対して承諾がなされることで成立します。申込みをしてもらうことを目的とする行為に、申込みの誘引があります。申込みの誘引とは申込みを誘うことです。たとえば、「テナント募集中」などの張り紙は申込みの誘引に該当します。申込みの誘引は申込みではないので、相手からの申込みは承諾には該当せず、自由に断ることができます。そのため、店舗開店のために、物件の賃貸借契約の申込みの連絡を受けた場合に、直ちに契約が成立するのではなく、募集した者は、この連絡を申込みとして、承諾するか否かを判断することができます。

■申込証拠金（もうしこみしょうこきん）

　後で契約を結ぶための優先順位をとりあえず確保しておくために払っておくお金です。申込証拠金の支払後、契約締結の意思を失ったとしても、買主は支払った金額を放棄することで、契約を結ばないことができます。ただし、申込証拠金は手付ではないため、売主は、買主のために確保した契約締結の優先権を否定したいと思い直したとしても、倍返しをして優先権を否定することはできません。

■持分権（もちぶんけん）

　ある財産を共有する場合に、各共有者が互いに制約されながら持つ所有権のこ

とをいいます。また、所有権と同様、自由にその権利を譲渡したり、担保に供したり、処分したりすることができます。各共有者は、他の共有者に対し、持分確認の訴え、持分の登記請求権、物上請求権を行使することができますし、第三者に対しても、物権的請求権の行使ができます。なお、共有財産が不動産である場合には、その持分の割合を登記します。

■持分譲渡の自由（もちぶんじょうとのじゆう）

共有物の持分を自由に譲渡できることを持分譲渡自由の原則といいます。持分も所有権ですので、それを自由に譲渡できます。たとえば、A、B、Cで物を共有しており、CがDに対して持分を譲渡すれば、共有者はA、B、Dということになります。

や

■約定解除（やくじょうかいじょ）

契約の際に特約で定められた解除権を行使することでなされる解除のことです。法律の要件を満たすことによる法定解除や当事者の合意による合意解除とは異なります。たとえば、「一定の金銭を支払えばいつでも契約を解除できる」と合意しておくことは約定解除権の設定となり、この権利を行使することが約定解除となります。

■約定担保物権（やくじょうたんぽぶっけん）

質権（民法342条以下）、抵当権（同法369条以下）のように、当事者間の設定行為によってはじめて生じる担保物権のことを約定担保物権といいます。約定担保物権に対置される言葉として、契約がなくても法律上発生する担保物権である法定担保物権があります。法定担保物権には先取特権（同法303条）や留置権（同法295条）があります。

■家賃保証（やちんほしょう）

不動産の賃貸借契約において、保証会社が借主から保証料を報酬として取り、連帯保証を請け負う制度をいいます。借主が滞納した場合、保証会社が肩代わりして家主に払う一方、借主から直接支払った金銭の回収を行います。滞納が続くと、家賃保証会社は、明渡し請求手続きを代行することもあります。低家賃のアパートやワンルームマンションで、不動産会社が、家賃保証会社を紹介・指定するケースが多いといえます。

ゆ

■有益費（ゆうえきひ）

物を占有する人が、物の改良のために支出した費用のことです。たとえば、賃貸借されている建物に設置されているトイレに、温水洗浄便座を設置するために、借主が負担した費用は有益費にあたります。民法196条2項によると、借主等の有益費を支出した者は、物の改良に使った費用か物の価値の増加分について、貸主等の建物等の所有者に対して償還請求をすることができます。

■有償契約（ゆうしょうけいやく）

当事者が、お互いに対価の関係（互いに相手に何かを与える関係にあること）をもつ契約のことを有償契約といいま

す。無償契約と対置される言葉です。たとえば、売買契約は、売主が物を買主に渡し、買主は売主に金銭を支払うので、互いに対価関係をもつ契約といえ、有償契約に該当します。有償契約には売主の担保責任に関する規定などが準用されます（民法559条）。

■有体物（ゆうたいぶつ）

固体、気体、液体などの空間の一部を占める物のことを有体物といいます。物と有体物は同じ意味です（民法85条）。有体物は、無体物と対置される言葉です。

よ

■要役地（ようえきち）

地役権の設定により、他の土地を利用して価値を増す土地のことを要役地といいます。逆に、要役地のために利用される土地のことを承役地といいます。要役地の所有権が移転した場合は、それに伴って通行地役権も移転します（民法281条）。また、通行地役権だけを要役地から切り離して譲渡することはできません。

■用益物権（ようえきぶっけん）

他人の土地を一定の目的のために使用する物権のことを用益物権といいます。民法上は地上権・永小作権・地役権・入会権があります。土地を利用する権利としては他に賃借権があります。賃借権を有している場合には他人の土地を利用することはできますが、賃借権は債権で用益物権は物権であるため、用益物権のほうが強いといえます（ただし、借地借家法などで賃借権は厚く保護されています）。

■容積率（ようせきりつ）

敷地に対する建物の延べ床面積の割合のことです。建築基準法により、建物の容積率は一定の割合を超えないように制限されています。

■要素の錯誤（ようそのさくご）

意思を表示する上で、重要な要素となる部分に錯誤（勘違い）があることを要素の錯誤があるといいます（民法95条）。要素の錯誤にあたるかどうかは、勘違いしなければ、普通の人はそんなことは表明しない、といえるかどうかが基準になります。

たとえば、土地の売買契約において、買主は将来その土地の値段が上がると思ったから購入したが、実際は値上がりしなかったという場合には、要素の錯誤があることにはならないとされています。

■用途地域（ようとちいき）

市街化区域には、利用法に応じてその土地に建築できる建物を限定する「用途地域」が定められています。土地の利用法は、都市計画法という法律で12種類に分類することが定められています。用途地域を知ることで、周囲の住環境を知ることができます。

■予備登記（よびとうき）

対抗力のない登記のことです。代表例として仮登記があります。なお、終局登記とは、対抗力のある登記のことで、代表例として本登記があります。

■予約完結権（よやくかんけつけん）

⇒売買予約完結権

■予約金（よやくきん）
　将来売買契約を行う約束の証として渡される金銭のことを予約金といいます。内金や中間金と呼ばれるものと同じように、売買代金の一部として扱われます。手付が交付された場合は、手付金を放棄するなどして、当事者は自由に契約を解除できます。しかし、予約金を交付している場合は、債務を履行しなければ当事者は債務不履行に陥ることになります。

ら

■ラーメン構造（らーめんこうぞう）
　建物の構造のひとつで、柱や梁で建物を支える構造をいいます。鉄筋コンクリート造（RC造）のマンション等で用いられています。柱や梁が骨組みとなって建物を支えていますので、壁式構造とは異なり、自由に壁面を配置することができます。そのため、室内の空間を自由に利用できます。しかし、太い柱や梁が室内に突き出てしまうため、家具の配置等に工夫が必要になります。

り

■履行（りこう）
　⇒弁済

■履行期（りこうき）
　⇒弁済期

■履行上の牽連関係（りこうじょうのけんれんかんけい）
　物の引渡義務と代金支払義務は、同時に履行されるのが原則です（同時履行の抗弁権）。このことを履行上の牽連関係

といいます。

■履行遅滞（りこうちたい）
　約束の期日が来ても、債務の履行がされないことを履行遅滞といいます。ⓐ確定期限がある場合は、その期限が来たとき、ⓑ不確定期限がある場合は、その期限の到来を知ったとき、ⓒ期限の定めのない場合は、債権者から請求を受けたとき、から履行遅滞になります（民法412条）。履行遅滞による解除をする場合には、履行をするように催告して、それでも債務者が履行をしない場合に解除ができます（同法541条）。

■履行不能（りこうふのう）
　債務の履行ができなくなったことを履行不能といいます。物理的に不可能になった場合の他、取引の常識からいって不可能と判断される場合も履行不能に含まれます。債務が履行不能となった場合には、債権者は催告をせずに解除をすることができます（民法543条）。

■履行利益（りこうりえき）
　元々給付すべき内容の履行があれば、債権者が得られたであろう利益のことをいいます。契約が有効だと信じたために失ってしまった利益である信頼利益に対立する考え方が履行利益です。たとえば、不動産を転売することができたら得られたであろう利益は履行利益にあたります。債務不履行に基づく損害賠償では履行利益の請求が認められます。また、瑕疵担保責任（民法570条）に基づく損害賠償請求では賠償の範囲は信頼利益にとどまるのか履行利益まで含まれるのか、考え方が対立しています。

■留置権（りゅうちけん）
　被担保債権の弁済があるまで目的物を留置しておくことができるという担保物権のことをいいます（民法295条）。物を留置することにより、間接的に支払いを強制するものです。たとえば、建物の賃貸借契約において、貸主が負担すべき建物の修理費用を借主が支出した場合に、賃貸借契約終了後も、借主が修理費用の償還を受けるまで、建物を貸主に明渡すことなく、自分自身が占有を続けることができます。

■立木法（りゅうぼくほう）
　「立木ニ関スル法律」のことです。立木とは土地に生えている樹木の集団のことをいい、立木について土地とは独立して登記できるようにしたのが立木法です。立木は土地に付合しているものなので、土地と一体のものとして扱われていました。しかし、立木はそれ自体として価値があり、独立して取引をする必要性が高いため、土地とは独立して立木を登記できるようにしました。また、立木を土地と独立して抵当権の目的とすることを立木抵当といいます。

■利用行為／改良行為（りようこうい／かいりょうこうい）
　利用行為とは、財産の性質を変えない範囲で、財産を使用して収益を上げる行為をいいます。たとえば、土地を貸したりする行為は利用行為に該当します。
　改良行為とは、財産の性質を変えない範囲で、財産の価値を増加させる行為をいいます。たとえば、建物に空調設備を設けるなどの造作を施す行為は、改良行為にあたります。いずれも、財産の性質を変えないという点で共通します。
　行使できる権限の範囲について取り決めのない代理人は、処分行為はできませんが、保存行為、利用行為、改良行為のみを行うことができます（民法103条）。財産の性質を変えず、むしろ財産にとって有利なので認められています。

る

■累積式共同根抵当（るいせきしききょうどうねていとう）
　複数の不動産に根抵当権を設定した場合に、複数の不動産がそれぞれ独立して根抵当権の目的となっている形式の根抵当権のことです。累積式根抵当ともいいます。たとえば、極度額10億円の根抵当権を担保するため、A不動産、B不動産に累積式共同根抵当を設定したとします。債権が弁済されない場合、A不動産、B不動産に対して、それぞれ10億円（合計20億円）まで担保権を実行することができます。なお、純粋共同根抵当では、不動産全体で同一の債権を担保するため、最大で10億円まで担保することになります。

れ

■礼金（れいきん）
　文字通り「部屋を貸してくれてありがとう」という賃貸人へのお礼のお金です。賃貸借終了時には戻ってきません。

■レインズ（れいんず）
　Real Estate Information Network Systemの略称で、不動産流通標準情報システムのことです。レインズは、指定

流通機構が運営しており、売却を希望している物件の情報を登録したり、全国の不動産取引についてのデータを検索したりすることができるシステムです。利用できるのは、指定流通機構の会員になっている全国の不動産会社です。なお、専属専任媒介契約・専任媒介契約を結んだ不動産会社には、その物件の情報をレインズに登録する義務があります。

■連件申請（れんけんしんせい）

複数の登記を一度に申請することです。一度に連続した登記を申請することにより、第三者の権利が先に登記されてしまうことを防ぐことができます。たとえば、表題登記のある不動産に対して、抵当権を設定したとします。所有権保存登記のみを先に申請した場合、第三者が抵当権設定の登記をしてしまう可能性があります。そのため所有権保存の登記と、その所有権に対する抵当権設定の登記を一度に申請することにより、第三者が先に抵当権の設定登記をすることを防ぐことができます。

■連帯保証（れんたいしょほう）

債権者が、債務者の資力や債務者に履行の請求をしたかどうかにかかわりなく、保証人に対して保証債務の履行を請求することができるとされる保証の形態のことをいいます。また、この場合の保証人のことを連帯保証人といいます。

通常の保証は、債権者はまず主たる債務者から債権を回収しなければならないとされるので、この点で連帯保証は通常の保証より債権者に有利です。具体的には、通常の保証の場合、保証人はまず主たる債務者に請求するように主張したり（催告の抗弁権）、最初に主たる債務者の財産に執行するように主張したり（検索の抗弁権）できます。しかし、連帯保証においては、保証人には催告の抗弁権（民法452条）や検索の抗弁権（同法453条）が認められていません。

ろ

■路線価（ろせんか）

市街地における宅地1㎡あたりの評価額のことです。路線価は、その土地が面している道路ごとに価格が定められており、相続税・贈与税を計算する際の土地の評価額算出において利用されています。路線価は一般的に、地価公示価格の8割程度の価格で評価されています。路線価は、国税庁が、毎年1月1日時点における評価を行うことになっており、その結果は同年の7月に発表されます。路線価は、路線価図によって、誰でも調べることができ、国税庁のホームページにも掲載されています。

わ

■割印（わりいん）

2つの書類が相互に関連していることを示すために、2つの書類にまたがって1つの印を押すことです。契約書の正本と副本を作成するとき、または同じ契約書を2通以上作成して、複数人数でそれぞれ1通ずつ保管しておくような場合は、「割印」を用います。

【監修者紹介】
森　公任（もり　こうにん）
昭和26年新潟県出身。中央大学法学部卒業。1980年弁護士登録（東京弁護士会）。1982年森法律事務所設立。著作（監修書）に、『解除・解約・クーリングオフ・解雇の法律と解決文例60』『図解で早わかり　最新版　借地借家法』『図解で早わかり　最新　相続・贈与の法律と税金』『図解で早わかり　倒産法のしくみ』『相続・遺言をめぐる法律と税金トラブル解決法129』『図解　相続・贈与・財産管理の法律と税金がわかる事典』（小社刊）がある。

森元　みのり（もりもと　みのり）
弁護士。2003年東京大学法学部卒業。2006年弁護士登録（東京弁護士会）。同年森法律事務所入所。著作（監修書）に、『図解で早わかり　最新　相続・贈与の法律と税金』『図解で早わかり　倒産法のしくみ』『相続・遺言をめぐる法律と税金トラブル解決法129』『図解　相続・贈与・財産管理の法律と税金がわかる事典』（小社刊）がある。

森法律事務所
弁護士16人体制。家事事件、不動産事件等が中心業務。
〒104－0033
東京都中央区新川2－15－3　森第二ビル
電話03－3553－5916
http://www.mori-law-office.com

重要事項＆用語　図解
最新　不動産契約基本法律用語辞典

2016年2月10日　第1刷発行

監修者	森公任　森元みのり
発行者	前田俊秀
発行所	株式会社三修社
	〒150-0001　東京都渋谷区神宮前2-2-22
	TEL　03-3405-4511　FAX　03-3405-4522
	振替　00190-9-72758
	http://www.sanshusha.co.jp
	編集担当　北村英治
印刷・製本	萩原印刷株式会社

©2016 K. Mori & M. Morimoto Printed in Japan
ISBN978-4-384-04668-7 C2032

Ⓡ〈日本複製権センター委託出版物〉
本書を無断で複写複製（コピー）することは、著作権法上の例外を除き、禁じられています。本書をコピーされる場合は事前に日本複製権センター（JRRC）の許諾を受けてください。
JRRC（http://www.jrrc.or.jp　e-mail：info@jrrc.or.jp　電話：03-3401-2382）